Die sagenhafte Welt von
Tausendundeine Nacht

Hedwig Appelt

Die sagenhafte Welt von

Tausendundeine Nacht

THEISS

Bibliografische Information der Deutschen Nationalbibliothek

Die Deutsche Nationalbibliothek verzeichnet diese Publikation
in der Deutschen Nationalbibliografie; detaillierte bibliografische
Daten sind im Internet über http://dnb.d-nb.de abrufbar.

Umschlaggestaltung: Stefan Schmid Design, Stuttgart,
unter Verwendung einer Abbildung von ullstein bild – Granger Collection
(»Sindbad: Der Raum der Früchte«, Illustration von Edmund Dulac, 1914).

© 2010 Konrad Theiss Verlag GmbH, Stuttgart
Alle Rechte vorbehalten
Bildredaktion und Korrektorat: Susanne Rebscher, Oberhaid
Kartographie: Astrid Fischer-Leitl, München
Layout und Satz: DOPPELPUNKT, Stuttgart
Druck und Bindung: Himmer AG, Augsburg

ISBN: 978-3-8062-2305-7

Besuchen Sie uns im Internet: www.theiss.de

Vorwort

Warum leben Dämonen eigentlich in Flaschen und Lampen? Was bedeutet die rätselhafte Formel »Sesam, öffne dich«? Wieso ist der fliegende Teppich zur Chiffre von Tausendundeine Nacht geworden? Wer war der legendäre Kalif von Bagdad? Sind die Schilderungen von märchenhaftem Reichtum und Luxus, der Pracht der Paläste wahr oder erfunden? Und überhaupt: Wo und was ist eigentlich der Orient?

Die Antworten sind Schlüssel zu dem geheimnisvollsten Schatz von Tausendundeine Nacht: Er besteht nicht aus Gold und Juwelen, sondern aus der Faszination, die diese Erzählungen seit Jahrhunderten auf ihr Publikum ausüben. Sie haben das europäische Bild vom Orient mehr als drei Jahrhunderte lang entscheidend geprägt. »Tausendundeine Nacht« bezeichnet bis heute den Traum- und Faszinationsraum »Orient«.

Woraus ist der Traum, der Zauber von Tausendundeine Nacht gemacht? Aus Geschichten, denen dieses Buch auf der Spur ist. Es führt zu den Menschen, Geistern, Feen und Zauberern, wirft einen Blick in den Harem und verweilt bei schönen Frauen, öffnet Schatzkammern, heftet sich an die Fersen der reichen Kaufleute und Seefahrer, begibt sich in die Hände von Magiern, lernt das Glück verstehen und die überraschende Verteilung von Wahrheit und Wunder.

Und weil sich das Faszinierende von Tausendundeine Nacht auch in seiner Wirkungsgeschichte spiegelt, kommen in diesem Buch neben Schahrazad, Ali Baba, Ala ed-Din oder Sindbad auch der Teppichhändler Ali Bashir aus Harry Potter vor, Professor Sigmund Freud, Meister Proper, Professor Lakshminarayanan Mahadevan aus Harvard und viele andere berühmte und erdichtete Persönlichkeiten, die an den Geschichten von Tausendundeine Nacht weitergeschrieben haben und dafür sorgten, dass die Wunder dieser Welt sich nicht verlieren.

Wie die bunte Welt von Tausendundeine Nacht, hat auch dieses »Buch zum Buch« eine Rahmengeschichte. Sie erzählt von der Entstehung der Sammlung und ihrem Weg nach Europa, vom Wissen und Phantasieren des Abendlandes über das Morgenland, vom Verschwinden des »Orients« und vom neuen Träumen von Tausendundeine Nacht.

Sie bezieht sich dabei auf die wissenschaftlich anerkannte Literatur über die Erzählsammlung und berücksichtigt auch neueste Forschungsergebnisse, verzichtet aber darauf, einen vollständigen wissenschaftlichen Überblick zu geben. Das Anliegen dieses Buches ist ein anderes: Es will die anhaltende Faszination der Geschichten ergründen, indem es sie durchaus auch neu und unkonventionell von heute aus liest und überraschende Berührungspunkte findet zwischen den jahrhundertealten Erzählungen aus Tausendundeine Nacht und der Gegenwart.

Für Hinweise und Anregungen danke ich Frau Claudia Ott, die vor kurzem die älteste arabische Handschrift von Tausendundeine Nacht ins Deutsche übersetzt hat.

Inhalt

*Wo Menschen unterwegs sind, gehen auch Ge
schichten auf Reisen. Hier
mit den Tuareg durch das
Hoggar-Gebirge in der
südalgerischen Sahara.*

Geschichten auf Reisen

Vom Orient in den Okzident

Im Dezember 1701 erreichten die Erzählungen aus Tausendundeine Nacht zum ersten Mal Europa. Der französische Orientalist und Orient-Reisende Antoine Galland hatte von der Geschichtensammlung gehört und seine arabischen Freunde gebeten, Nachforschungen vor Ort anzustellen. Tatsächlich erhielt er wenig später ein Exemplar mit dem Titel *Alf layla wa-layla*, auf deutsch »Tausend Nächte und eine Nacht«. Galland wählte für seine Übersetzung ins Französische den Titel *Mille et une nuits*, das heißt »Tausendundeine Nacht«. Dieser Titel wurde schnell zum Slogan für einen verführerischen, luxuriösen, lasziv-sinnlichen Orient.

Zu dieser Zeit waren die Geschichten allerdings schon über tausend Jahre lang unterwegs auf einer Reise, die sie von Indien über Persien in den arabischsprachigen Raum führte.

Indische Geschichten

Indisch ist die Rahmenerzählung, die den ältesten Teil der Sammlung darstellt und bis ins 2./3. Jahrhundert zurückreicht. Es ist die Geschichte vom grausamen König Schahriyar, der all seine Frauen nach der Hochzeitsnacht ermorden lässt, und der klugen Wesirstochter Schahrazad, die ihr Todesurteil mit immer wieder neuen Erzählungen aufschiebt und schließlich aufhebt.

Auch die Technik der ineinander geschachtelten Erzählungen ist genuin indisch. Zu dieser ältesten Schicht gehören weiter die erbaulichen, buddhistisch inspirierten Geschichten von frommen Männern sowie einzelne Motive, die indisches Gedankengut aufgreifen. Sie finden sich im Zyklus von Sindbad dem Seefahrer, in der Geschichte vom fliegenden Ebenholzpferd oder von der Prinzessin, die keine Männer mag und von einem Vogelfänger »geheilt« wird. Diese indischen Einflüsse gingen meist auf dem Weg über Persien in die Erzählsammlung ein.

Persische Geschichten

Die Personen aus der indischen Rahmenerzählung bekamen zunächst persische Namen: Schahrazad bedeutet »die Glanzgeborene«, Dinarazad »die Weltgeborene«, Schahriyar ist »der Träger der Herrschaft«. Mit den vertrauten Namen wurde auch der Erzählstoff vertraut, den bald heimische Geschichten ergänzten. Die Welt der Geister und guten Feen, die selbstständig handelnd in das Leben der Menschen eingreifen, ist iranisch. Wahrscheinlich sind auch das Märchen von Prinz Ahmed und der Fee Peri Banu sowie die Geschichte von den beiden Schwestern, die ihre jüngste Schwester beneideten, persischen Ursprungs und gehörten zu der Sammlung *Hazar Afsanah* (Tausend Geschichten), die im 8. Jahrhundert bereits in arabischer Übersetzung vorlag und im heutigen Irak kursierte. Vieles aus dieser persischen Erzählsammlung ist in Tausendundeine Nacht eingeflossen.

Altbabylonische, jüdische, christliche, syrische, ägyptische Geschichten

Die Existenz einer arabischen Erzählsammlung mit dem Titel *Alf layla* (Tausend Nächte) lässt sich bis ins 9. Jahrhundert zurückverfolgen. Sie enthielt einen Teil der indisch/persischen Geschichten, aber auch neu hinzugekommenes Er-

zählgut, das im Lauf der Zeit weiter ergänzt wurde. Altbabylonisch geprägte Dämonengeschichten wurden ebenso aufgenommen wie jüdischer Sagenstoff, in dem der alttestamentarische König Salomo als Herrscher über das Geisterreich auftritt. Jüdische und christliche Ärzte und Gelehrte waren am Kalifenhof in Bagdad tätig und brachten Erzählungen aus ihrem Kulturkreis mit. Die Dschinn, die im Koran neben Menschen und Engeln zur Schöpfung gehören, fanden aus dem heiligen Buch den Weg in die Unterhaltungsliteratur. Ägyptische Gauner- und Schelmengeschichten bereicherten die Sammlung in jüngerer Zeit mit modernen Dingen wie

Kaffee, Tabak und Feuerwaffen. Neben mündlich überlieferten Texten zählen auch der Alexanderroman oder das Gilgamesch-Epos zu den Quellen von Tausendundeine Nacht.

Diese aus mehreren orientalischen Ländern gesammelten Erzählungen, die aus kulturellen und ethnischen Verschmelzungsprozessen hervorgegangen sind, werden seit dem 12. Jahrhundert *Alf layla wa-layla* (Tausendundeine Nacht) genannt.

Arabische Geschichten

Angesichts dieses bunten »Melting Pots« aus orientalischen Geschichten stellt sich die Frage nach dem genuin Arabischen der *Arabian Nights*, wie Tausendundeine Nacht im englischsprachigen Raum heißt. Arabisch ist zunächst die Sprache, in der die Erzählungen aufgeschrieben wurden. Da es unzählige Worte mit gleicher Endung gibt, ergibt sich die für Tausendundeine Nacht typische Reimprosa nahezu von selbst. Die vielen poetischen Ausschmückungen haben sicher zum Bild des Orients in Europa beigetragen, der mit Üppigkeit, Überfluss und Ausschweifung assoziiert wird.

Arabisch ist aber auch die Sprache des Korans, und in ihr vollzog sich die Islamisierung der einst multi-kulturellen Geschichten aus Tausendundeine Nacht. Indem sie in arabischer Sprache niedergeschrieben wurden, gab der islamische Überbau den heterogenen Erzählungen eine gemeinsame Fassung. Die Anrufung Gottes, das Bekenntnis zu ihm, der Blick auf seine Schöpfung, das Selbstverständnis des Menschen in seinem Heilsplan, die islamischen Regeln und Gebote halten neben der Rahmengeschichte die disparaten Teile des Ganzen zusammen und geben ihm den Charakter der Einheitlichkeit.

Und schließlich sind es die arabischen Geschichten, die den Zauber von Tausendundeine Nacht mit einem bedeutenden Namen verknüpfen: Harun ar-Raschid, der ebenso reale wie fiktive Kalif von Bagdad, der in schlaflosen Nächten an der Seite des treuen Dscha'far durch seine Stadt wandert um zu hören, was die Leute sich erzählen, und stets ein wenig klüger in seinen luxuriösen Palast zurückkehrt.

Französische Geschichten

Aus Syrien stammt die älteste bis heute erhaltende Handschrift, die auf das 15. Jahrhundert datiert wird und 281 von 1001 Nächten enthält. Diese Handschrift benutzte Galland zu Anfang des 18. Jahrhunderts für seine Übersetzung ins Französische.

Im Jahr 2004 hat die Orientalistin Claudia Ott diese älteste Handschrift erstmals direkt aus dem Arabischen ins Deutsche übersetzt und damit eine originalgetreue Fassung vorgelegt, deren Bedeutung sich erst erschließt, wenn man die Geschichte der bisher vorliegenden Übersetzungen kennt. Denn auch die Übersetzungen sind Geschichten, die in das Erzählwerk eingegangen sind oder begleitend erzählen von gewonnenen und verlorenen Schätzen, Neid und Missgunst, Schicksal und Glück.

Galland übersetzte die orientalischen Geschichten in europäisches Gedankengut. Er ging von Bekanntem aus, glich die Zeit der Kalifate dem Leben der französischen Aristokratie an und verwandelte Fremdes in Exotisches, Derbes in Erotisches, Spirituelles in Märchenhaftes. Er benutzte Tausendundeine Nacht, um seinen Lesern, vor allem aber Leserinnen aus den Pariser Salons, Geschichten von Herrschern und Dienern, Guten und Bösen, Glücklichen und Unglücklichen in neuer, zauberhafter, aber eben auch geglätteter Form zu präsentieren.

Die in Stein gemeißelte Geschichte von Gilgamesch ist eine der ältesten überlieferten Dichtungen – sie entstand um 2000 v. Chr. im babylonischen Raum. Motive aus diesem Epos sind in die Geschichten aus Tausendundeine Nacht eingegangen.

links: Darstellung aus der Legende des irischen Heiligen Brendan (um 484–578), der abenteuerliche Seereisen im Atlantik unternommen haben soll. Das Motiv erinnert an den Riesenfisch, den Sindbad und seine Freunde für eine Insel hielten. Buchmalerei, 13. Jahrhundert.

rechts: Kampf zwischen Alexander dem Großen und Amonta, dem Feldherren des Darius. Italienische Buchmalerei aus dem 14. Jahrhundert. Alexander der Große wird in den Erzählungen aus Tausendundeine Nacht mehrmals erwähnt, etwa in der Geschichte von Ala ed-Din und der Wunderlampe.

Damit hatte er sehr großen Erfolg. Während Tausendundeine Nacht im arabischen Raum weder bekannt noch geschätzt war – »ein dürftiges Buch dummen Geschwätzes« kommentierte ein zeitgenössischer Bagdader Buchhändler –, avancierte die Erzählsammlung in Frankreich zum Bestseller.

Die Leser, die nicht wussten, dass Galland nur ein Fragment der Handschrift besaß, das in der 282sten Nacht abbricht, wollten die komplette Sammlung lesen, und Galland brauchte neues Material. Wieder schien das Glück auf seiner Seite zu sein. Es heißt, er habe bei Pariser Freunden einen maronitischen Christen aus Aleppo getroffen, Hanna Diab, der ihn mit weiteren Geschichten versorgte. In den Wochen nach der ersten Begegnung sollen sich die beiden regelmäßig getroffen haben, Hanna Diab erzählte, Galland machte sich Notizen und rekonstruierte daraus später den vollen Text der neuen Erzählungen. Dazu gehören Geschichten, die in der fragmentarischen Handschrift nicht vorhanden sind,

heute aber zu den bekanntesten aus Tausendundeine Nacht gehören wie *Ali Baba und die vierzig Räuber* oder *Ala ed-Din und die Wunderlampe*.

Der Sindbad-Zyklus, der ebenfalls nicht aus der arabischen Handschrift stammt, wurde von Galland schon vor Tausendundeine Nacht übersetzt und der Sammlung hinzugefügt.

Die erste in Europa zugängliche Ausgabe von Tausendundeine Nacht war demnach alles andere als eine textgetreue Übersetzung. Galland glich die orientalischen Texte europäischen Erwartungen an und trug damit zu einem Orientbild bei, das auf die Wünsche und Bedürfnisse von Europäern zugeschnitten war. Darüber hinaus sind einige der hinzugefügten Geschichten heute noch von zweifelhafter Herkunft. Vielleicht hat sie wirklich der Syrer Hanna Diab erzählt. Vielleicht verbirgt sich hinter diesem Namen aber auch das Pseudonym des Übersetzers. Dann gehörten die bekanntesten Geschichten aus Tausendundeine Nacht zur französischen Literatur.

Zur Geschichte der Geschichten aus Tausendundeine Nacht

2./3. Jh.: In Indien sind Motive der Rahmenerzählung nachweisbar: der grausame König und die kluge Erzählerin, der Ifrit mit der Glastruhe, die zwei betrogenen Brüder.

5.–8. Jh.: Der indische Rahmen füllt sich mit vorwiegend persischen Geschichten. Im 8. Jh. werden die persischen *Tausend Geschichten* ins Arabische übersetzt.

9./10. Jh.: Erste arabische Erzählsammlung *Tausend Nächte*. Sie enthält indisch-persische und neue Geschichten. Geeint werden sie durch den islamischen Überbau.

12. Jh.: In Ägypten kursiert eine Sammlung von Erzählungen aus mehreren orientalischen Ländern. Sie trägt den Titel *Tausendundeine Nacht*.

15. Jh.: Die früheste erhaltene Handschrift von Tausendundeine Nacht. Diese Handschrift wird von Antoine Galland in Aleppo aufgekauft und nach Paris gebracht.

ab 1704: Tausendundeine Nacht erreicht in der Übersetzung von Antoine Galland Europa.

18./19. Jh.: Es existieren mehrere Ausgaben von Tausendundeine Nacht mit unterschiedlichem Geschichtenbestand: Die frühe »orientalische« Sammlung umfasst ca. 280 Geschichten, die »ägyptischen« Erzählsammlungen, die im 18. Jh. entstehen, sind umfangreicher.

ab 1837: Erste deutsche Übersetzung von Gustav Weil. Vorlage dieser und aller folgenden Übersetzungen in europäische Sprachen sind Manuskripte, die zum umfangreicheren ägyptischen Zweig der Überlieferung gehören.

1921–1928: Übersetzung der Druckausgabe *Calcutta II* durch Enno Littmann.

2004: Erste deutsche Übersetzung der frühesten arabischen Handschrift aus dem 15. Jh. durch Claudia Ott.

Antoine Galland (1646-1715) war Bibliothekar, Mitarbeiter der berühmten Bibliothèque Orientale (einer eher populärwissenschaftlichen Enzyklopädie des Orients), Sammler arabischer Handschriften und der Erste, der Tausendundeine Nacht übersetzte und in Europa bekannt machte.

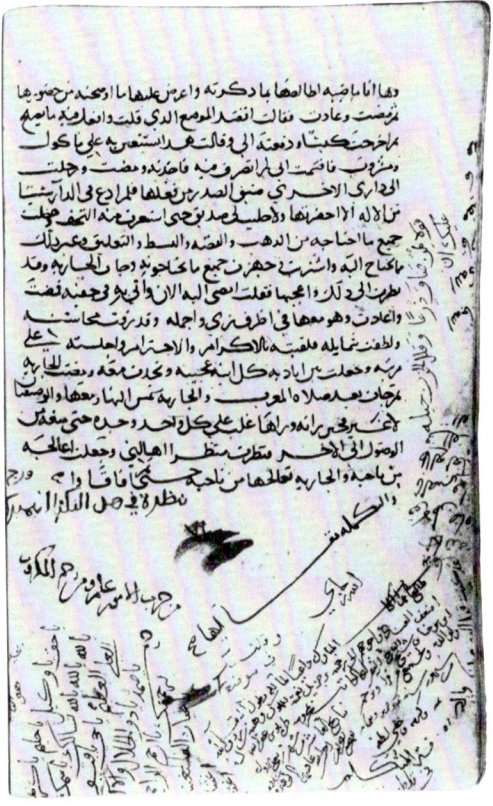

Eine Seite aus der 199. Nacht in der »Galland-Handschrift«, die wahrscheinlich in der zweiten Hälfte des 15. Jahrhunderts geschrieben wurde und sich heute in der Bibliothèque Nationale in Paris befindet.

Rückkehr in den Orient

Die starke Nachfrage aus Europa weckte nun auch im Orient das Interesse an den Geschichten und es entstanden um 1800 mehrere Handschriften mit unterschiedlichem Geschichtenbestand. Der französische Orientalist Hermann Zotenberg teilte die Handschriften in einen syrischen und einen ägyptischen Zweig ein. Syrisch ist die frühe Handschrift, die auch Galland vorlag, ägyptisch sind die umfangreicheren Sammlungen aus dem 18. und frühen 19. Jahrhundert. Die heute geläufigen Ausgaben von Tausendundeine Nacht gehen auf den ägyptischen Zweig zurück, der in der ersten Hälfte des 19. Jahrhunderts in Bulaq bei Kairo und im indischen Kalkutta gedruckt wurde.

Zwischen Gallands Übersetzung und den ersten Druckausgaben des ägyptischen Zweigs trieb die Suche nach Exemplaren von Tausendundeine Nacht zuweilen seltsame Blüten.

Joseph von Hammer-Purgstall, ein Absolvent der Orientalischen Akademie in Wien, erhielt eine Anstellung bei der kaiserlichen Gesandtschaft in Konstantinopel, mit dem besonderen

Die Übersetzung der Geschichten aus Tausendundeine Nacht durch den Arabisten Enno Littmann (1875–1958) erschien ab 1921 und war so lange gültig, bis Claudia Ott 2004 eine Neuübersetzung vorlegte.

Auftrag, eine komplette Handschrift von Tausendundeine Nacht zu finden. In Konstantinopel hatte er kein Glück und reiste weiter nach Kairo, wo er ebenso erfolglos blieb, bis er auf zwei Engländer traf – Orienttouristen auf der Suche nach Tausendundeine Nacht. Die beiden sprachen kein Wort Arabisch und erkundigten sich bei Hammer-Purgstall nach dem arabischen Titel der Geschichten. Nach einem Dank für die Auskunft mieteten sie sich zwei Maultiere, spannten ihre Sonnenschirme gegen die Mittagshitze auf und ritten, lauthals und unbekümmert mit starkem türkischem Akzent »Alf leyle, wa leyle« rufend, durch die Stadt. Mit diesem Auftritt müssen sie die Sympathien der Kairoer Bevölkerung auf ihre Seite gebracht haben, anders ist das Unglaubliche nicht zu erklären: Schon nach zwei Stunden kehrten sie in Begleitung eines Scheichs zurück, der bereit war, ein Exemplar zu verkaufen. Hammer prüfte es, fand es vollständig, und die beiden Engländer kauften es. Leider erlitt der Frachter, der das kostbare Buch nach England bringen sollte, Schiffbruch.

Dennoch gelang es Hammer-Purgstall in den folgenden Jahren, eine französische Übersetzung der vollständigen Erzählungen anzuferti-

gen, die der Verleger Cotta ins Deutsche übersetzen ließ. Allein Intrigen und der Verlust des Paketes mit Hammers Manuskript führten dazu, dass nur die deutsche Fassung erschien. Erst als sie 1828 ins Französische übersetzt wurde, erfuhr ein größeres Publikum, dass neben Gallands *Mille et une nuits* eine vollständige ägyptische Sammlung existierte.

»Tunesische« Geschichten

Die Geschichte von der »Tunesischen Handschrift« könnte fast als ein echtes Schelmenstück in die Erzählungen aus Tausendundeine Nacht eingehen, als Abenteuer des Preußischen Legationsrats Maximilian Habicht, der nie in ein arabisches Land reiste, aber dennoch in Tunesien eine Handschrift von Tausendundeine Nacht »fand«, die ab 1825 in Breslau erschien.

In Wahrheit wohnte Habicht mehrere Jahre lang in Paris neben einem tunesischen Juden namens Mordechai Ibn an-Najjar. Dieser schrieb, wahrscheinlich in Habichts Auftrag, in seiner Pariser Wohnung die »Tunesische Handschrift« eigenhändig aus diversen Quellen ab. Erst 1909 fand der englische Orientalist Duncan Macdonald heraus, dass diese Sammlung ein Potpourri war. Daraufhin wurde die so genannte Breslauer Ausgabe kaum noch beachtet, hatte allerdings die Lektüre von Tausendundeine Nacht schon beeinflusst, da von Habichts Text zahlreiche Übersetzungen angefertigt worden waren. Tatsächlich befanden sich unter den diversen Quellen des Tunesiers aber auch viele echte Geschichten aus Tausendundeine Nacht, sodass die Breslauer Ausgabe durchaus eine Bereicherung für die Editionsgeschichte darstellt.

Deutsche Geschichten

Gustav Weil wollte eine texttreue Übersetzung aus dem Arabischen anfertigen, aber der Verlag ließ das Manuskript von einem Modeschriftsteller überarbeiten, der die »einfältige Natürlich-

Richard Burton, Orientalist und Übersetzer der Erzählungen aus Tausendundeine Nacht (Arabian Nights), wurde in einem Beduinenzelt aus Stein in Mortlake bei London beigesetzt.

keit« des arabischen Textes für unzumutbar hielt. Weil erkannte erst die dritte Auflage als die seine an. Indem er eine Auswahl aus verschiedenen Tausendundeine-Nacht-Sammlungen traf, hat auch er interpretierend übersetzt. Diese Ausgabe erschien ab 1837.

Max Henning, der durch eine Koranübersetzung bekannt geworden war, legte 1895 eine weitere deutsche Übersetzung nach dem Bulaqer Druck vor, nahm aber ebenfalls Streichungen und »Verbesserungen« vor.

Die erste »vollständige und unverkürzte« deutsche Ausgabe von Tausendundeine Nacht wurde erst 1907 von Felix Paul Greve veröffentlicht. Indem er Geschichten aus Gallands orientalischem Zweig mit solchen aus dem ägyptischen mischte und eine neue Anordnung schuf, war auch seine Übersetzung eine europäische Schöpfung.

Eine Neuausgabe, die ab 1921 erschien, fertigte der Arabist Enno Littmann auf der Grundlage des Drucks aus Kalkutta an: Er berücksichtige dabei auch den authentischen Teil des Breslauer Drucks sowie den Gallandschen Text, sodass seine Übersetzung dem Wunsch nach möglichst großer Texttreue und literarischer Adäquatheit sehr nahe kommt.

Littmanns Version war fast 100 Jahre gültig. Seit 2004 gilt Claudia Otts deutsche Übersetzung von Tausendundeine Nacht als neuer kanonischer Text. Dabei ist zu berücksichtigen, dass die älteste arabische Handschrift, nach der sie übersetzte, nur die ersten 282 Nächte enthält.

Englische Geschichten

Edward Lanes englische Übersetzung von Tausendundeine Nacht erschien 1840. Sie war einerseits von großem Respekt gegenüber dem Original geprägt, wie die vielen Anmerkungen bezeugen, und andererseits von Lanes ausgeprägter Prüderie, denn er glättete oder eliminierte alles, was er für »frivol« hielt.

Lane transkribierte die sinnenfrohen Geschichten in das erotikfeindliche viktorianische Zeitalter, und es war nur eine Frage der Zeit, bis sich Protest dagegen erhob.

Der Protest kam vor allem in der Person von Richard Burton, einem Mann, der 35 Sprachen beherrschte, als Afghane verkleidet zu den heiligen Stätten Arabiens gepilgert war, als Derwisch maskiert in Kairo Heilkunde betrieb, eine Expedition zu den Nilquellen angeführt hatte, bei Kannibalen zu Gast gewesen war und sich dennoch immer am liebsten als Dichter gesehen hat. Burtons Übersetzung nahm Rache an der Zensur, die sein Vorgänger Lane den Geschichten aus Tausendundeine Nacht auferlegt hatte. Burton legte die gewissenhafte Übersetzung seines Freundes John Payne zugrunde und konzentrierte sich, verkürzt gesagt, auf die Poesie und die Erotik. Seine *Arabian Nights* erschienen 1885 in einer limitierten Auflage für 1000 Subskribenten. Eine zweite Auflage gab es speziell für die Kamashara-Society, die sich der Verbreitung erotischer Werke der orientalischen Literatur widmete.

Begeisterung und Empörung stellten sich wie erwünscht ein, und ein zeitgenössischer Rezensent bemerkte treffend, jede der bisherigen Übersetzungen habe andere Adressaten: Gallands Übersetzung die Kinderstube, Lanes die Bibliothek, Paynes das Studierzimmer und Burtons Übersetzung die Gosse.

So zeigt die Geschichte der Übersetzungen, dass die Erzählungen aus Tausendundeine Nacht, die keinen Autor haben und kein geschlossenes Werk bilden, niemals nur von einer Sprache in die andere übertragen wurden, sondern dabei immer auch um- und neu geschrieben wurden. Jede weitere Übersetzung war ein neuer Beitrag zur Unendlichkeit des Erzählens, und die Rivalität unter den Übersetzern, die bis zur Feindschaft reichte, hat den Sog verstärkt, den Schahrazads Erzählwelt ausübt.

Sindbad der Seefahrer empfängt Sindbad den
Lastträger in seinem prächtigen Haus, um ihm und
den anderen versammelten Gästen von seinen
abenteuerlichen Reisen zu erzählen. Illustration aus
einer Ausgabe der Arabian Nights von 1895.

Die Protagonisten

Schahrazad

Schahrazad freute sich über die Maßen und machte gleich sich selbst und alles,
was sie brauchte, hübsch zurecht. Dann ging sie zu ihrer jüngeren Schwester Dinarazad.
»Liebe Schwester«, sagte sie zu ihr, »merke dir gut, was ich dir jetzt auftrage.
Sobald ich beim Sultan bin, werde ich nach dir schicken. Wenn du dazukommst und siehst,
daß der König seine Lust befriedigt hat, dann sage zu mir: › Ach, Schwester,
wenn du nicht schläfst, so erzähle mir eine Geschichte!‹ Ich werde euch dann etwas
erzählen, und das wird der Grund für meine Rettung und für die Rettung dieses
ganzen Volkes werden.« (Ott, 28)

Wie vereinbart betritt Dinarazad in der Hochzeitsnacht das Zimmer des Brautpaares und bittet um eine Geschichte. Der zufrieden ruhende Herrscher möchte ebenfalls gerne unterhalten werden, und so beginnt Schahrazad mit der Erzählung *Der Kaufmann und der Dschinni*. Sie weiß, dass sie den König in den Bann ihrer Rede ziehen muss, bevor der Morgen graut. Deshalb geht sie das Risiko ein, ihm erzählend sein eigenes Spiegelbild vor Augen zu halten: Die Willkür des Dämons, der den völlig unschuldigen Fischer töten will, birgt unübersehbare Ähnlichkeiten mit dem Despoten an ihrer Seite, der ebenso willkürlich all seine Frauen nach der ersten gemeinsam verbrachten Nacht dem Scharfrichter übergibt.

Die junge Frau hofft, dass die Neugier darauf, wie es seinem Alter Ego ergehen wird, den König bis zum Ende der Geschichte nicht loslässt. In diesem Fall könnte die Rettung gelingen. Aber es ist ebenso gut möglich, dass gerade die Ähnlichkeiten den Herrscher gegen sie aufbringen. Wird er Schahrazad das Wort verbieten und sie auf der Stelle töten lassen? Oder wird sich die alte Erzählweisheit bewahrheiten, nach der die Menschen am liebsten das hören, was ihnen bekannt und vertraut ist? Die Tochter des Wesirs kann nicht wissen, ob sie den Zorn oder die Neugier des Königs reizt, aber sie vertraut auf ihre Erzählkunst:

Ein Kaufmann auf Reisen ruht sich unter einem Baum aus, isst eine Dattel und wirft den Stein weg. Sofort erscheint ein riesiger Dämon mit gezücktem Schwert und fordert seinen Kopf, weil der Dattelstein seinen Sohn tödlich getroffen hat. Alle Beteuerungen, dies sei nur aus Versehen geschehen, nützen nichts, der Kaufmann muss nach Jahresfrist, die ihm bewilligt wird, um seine Angelegenheiten in Ordnung zu bringen, zurückkehren und sich töten lassen. Er hält sein Versprechen und erwartet gerade weinend seinen Henker, als drei alte Männer mit verschiedenen Tieren am Führstrick herannahen, seine Geschichte voll Mitleid anhören und dem Dämon ein Angebot unterbreiten. Nacheinander sagen sie: »Wenn ich dir meine Geschichte erzähle und du sie spannend und aufregend findest, schenkst du mir dann ein Drittel seines Lebens?« Der Dämon willigt ein, und der erste Alte beginnt mit seiner Geschichte.

Während Schahrazad sie erzählt, vergeht die Zeit. Im Morgengrauen will der König seine Braut hinrichten lassen wie alle anderen Frauen, die er, damit sie ihn nie betrügen können, nur für eine Nacht geheiratet hat. Doch das Ende der Nacht ist nicht das Ende der Geschichte. Die kluge Schahrazad, die alle Erzählfäden in der Hand hält und den Chor der Stimmen dirigiert, hat es so eingefädelt, dass genau in dem Moment, als der Morgen graut, ihre Geschichte bei dem Satz

[… und er zog sein Schwert, um zuzuschlagen …] (Ott, 33) angekommen ist. Hat der König da eine andere Wahl, als zu sich selbst zu sprechen: [»Ich werde sie, bei Gott, nicht eher töten, als bis ich die Geschichte zu Ende gehört habe. Dann töte ich sie eben morgen nacht.«] (Ott, 33)

Zum ersten Mal seit drei Jahren ist eine seiner Ehefrauen noch am Leben, als er am Morgen hinübergeht in seine Regierungshalle und den verblüfften Wesir, der sich schon mit dem Leichentuch seiner Tochter eingefunden hat, ohne Erklärung stehen lässt. Abends kehrt der Herrscher wieder in seinen Palast zurück, um die Fortsetzung der *Geschichte vom Kaufmann und dem Dschinni* zu hören, die mitten in der Rede des ersten Alten unterbrochen wurde. Als sie zu Ende ist, findet der Dämon, dem diese Geschichte ja auch erzählt wurde, dass sie ein Drittel vom Blut des Kaufmanns wert war.

Es ist ein hervorragender Schachzug Schahrazads, ihre Geschichte von einem Dämon beurteilen zu lassen, denn der König wird sich ohne viel Nachdenkens dem Urteil des noch Mächtigeren anschließen. Wenn, so wird er denken, ein jahrhundertealter Geist, der schon unendlich viel gesehen und erlebt hat, für diese Geschichte auf seine Rache verzichtet, dann kann ich dasselbe tun – und so erwarten beide die Erzählung des zweiten alten Mannes – der Dämon innerhalb der Geschichte vom Kaufmann, der König außerhalb.

Der zweite führt den Handel fort: Ein weiteres Drittel vom Blut des Kaufmanns gegen eine zweite Geschichte, die noch seltsamer und erstaunlicher ist als die erste. Und wieder urteilt der Dämon zugunsten der Erzählung und des Kaufmanns. Ebenso verhält es sich mit der dritten Geschichte: Nachdem er sie gehört hatte, wunderte sich der Dämon [und bebte vor Freude. »Ich schenke dir ein Drittel seiner Schuld«, sagte er. Dann gab er ihn ihnen frei und ging davon.] (Ott, 49)

Schahrazads Erzählwelt

Die lebensrettende Kraft von Geschichten wird Schahrazad in Tausendundeine Nacht immer wieder unter Beweis stellen. Mit ihrer ersten hat sie den Lesern verraten, was sie vorhat: Jede Nacht, nachdem sie und der König miteinander geschlafen haben, soll ihre jüngere Schwester eintreten und um eine Erzählung bitten. Der König wird dann sanftmütig gestimmt sein und der Bitte stattgeben. Schahrazad wird es so einrichten, dass sie am Morgen an einer besonders spannenden Stelle aufhört. Dies wird den König veranlassen, ihre Hinrichtung immer wieder aufzuschieben, die »Deadline« zu verlängern, bis die Geschichte zu Ende ist. Das ist der prekäre Moment, in dem die junge Königin in allergrößter Gefahr schwebt. Jetzt könnte das Interesse des Königs nachlassen. Er könnte sich wieder auf seinen Vorsatz, sie zu töten, besinnen. Aber die kluge Wesirstochter hat zu ihrem Glück nicht nur diejenigen Bücher gelesen, die von vergangenen Völkern und einstigen Königen handeln, sondern auch einen Blick in die Zukunft geworfen und gelernt, dass man ein Publikum in Unterhaltungspausen bei der Stange hält, indem man dem Ende einen Trailer anfügt, der den Spannungsbogen aufrecht erhält: [»Das alles ist aber weder spannender noch aufregender als die Geschichte vom Fischer!« »Bei Gott, Schwester«, sagte da Dinarazad, »was ist das für eine Geschichte vom Fischer?«] (Ott, 49)

Eine, die noch waghalsiger ist als die erste, die den König mit dem ungerechten Dämon vergleicht. Denn sie berichtet von dem Schrecklichen, das geschieht, wenn eine Geschichte ausbleibt oder nicht erzählt werden darf – eine Gefahr, die ja auch der Erzählerin immer noch droht. *König Yunan und der Arzt Duban* erzählt von den furchtbaren Folgen einer solchen Verweigerung. Diese Geschichte ist eingebettet in die vom Fischer und dem Dschinni (Ott, 49–95).

Dem kranken König Yunan kann niemand helfen, bis der weise Arzt Duban in seine Stadt kommt und ihn heilt. Der König revanchiert sich mit Geschenken und Ehrbezeugungen, was den Neid des bösen Wesirs weckt. Wer so einfach und wirkungsvoll heilen kann, redet er dem König ein, der könne auf die gleiche Weise töten. Und obwohl Yunan davon zunächst nichts hören will, zeigen die Einflüsterungen des Wesirs Wirkung. Yunan wird misstrauisch, schließlich glaubt er seinem Berater und bestellt Duban ein, um ihm sein Todesurteil zu verkünden. Dem

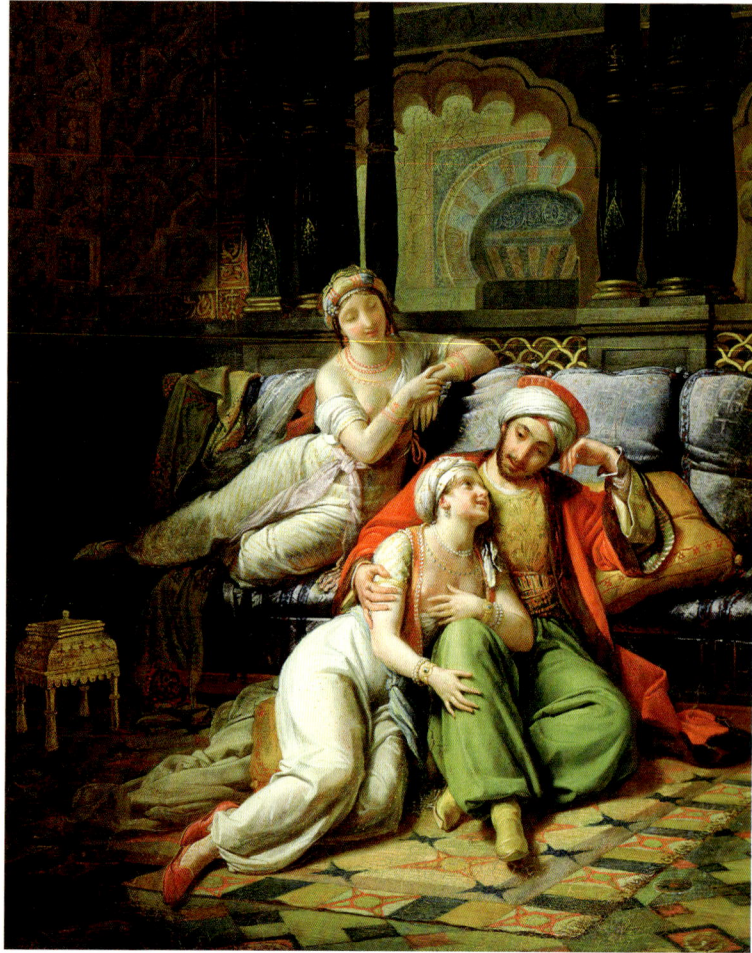

Arzt werden die Augen verbunden, der Scharfrichter zieht sein Schwert und der Überraschte und völlig Unschuldige sagt zum König: [»Ist das der Lohn, den ich von dir erhalten soll? Du vergiltst es mir wie einst das Krokodil!« »Was ist das für eine Geschichte mit dem Krokodil?« wollte der König wissen. »Ich kann sie dir in meiner jetzigen Lage nicht erzählen«, erwiderte der Arzt. »Ich beschwöre dich in Gottes Namen: Verschone mich, so verschont dich Gott, und töte mich nicht.«] (Ott, 70) Der König verweigert ihm diese Bitte, die Geschichte bleibt unerzählt und Duban wird hingerichtet. In seinem letzten Moment überreicht er dem Undankbaren ein geheimnisvolles Buch, das alle Fragen des Lebens beantworten kann. Der König soll unmittelbar nach der Hinrichtung Dubans Kopf auf ein Tablett setzen und das Buch aufschlagen, der Kopf wird ihm dann weitere Anweisungen geben. Doch als Yunan das Buch öffnen will, sind die Seiten zusammengeklebt. Er feuchtet

Der Orient als Projektionsfäche westlicher Imagination: Schahrazad, ihre Schwester Dinarazad und König Schahriyar, gemalt von Paul Emile Detouche (1794–1874).

seine Finger an und wendet die Blätter um, aber sie sind leer. [»Verehrter Doktor«, sagte er, »ich kann nichts Geschriebenes finden.« »Blättere weiter«, antwortete dieser. Doch soviel er auch blätterte, er fand nichts. Der König blätterte so lange, bis ihn das Gift völlig durchdrungen hatte, denn das Buch war vergiftet. Er begann zu schwanken und zu wanken ... und schließlich fiel der König leblos zu Boden.] (Ott, 71 f.)

Diese Wendung, die viele Jahrhunderte später in dem Bestseller *Der Name der Rose* von Umberto Eco den Plot ausmachen wird, ist die Rache dafür, dass Duban die Geschichte vom Lohn des Krokodils, die sein Leben vielleicht

Illustration zur Geschichte von König Yunan und dem Arzt Duban aus Tausendundeine Nacht. Kurz vor seiner Hinrichtung reicht der Arzt dem König das vergiftete Buch.

gerettet hätte, nicht erzählen durfte und hingerichtet wurde. Nun stirbt auch der König an verweigerten Worten, die leeren Blätter des Buchs bedeuten den Tod.

Hat Schahrazad mit ihrer ersten Erzählung dem König nahegelegt, dass Erzählen und Leben eins sind, so führt sie ihm in ihrer zweiten die vernichtenden Folgen des Erzählverbotes vor Augen. Sollte der König ihren Redefluss stoppen wollen, so lautet ihre Botschaft, wird nicht nur sie sterben, sondern auch er. Denn was ungesagt bleibt, braucht keinen Zuhörer. Diese Lektion scheint der grausame Herrscher verstanden zu haben, der in allen kommenden Nächten niemals versuchen wird, Schahrazad das Wort zu verbieten.

Es geht nicht anders in Tausendundeine Nacht: Erzählt wird auf Leben und Tod, eine Schlinge liegt locker um den Hals der Erzählenden, denn auch unvollkommene oder misslungene Geschichten werden mit dem Tod bestraft.

In der *Geschichte des Buckligen* sagt einer der vielen vermeintlichen Mörder des Buckligen zum Kaiser von China: [»O König der Zeit, … wenn du mir erlaubst, erzähle ich dir eines meiner Erlebnisse, das sogar Steine zu Tränen rührt. Das ist spannender als die Geschichte dieses Buckligen!« »Erzähle es uns!«, verlangte der Kaiser.] (Ott, 307) Als die Geschichte zu Ende ist, fällt er sein Urteil: [»Es ist nicht spannender als die Geschichte des Buckligen. Und darum führt kein Weg daran vorbei, daß ich euch alle vier hängen lasse, um den Buckligen zu rächen.«] (Ott, 325)

Es gibt viele weitere Beispiele, die zeigen, dass Geschichten kostbare Güter sind, die gegen ein anderes ebenso kostbares Gut, das Leben, eingetauscht werden: Ein Bettelmönch hat den Zorn eines Dämons auf sich gezogen. Er erzählt ihm die Geschichte vom Neider und vom Beneideten, die den Dämon veranlasst, Gnade walten zu lassen (*Der Träger und die drei Damen*, Ott, 98–215). Ein Sklave hat ein Verbrechen begangen, und es gibt nur einen Weg, sein Leben zu retten: Eine aufregende Geschichte. [Und schon hatte sich der Kalif mit seinem ganzen Herzen an diese neue Geschichte gekettet. »Her mit der Geschichte!«, befahl er. »Erzähle sie mir, mein lieber Wesir, und wenn sie wirklich spannender

ist als das, was wir hier erlebt haben, schenke ich deinem Sklaven das Leben. Ist sie aber nicht spannender, so töte ich deinen Sklaven.«] (*Die drei Äpfel*, Ott 226)

Doch weil nicht jeder Tod eine Hinrichtung ist, kennt Tausendundeine Nacht auch das leise Verstummen, das Sterben in der Gewissheit, die eigene Geschichte und damit das eigene Leben beendet zu haben. In der Erzählung von den beiden Schwestern, die ihre jüngste Schwester beneideten, gibt es einen frommen Einsiedler, der Auskunft geben kann über verborgene Schätze und Gefahren des Weges. Viele sind seinen Worten nicht gefolgt und in schwarze Steine verwandelt worden, auch die zwei Brüder der Prinzessin Perizade. So macht sich diese selbst auf, um die wunderbaren Dinge an sich zu bringen. Auch ihr gibt der alte Mann Auskunft und die Prinzessin gewinnt nicht nur die Schätze, sondern kann darüber hinaus die verzauberten Männer befreien. [Und wie sie dahinritten, wünschten alle den heiligen Mann zu sehen und ihm für seine Freundlichkeit und seinen gütigen Rat zu danken; aber als sie zu der Stätte kamen, an der er gewohnt hatte, fanden sie ihn tot; und sie wussten nicht, ob das hohe Alter ihn dahingerafft hatte, oder ob er aus verletztem Stolze gestorben war, weil die Prinzessin die drei Dinge, zu deren Wächter und Weiser er durch das Schicksal bestimmt war, gefunden und mitgenommen hatte.] (Li, 4, 194 f.)

Die Wahrheit ist, dass es dem frommen Mann bestimmt war, das Wissen um die drei Dinge und die Gefahren, die dem Suchenden drohten, zu erhalten und weiterzugeben. Nun sind die Schätze in guten Händen, der Zauber gelöst, das Böse gebannt. Die Erzählung des Einsiedlers wird nicht mehr gebraucht, er kann sterben, weil auch der Mensch nur eine Erzählung ist – die Erzählung seines Lebens.

Unendliche Geschichten

So verknoten sich im Lauf der Zeit die Lebens- und Erzählfäden zu einem Teppich aus Geschichten, die kunstvoll verwoben sind. Es gibt keine ursprünglichen oder nachgeordneten Erzählungen, eine jede geht aus der anderen hervor. Sie fügen sich zu einem Ornament zusammen, das

Schahrazad fleht den König an, sie am Leben zu lassen. Farblithographie aus den Märchen der Tausend und Einen Nacht *in der Bearbeitung von Albert Ludwig Grimm, um 1895.*

einer Nacht aus ihrer Rolle der Erzählerin heraustritt, das Bett verlässt und vor dem König niederkniet. Sie bittet um ihr Leben und das ihrer Kinder, die sie inzwischen zur Welt gebracht hat. Der König, der ein anderer geworden ist, weil ihm die sozialisierende Kraft der Erzählungen seine Menschlichkeit wiedergegeben hat, willigt mit Freuden ein. Glück und Seligkeit überstrahlen ihr Leben bis ⌊der zu ihnen kam, der die Freuden schweigen heißt und die Freundesbande zerreißt.⌋ (Li, 6, 646)

Doch Schahrazad ist nicht tot, sondern nur wieder eingetaucht in das Ornament aus Geschichten: Als Erzählung von der klugen Wesirstochter, die den grausamen König Schahriyar durch die Macht des Erzählens läuterte und ihn von seiner Rache erlöste. Und diese Erzählung wird es wert sein, mit goldenen Lettern aufgeschrieben und in der Schatzkammer des Königs aufbewahrt zu werden, ⌊damit jeder, der sie hört, Menschenkenntnis erwirbt, so daß ihn keine Hinterlist mehr treffen kann.⌋ (Ott, 7)

Der Zauber wirkt auf alle, die sich in diese Erzählwelt begeben. Aber er besteht nicht nur aus bezaubernden Geschichten, sondern auch aus dem Zwang, das eigene Leben in eine Erzählung zu verwandeln. Alle Übersetzer sind ihm erlegen und haben ihre eigenen Geschichten den Erzählungen hinzugefügt, indem sie – wie beispielsweise Galland – gänzlich neue erfunden haben oder vorhandene umschrieben. Dieser Zauber gleicht einem Bann: Tausendundeine Nacht ist eine Erzählmaschine, die bedient werden will, weil sich sonst bewahrheitet, was bis heute als Gerücht kursiert: Derjenige, der innerhalb eines Jahres alle Erzählungen aus Tausendundeine Nacht gelesen hat, wird bald darauf sterben. Eine Drohung, die nichts anderes ist als die Umkehrung der Aufforderung: Sorge dafür, dass das Erzählen niemals ein Ende nimmt!

wie eine immer fortlaufende Arabeske weder Anfang noch Ende kennt.

Selbst wenn er wollte, könnte der König nicht mehr verbietend eingreifen, weil die Schwelle vom endlichen zum unendlichen Erzählen überschritten ist. Nichts kann den Fortgang des Erzählens mehr aufhalten, nicht einmal mehr der Umstand, dass Schahrazad nach tausendund-

Ali Baba

Daraufhin fasste er den Plan, von dem Golde, das dort umherlag, so viel zu nehmen,
wie er tragen konnte, und so begann er denn Säcke mit Goldstücken aus dem
Inneren der Schatzhöhle nach draußen zu schleppen; und jedes Mal, wenn er eintreten
oder nach draußen gehen wollte, rief er: »Sesam, öffne dein Tor!«, dann tat die
Tür sich auf. (Li, 2, 798 f.)

Er gehört zu den beliebtesten Figuren aus Tausendundeine Nacht: Ali Baba, der gütige, pflichtbewusste, treu sorgende Familienvater, der sein Haus für einen Hort des Friedens hält, während in Wahrheit Mord und Totschlag an der Tagesordnung sind. Von all dem nichts ahnend hat Ali Baba das Glück des Guten in Gestalt der Sklavin Mardschana, die alle bösen Pläne zu einem guten Ende bringt.

Dafür wird Ali Baba geliebt: Als Kindheitserinnerung an eine gerechte Welt, in der Güte mit Glück belohnt wird. Aber nicht nur der gutgläubige Held wird geliebt, sondern auch seine Geschichte, die so gerne die Großherzigkeit ihrer Figur mit Worten bezeugen möchte. Doch leider passen die schönen Worte nie so ganz zu den Ungeheuerlichkeiten, die da erzählt werden. Die harmlosen Sätze verhalten sich zu ihrem grausigen Inhalt wie Spitzenhäubchen zu Arsen, und der gute Ali Baba wird oft genug von seiner eigenen Geschichte düpiert.

Als er die unermesslichen Reichtümer in der Schatzhöhle zum ersten Mal sieht, will er natürlich etwas davon für sich beiseiteschaffen. Wenn er das tut, wird er aber selbst zum Räuber. Um dieser Zwickmühle zu entkommen, zimmert er sich ein Argumentationsgefüge, das an allen Ecken und Enden knirscht: Der Schatz ist so groß, sagt er sich, dass ihn nie und nimmer die Räuber zusammengetragen haben können. Er muss schon vorher da gewesen sein, also haben die Räuber ihn gestohlen und besitzen ihn nicht rechtmäßig. Er, Ali Baba, würde demnach kein

Recht brechen, wenn er [ein wenig von all diesen unzählbaren Gütern an sich brächte]. (Li, 2, 798) Gesagt, getan. Er lädt das »konfiszierte« Gold auf seine Esel, kehrt zurück zu seiner Frau, erzählt ihr, was er erlebt hat, und ermahnt sie, das Geheimnis ja nicht zu verraten.

Aber Ali Baba ist schon nicht mehr Herr im eigenen Haus. Er predigt tauben Ohren, und die Gattin ist bereits auf dem Weg zur Schwägerin, um sich einen Scheffel zu leihen, mit dem sie das Gold wiegen will. Zehn Scheffel misst sie, das sind – grob gerechnet – 6840 Kilogramm Gold. »Ein wenig« wollte Ali Baba sich doch eigentlich nur nehmen ...

Gleich schickt auch die Schwägerin ihren Mann zur Schatzhöhle, der vor lauter Gier das Zauberwort vergisst und von den Räubern getötet wird. Ali Baba, der seinen Bruder sucht, entdeckt hinter dem Eingang der Höhle die zerstückelte Leiche. [Tiefer betrübt als eine Mutter, die ihr Kind verloren hat] (Li, 2, 812), lädt er sie auf seine Esel und vergisst bei aller Trauer doch nicht, noch etwas vom Schatz zu den Leichenteilen zu geben. Ebenso vernünftig – eigentlich müsste man sagen: ungerührt – verhält er sich gegenüber der frisch verwitweten Schwägerin: [»Enthalte dich jetzt des Schreiens«], sagt er, [»auf daß die Leute nichts von uns erfahren und du uns nicht alle ins Verderben bringst.«] (Li, 2, 813) Verderben? Es war doch nicht Ali Baba, der den Mord begangen hat, es waren die Räuber! Und doch wäre der Bruder noch am Leben, hätte Ali Baba nicht solche Unmengen von Gold ge-

Ali Baba hat die Räuber belauscht, kennt nun die Öffnungsformel für die Schatzhöhle und kann der Versuchung, sich »ein wenig« vom Gold zu nehmen, nicht widerstehen.

Rechts- und Ehrenkodex neu und beschließt ähnlich wie Ali Baba in der Schatzhöhle, dass sein Vorhaben nichts Unrechtes an sich habe: [»Und schließlich, es ist doch keine Sünde, einen Leichnam zusammenzunähen.«] (Li, 2, 818)

Nun könnte Ali Baba sein geruhsames Leben wieder aufnehmen, wären da nicht die Räuber, die dem Mitwisser um ihre Schatzhöhle auf der Spur sind und Ali Babas Haus mit einer roten Markierung versehen. Natürlich entdeckt Mardschana das Zeichen und malt das gleiche an alle Nachbarhäuser. Mehrmals haben die Räuber das Nachsehen, bis ihr Hauptmann schließlich die Sache selbst in die Hand nimmt. Als Ölhändler verkleidet bittet er Ali Baba um ein Nachtlager für sich und seine Maultiere, und nicht einmal Mardschana ahnt, dass in den Ölschläuchen Räuber kauern, die nur auf das Zeichen zum Angriff warten. Gastfreundlich gewährt Ali Baba dem vermeintlichen Händler Unterkunft, setzt ruhig die Routine seines Lebens fort und bittet vor dem Zubettgehen Mardschana, ihm eine Fleischbrühe zu kochen. Natürlich ahnt er nicht, dass seine treue Sklavin erst einmal Räuberfleisch kochen muss, bevor sie seinen Auftrag ausführen kann.

Mucksmäuschenstill, um den Schlaf ihres Herrn nicht zu stören, übergießt Mardschana die 38 in Schläuchen versteckten Räuber mit kochendem Öl. Was übrig bleibt, verwendet sie für die Fleischbrühe. Wie gewöhnlich beginnt Ali Baba den folgenden Tag [heiter und guter Dinge, ohne zu ahnen, was sich während der letzten Nacht in seinem Haus zugetragen hatte]. (Li, 2, 843) Das erfährt er erst von Mardschana und steht erneut vor dem Problem, Mord vertuschen zu müssen. Auch diesmal wird das Böse in seinem Haus einfach unter den Teppich gekehrt, respektive im Garten vergraben. Als Dank für die erneute Rettung spricht Ali Baba die Sklavin frei, die alsbald ein letztes Mal eingreifen muss. Ein letzter Räuber sinnt noch auf Rache, und Ali Baba ist wieder auf eine Verkleidung hereingefallen.

Das Böse versteckt sich im Harmlosen, aber davon will der Gute nichts wissen. So fest verschließt er die Augen, dass der Leser sich wundert: Ständig trachten Räuber ihm nach dem Leben, und immer wieder öffnet Ali Baba jedem Fremden großzügig sein Haus? Auch dem nächs-

scheffelt. Die bösen Folgen seiner Habgier weist der Gute allerdings weit von sich, denn mit den Schattenseiten des nicht ganz zu Recht erworbenen Reichtums will er nichts zu tun haben. Lieber bietet er der Schwägerin an, sie zu heiraten und zu versorgen, aber [»die Sache des Toten überlasse deiner Sklavin Mardschana; du weißt doch, wie groß ihr Verstand, wie trefflich ihre Einsicht ist, wie richtig sie planen kann, wie geeignet sie ist, Mittel und Wege zu finden!«] (Li, 2, 814)

So wird unter den klugen Manipulationen der Sklavin aus den grausigen Menschenteilen ein familiärer Trauerfall mit einem – dem Schuhflicker sei Dank – intakten Toten. Denn in Anbetracht des Goldes, das Mardschana ihm vor Augen hält, überdenkt auch der Schuster seinen ten, der einen Dolch unter dem Gewand trägt. Und wieder vergilt Mardschana den Anschlag auf das Leben ihres Herrn Aug um Aug. Während eines Schwerttanzes, den sie vermeintlich zu Ehren des Gastes operettenhaft dramatisch inszeniert, erdolcht sie den letzten Bösewicht. Zum Dank wird sie mit Ali Babas Sohn verheiratet. Ohne weitere Störungen [holten sie immerfort aus der Schatzhöhle alles, was sie nur wünschten. So führten sie ein herrliches und glückliches Leben]. (Li, 2, 859)

Das Glück des Guten

Mit dem Schatz war das Böse in Ali Babas Leben gekommen, doch er hatte das Glück des Guten: Mardschana. Es liegt nahe, sie als Personifikation des guten Ali Baba zu sehen und die Räuber als Repräsentanten seiner bösen Bestrebungen. Hervorgerufen wird der Widerstreit zwischen beiden durch den Schatz und seine Versuchung. Ali Baba steht im Verlauf der Geschichte auf Messers Schneide. In ihm tobt der Faustische Konflikt, was anfangs sehr deutlich – und sehr ungewöhnlich für eine Geschichte aus Tausendundeine Nacht – von Ali Baba selbst ausgesprochen wird: [»Wissen bedeutet doch nichts ohne Macht.«] (Li, 2, 792) Nur um diesen Satz sagen

und damit seinen Konflikt benennen zu können, wird er zu Beginn der Geschichte als ein Mann von Wissen und Verstand vorgestellt, gelehrsam und von feiner Bildung. Dieser Ali Baba verwandelt sich in dem Moment, als er den Schatz findet, in einen hilflosen Dummkopf, der nicht mehr Herr im eigenen Haus ist. Wie ein Blatt im Wind wird er von den Ereignissen getrieben und hat Glück, dass dieses Blatt sich zum Guten wendet.

Der Konflikt, den Ali Baba austrägt, ist ein moderner Konflikt, der seine literarische Entsprechung eigentlich erst in Texten des 19. und 20. Jahrhunderts findet. Dass schon in der Geschichte von Ali Baba die Einheit der Person in Frage gestellt wird, dass diese Figur psychologische Tiefe zeigt, dass die Ordnung der Welt aus den Fugen gerät und der unbegreifbare Widerstreit zwischen Gut und Böse im Schatz symbolisiert wird, hebt diesen Text aus dem Kontext von Tausendundeine Nacht heraus und macht ihn dem heutigen Leser so vertraut. Beliebt ist die Geschichte aber deshalb, weil sie den Widerstreit der Gefühle, das Schwanken zwischen dem Guten und Bösen, Rechten und Unrechten so bildstark zum Ausdruck bringt. Ali Babas Welt steht ständig auf der Kippe – und weil die Räuber zu dieser Welt dazugehören, rutschen auch sie vom Grausamen ins Lächerliche ab. Sie mor-

links: [Nun waren die Räuber aber schon ungeduldig geworden, weil sie so lange in ihrem engen Gefängnisse gesessen hatten; … als sie daher Mardschana kommen hörten, meinten sie in ihrer Unachtsamkeit, es sei der Hauptmann.] (Li, 2, 239 f.)

rechts: Ohne Mardschanas Klugheit und Entschlossenheit wäre Ali Babas Geschichte nicht so gut ausgegangen. Zum Dank dafür verheiratet er sie mit seinem Sohn.

CONTE D'ALI BABA

Morgiane danse devant le Capitaine des brigands

Sammelbildchen Nr. 6 der Serie Contes d'Ali Baba: *Die Sklavin Mardschana inszeniert zur Rettung ihres Herrn einen hinreißenden Schleiertanz.*

den und vierteilen, ohne mit der Wimper zu zucken, sind andererseits aber so dumm, als wären sie die Vorfahren von Räuber Hotzenplotz. Sie können sich kein Haus merken, halten ein Kreidezeichen, das zum Verwischen geradezu herausfordert, für einen Geniestreich und plappern den Vernichtungsplan einfach aus. 38 von ihnen werden daraufhin im Garten von Ali Baba begraben, der fortan beim abendlichen Lustwandeln über Leichen gehen muss.

So bildstark wie diese Geschichte sind sonst nur Märchen, die ebenfalls gern an Urängste wie den zerstückelten Körper erinnern, der bei Ali Baba, Rotkäppchen und den sieben Geißlein auch wieder zusammengenäht werden kann. Dass die Schuldigen – wie hier die Räuber – sich letzten Endes das Urteil selbst sprechen, ist ebenfalls eine Spezialität von Märchen. Sie verstecken sich in Ölschläuchen, also werden sie zur Strafe in Öl gekocht. Das passiert übrigens auch der bösen Schwiegermutter in Grimms Märchen von den zwölf Brüdern.

Zuletzt ist es die humorvolle Erzählweise der Geschichte, die sie so liebenswert macht. Wie immer wieder ein Räuber- oder Leichenteil unter dem Mäntelchen des Schweigens hervorblitzt und Ali Baba versucht, die Decke glatt zu streichen und das Böse darunter zu verbergen, das erinnert an Slapsticks, die jedes Scheitern wie einen Witz präsentieren.

Aus diesen vielen Gründen – hier gar nicht genannt sind die Anspielungen auf das jüdische Passahfest, die christlichen Kreuzzüge, die symbolische Bedeutung der Zahl 40 und die rätselhafte Zauberformel, von der aber später noch die Rede sein wird – ist *Ali Baba* die vielleicht bekannteste Geschichte aus Tausendundeine Nacht. Als Märchen wird sie von Kindern geliebt, Schriftsteller wie Dickens oder Proust haben dieser Kindheitserinnerung in ihren eigenen Geschichten ein Denkmal gesetzt, und heute heißen Bars, Restaurants und Shops »Ali Baba«, weil dieser Name das Publikum anzieht. Bleibt die Frage, auf welchem Weg die ungewöhnlich komplex gewebte Geschichte in die Sammlung aus Tausendundeine Nacht eingegangen ist.

In den arabischen Ausgaben findet sich die Geschichte nicht, aber sie steht schon in der ersten Übersetzung, die Galland angefertigt hat. Er vermerkte in seinem Tagebuch, dass ihm der syrische Geschichtenerzähler Hanna Diab *Ali Baba* vorgetragen habe und nach dieser mündlichen Fassung eine schriftliche angefertigt wurde. Der Verdacht, dass Galland diese Geschichte selbst erfunden haben könnte, blieb lange Zeit unwiderlegt. Erst zu Beginn des 20. Jahrhunderts entdeckte der englische Orientalist Duncan Macdonald eine arabische Handschrift von *Ali Baba* in Oxford. Dieser arabische Text, der auf die erste Hälfte des 19. Jahrhunderts datiert wird, ist allerdings europäischer Herkunft und wurde vom Schüler eines französischen Orientalisten angefertigt. Handelt es sich bei diesem Text vielleicht um eine Rückübersetzung aus dem Französischen ins Arabische? Oder sind die Unterschiede zwischen der Ali-Baba-Geschichte, die Galland vermeintlich von Hanna Diab erhalten hat, und der arabischen Handschrift aus Oxford doch so groß, dass man von zwei unterschiedlichen Überlieferungen der Geschichte ausgehen muss? Gehört eine der beliebtesten Geschichten von Tausendundeine Nacht zu den reisenden oder zu den zugereisten Geschichten? Eine Frage, die weitergereicht werden kann an die nächste allseits bekannte *Geschichte von Ala ed-Din und der Wunderlampe.*

Ala ed-Din

Sie nahm daher etwas Sand in ihre Hand und begann damit die Lampe zu reiben. Doch kaum hatte sie ein wenig an ihr gerieben, da erschien vor ihr ein Dämon, furchtbar anzuschauen, von breiter Gestalt, der einem Riesen der Vorzeit glich, und der redete sie an: »Sprich, was willst du von mir? Hier bin ich, ich bin dein Diener, ich bin der Diener dessen, der die Lampe in der Hand hält, doch nicht nur ich allein, sondern alle Diener der Wunderlampe, die in deiner Hand ist!« Die Mutter Ala ed-Dins aber erschrak, Furcht packte sie, und ihre Zunge ward gelähmt, als sie diese furchtbare Gestalt erblickte. (Li, 2, 690)

Ala ed-Din ist wie *Ali Baba* eines der ungelösten Rätsel aus Tausendundeine Nacht. Galland, der die Geschichten erstmals einem europäischen Publikum zugänglich machte, hat sie übersetzt – aber woher hatte er sie? In seiner syrischen Handschrift standen sie nicht.

Einige Forscher weisen darauf hin, dass besonders *Ala ed-Din* eher europäisch als arabisch erzählt ist, andere wiederum erkennen gerade in diesem Text den Tonfall der syrischen Umgangssprache. Galland selbst vermerkt in seinem Tagebuch, Hanna Diab habe ihm die Geschichten erzählt.

Von diesem großen Unbekannten aus Tausendundeine Nacht und seiner schillernden Identität war bereits im Kapitel »Geschichten auf Reisen« die Rede. Wer oder was auch immer Hanna Diab gewesen sein mag, er hat Tausendundeine Nacht die Geschichte von Ala ed-Din und seiner wahrhaft dämonischen Erziehung geschenkt.

Ala ed-Din ist ein Taugenichts, er mag nicht lernen, ist zu faul zum Arbeiten und strolcht den lieben langen Tag mit bösen Buben durch die Gassen der Stadt. Nur zum Essen und Schlafen kommt er nach Hause. Die Mutter ist verzweifelt über den missratenen Sohn, den sie mit Mühe und Not alleine durchfüttert, weil der arme Schneider, der sein Vater war, bereits gestorben ist. Da erscheint eines Tages ein böser maurischer Zauberer, der sich als guter Onkel ausgibt. Die Erzählerin Schahrazad verrät dem Leser gleich, was der Held der Geschichte noch nicht ahnt: Der Zauberer aus Nordafrika ist nur deshalb zu Ala ed-Din nach China gereist, weil das Schicksal gerade diesen armen Schneidersohn mit einem Talisman an einen unermesslich großen Schatz gebunden hat, zu dem auch die Wunderlampe gehört.

Arm, unwissend und voll kindlichem Vertrauen zu dem vermeintlichen Onkel, der sich so wohltätig gibt, lässt sich der Junge eines schönen

Der Zauberer befiehlt Ala ed-Din, der gerade aus der Schatzhöhle klettert, ihm die Lampe zu reichen. Als Ala ed-Din sie nicht zu fassen bekommt, glaubt sich der Magier betrogen und stößt Ala ed-Din in die unterirdische Höhle zurück.

Buchillustration Ala ed-Din und der Zauberer. Dargestellt ist die Szene, in der Prinzessin Badr el-Budur den bösen maurischen Zauberer zuerst umgarnt und ihm dann den Giftbecher reicht.

Freitags zu einem Spaziergang durch die Gärten vor der Stadt einladen, der auf einer Anhöhe endet. Hier entwickelt der Zauberer plötzlich hektische Betriebsamkeit: Er [räucherte und zauberte und beschwor und murmelte unverständliche Worte. Sofort ward es finster, es bebte und donnerte, und der Erdboden tat sich auf]. (Li, 2, 674) Von Furcht ergriffen läuft Ala ed-Din davon, wird aber vom Zauberer mit einer kräftigen Ohrfeige zur Raison gebracht. Diese rüde Behandlung ist die erste Station von Ala ed-Dins leidvoller Erkenntnis, dass Erziehung eine schmerzliche Angelegenheit ist.

Aber noch ist Ala ed-Din ein Kind, das Juwelen für buntes Glas hält: [»Ich will mir von diesen Glasfrüchten eine Sammlung anlegen und zu Hause damit spielen«] (Li, 2, 679), beschließt er in der unterirdischen Schatzkammer. Wenig später wird er hier lebendig begraben werden und erst nach einem dreitägigen Martyrium wieder das Licht der Welt erblicken – nur um seiner Mutter vorzuwerfen: [»Ach, liebe Mutter, auf dir ruht eine schwere Schuld an mir, weil du mich dem verfluchten Kerl da überlassen hast, der auf mein Verderben sann und mich umbringen wollte. Wisse denn, dass ich dem Tod ins Auge geschaut habe um dieses verruchten Menschen willen, den du als meinen Oheim anerkannt hast!«] (Li, 2, 686)

Mit anderen Worten: die Mutter ist an der Aufgabe, ihr Kind zu beschützen, gescheitert und der Vater-Ersatz hat sich als »verfluchter Kerl« zu erkennen gegeben. Ala ed-Din muss jetzt wohl oder übel selbst die Verantwortung für sich übernehmen: Als die Mutter beim Erscheinen des Lampengeistes schier ohnmächtig wird, bewahrt er einen kühlen Kopf und reagiert überlegen wie ein erwachsener Sohn, der nun seinerseits die Mutter beschützt und ernährt: [Wie er also hörte, was der Dämon zu seiner Mutter sprach, eilte er rasch herbei, nahm die Lampe aus der Hand seiner Mutter und rief: »O du Diener der Lampe, ich bin hungrig, und ich wünsche, daß du mir etwas zu essen bringst.«] (Li, 2, 691)

Als das Festmahl und die Reste verspeist sind, geht Ala ed-Din zum Basar, um die goldenen Schüsseln zu verkaufen, in denen der Lampengeist das Essen serviert hat. Da er ihren wahren Wert nicht kennt, wird er natürlich be-

trogen und erst später von einem ehrlichen Kaufmann aufgeklärt. Dieser Betrug leitet den zweiten notwendigen Erziehungsschritt ein: Der Heranwachsende hat gelernt, dass Wissen etwas Wertvolles ist, und zieht Konsequenzen. Ala ed-Din [begann mit den rechtschaffenen Männern zu verkehren; jeden Tag ging er zum Basar der Kaufleute, setzte sich zu vornehm und gering unter ihnen und fragte nach den Handelsverhältnissen, nach den Preisen und Waren und dergleichen. Auch ging er zum Basar der Goldschmiede und der Juweliere, und dort pflegte er zu sitzen und sich mit den Juwelen vertraut zu machen und dem Kauf und Verkauf der Edelsteine zuzusehen. Da bemerkte er denn auch bald, daß die beiden Beutel, die er mit den Früchten der Bäume gefüllt hatte, als er damals in der unterirdischen Schatzhöhle war, weder Glas noch Kristall, sondern Edelsteine enthielten, und er wußte nun, daß er großen Reichtum erlangt hatte, wie ihn selbst die Könige nie besaßen.] (Li, 2, 698)

Dämonische Erziehung

Sein Studium bei den Goldschmieden und Juwelieren versetzt Ala ed-Din in die Lage, beim Sul-

tan um die Hand der Prinzessin anzuhalten. Er schenkt ihm die Juwelen aus der Schatzkammer, und der Sultan, der Ala ed-Din daraufhin als reichen Mann betrachtet, verspricht ihm die Hand seiner Tochter. Aus dem ehemaligen Schneidersohn ist ein gemachter Mann geworden.

Ala ed-Din ist weit hinausgewachsen über die kleinen Verhältnisse seiner Herkunft, und die Mutter verliert zunehmend ihren Einfluss auf ihn. [Ala ed-Din aber, der bis dahin geglaubt hatte, alle Frauen seien wie seine Mutter, der ... nicht ahnte, was Schönheit und Anmut war, wandte sich nach seiner Mutter um und sagte nur: »Laß mich!«] (Li, 2, 700)

Erwachsen werden bedeutet, eigenständig handeln zu können, nicht mehr auf die Hilfe der Eltern angewiesen zu sein und das Leben innerhalb gesellschaftlicher Grenzen nach eigenen Vorstellungen zu gestalten. Da gibt es bei Ala ed-Din allerdings noch ein Problem: Der junge Mann kennt seine Grenzen nicht. Denn das Leben, das er sich gewählt hat, kann er nur mit Hilfe des Lampengeistes führen. Dieser mächtige Dschinn muss tatkräftig an Ala ed-Dins Glück arbeiten:

Zunächst gilt es, die Prinzessin aus einer bestehenden standesgemäßen Ehe zu befreien. Dazu trägt der Dschinn die Neuvermählten so lange durch die Luft in fremde Betten und auf kalte Aborte, dass ihnen schließlich die Lust am Vollzug der Ehe vergeht und sie die Scheidung beantragen. Erst dann ist für Ala ed-Din der Weg frei, den der Dschinn mit dem ganzen Pomp des Reichtums pflastert. Sklavinnen, Eunuchen, Körbe voller Juwelen, Araberhengste und Säcke voller Gold für die Armen der Stadt sind zusammen mit dem Bräutigam unterwegs zur Prinzes-

sin, die auch gleich in den Palast geführt wird, den der Dschinn dem Sultan über Nacht vor die Nase gesetzt hat. Ala ed-Dins Domizil ist um so vieles prächtiger als der Herrschersitz, dass sich der Überfluss des einen nur als Mangel des anderen beschreiben lässt: Ein Eckchen eines kleinen Fenstergitters ist auf Ala ed-Dins listige Anweisung hin unvollendet geblieben. Der Sultan sieht sich als Schwiegervater in der Pflicht, für die Komplettierung zu sorgen. Als die Handwerker sämtliche Juwelen des Reiches aufgebraucht haben, ist noch nicht einmal die Hälfte fertig.

Ala ed-Din ist mit Hilfe des Lampengeistes weit über seine Verhältnisse hinausgewachsen und hat erreicht, was seine Mutter für unmöglich hielt: [»Mein Kind, du bist der Sohn des ärmsten und geringsten Schneiders, den es in dieser Stadt gibt; auch ich, deine Mutter, stamme von ganz armen Leuten ab. Wie kannst du es wagen, um die Tochter des Sultans zu werben?«] (Li, 2, 702) Nun hat er seine Prinzessin bekommen, muss aber immer wieder um sie und sein Leben an ihrer Seite kämpfen: Die Lampe gerät in falsche Hände, die Prinzessin wird samt Palast per Luftfracht nach Afrika befördert, wo der böse Zauberer schon wartet. Aber Ala ed-Din gelingt es durch eigene Kraft, seinen Besitz zu verteidigen. Alles könnte gut sein, da bahnt sich der perfideste Anschlag auf sein Glück an.

Der Bruder des bösen Zauberers verschafft sich Zutritt zu Ala ed-Dins Palast und setzt der Prinzessin einen Floh ins Ohr: Der Palast sei wirklich recht schön, und er könnte vollkommen sein, wenn ... Dieses »wenn« beschwört das Unglück herauf. Wenn ein Ei des Vogels Roch die Kuppel schmücken würde, dann wäre die Sache perfekt.

Die schöne Sultanstochter ist betrübt, Ala ed-Din fragt nach dem Grund und verspricht ihr, das Ei sofort zu besorgen. Ein kurzes Reiben an der Lampe, der Geist erscheint, vernimmt den Wunsch, [runzelte die Stirn und rief zornig mit gewaltiger Stimme: »Du Undankbarer, ist es dir nicht genug, daß ich und alle Geister der Lampe dir zu Diensten sind? Nun verlangst du auch noch, daß ich dir unsere Herrin bringe, damit du sie zu deinem Vergnügen in der Kuppel deines Söllers aufhängst, auf daß du mit deiner jungen Frau dich daran ergötzest? Bei Allah, ihr beiden verdient, daß ich euch in diesem Augenblick zu Asche verbrenne und euch in den Wind streue. Aber da ihr beiden von diesen Dingen nichts wisst und den inneren Sinn nicht vom äußeren Schein unterscheiden könnt, so will ich euch verzeihen; denn ihr seid unschuldig. Die Schuld liegt an dem verruchten Kerl, dem Bruder des maurischen Zauberers.«⌋ (Li, 2, 788)

Wie in Grimms Märchen vom Fischer und seiner Frau braucht es ein mächtig donnerndes »Halt«, um die wahnwitzig Wünschenden zur Vernunft zu bringen. Innerhalb der Menschenwelt erfüllen die Geister gern jeden Wunsch, solange der menschliche Maßstab gewahrt bleibt. Maßt sich der Mensch aber an, die Hierarchie umzukehren und mächtiger werden zu wollen als die Herrin der Geister, dann folgt die Strafe auf dem Fuß. Der kluge Lampengeist, der Unwissenheit von Bosheit unterscheiden kann, lässt die beiden Hochmütigen am Leben und verschwindet, ohne jemals wiederzukommen.

Das ist die dritte und letzte Erziehungsetappe, die Ala ed-Din durchläuft. Mit Hilfe des Dschinn hat er es weit gebracht, nun muss er allein dafür sorgen, dass er das, was er geschenkt bekam, behält. Goethe hat es auf den Punkt gebracht: »Was du geerbt hast von deinen Vätern (oder den Dschinnen, d.V.), erwirb es, um es zu besitzen.« Dieses wohl formulierte Erziehungsziel lässt Goethe seinen Faust deklamieren, der sich ebenso wie Ala ed-Din der Macht eines anderen bedient hat, um die Wirklichkeit nach seinen Wünschen zu gestalten. Der Dschinn hat Ala ed-Din ein Vermögen beschert und ⌊all das geschah durch die Zauberkräfte der Wunder-

lampe, die ihrem Besitzer Schönheit und Herrlichkeit, Reichtum und Kenntnisse verlieh.⌋ (Li, 2, 737) Mit dem Reichtum übergab der Dschinn also auch die anderen Güter der Wunderlampe an seinen Zögling, der nun in der Lage ist, sein Vermögen einzusetzen, um zum Besten aller zu handeln. Ala ed-Din spricht nun ⌊Recht und Gerechtigkeit über die Untertanen, und alles Volk liebte ihn.⌋ (Li, 2, 790 f.)

Ala ed-Din und die Wunderlampe, ein westöstlicher Erziehungsroman? Das sieht auch der Disney-Zeichentrickfilm »Aladdin« so. Obwohl einige Teile der Geschichte sehr frei adaptiert sind, hält sich der Film in zwei Bereichen eng an die Geschichte aus Tausendundeine Nacht: Der herrlich quirlige Dschinni spielt die Rolle des Erziehers, der dem Ausmaß des Wünschens von Anfang an klare Grenzen setzt. Am Ende muss Aladdin in der Lage sein, allein das Glück seines Lebens zu finden. Natürlich zieht sich hier Dschinni nicht wie bei Ala ed-Din zornig zurück, sondern wird von Aladdin mit seinem letzten Wunsch freigesprochen. Im Hawaiihemd fährt der Freigeist gen Himmel und kann zurückblicken auf eine wunderbare Welt, in der Schneidersohn und Prinzessin, Goethe und Walt Disney gerade in einem Happy End vereint wurden.

Dschinn, Dämonen und König Salomo

Er (der Fischer, d.V.) zog und rang so lange, bis er das Netz geöffnet hatte, und fand darin eine gefüllte Messingflasche von gelber Farbe. Ihre Öffnung war mit einer Plombe aus Blei verschlossen, auf der der Abdruck eines Siegelrings zu sehen war. ... Er zog die Plombe ab und nahm sie in den Mund, dann wälzte er die Flasche auf die Seite, kippte sie um und rüttelte daran, um ihren Inhalt herauszuschütteln. Aber nichts kam heraus. Darüber wunderte sich der Fischer sehr. Eine Weile verging. Dann stieg plötzlich eine gewaltige Rauchsäule aus der Flasche. Sie hob sich in die Höhe und bewegte sich über die Erde. Dabei wuchs sie riesenhaft, bis sie das Meer bedeckte, das Tageslicht verdunkelte und sich zu den Wolken des Himmels erhob. Schließlich hatte sich der Rauch vollständig aus der Flasche gelöst. Er sammelte sich, zog sich zusammen, schüttelte sich und wurde zu einem Ifrit, dessen Füße im Staub der Erde standen, während der Kopf in die Wolken ragte. Der Kopf war so groß wie ein Brunnen, seine Eckzähne waren wie riesige Haken, sein Mund war wie eine Höhle und seine Zähne wie Steine darin. Er hatte Nasenlöcher wie Trompetentrichter, Ohren wie lederne Schilde und einen Rachen wie ein Vorratsschlauch. Seine Augen glichen zwei Laternen, kurz gesagt, er war widerlich und häßlich, und damit genug! (Ott, 52 f.)

Der Dämon ist sehr zornig, denn er war viele Jahrhunderte lang in der engen Flasche eingesperrt. So lange, dass er irgendwann in seinem Gefängnis beschloss, denjenigen, der ihn befreien würde, zur Strafe für sein Zuspätkommen sofort zu töten. Aber geistesgegenwärtig nutzt der Fischer seine Chance gegen den haushoch überlegenen Gegner: Ist der Dämon in der Lage, Form und Größe seines Körpers zu manipulieren, kann der Mensch etwas Vergleichbares mit der Sprache tun. Er hat die Möglichkeit, das Gesagte in eine irreführende Form zu kleiden.

Also gibt der Fischer vor, nicht glauben zu können, dass der gigantische Geist in ein derart kleines Gefäß passt. Der Dämon nimmt die Rede des Fischers wörtlich und demonstriert seine Rückkehr in die Flasche, die blitzschnell wieder versiegelt wird. Nun hätte der undankbare Geist einen weiteren langen Flaschenarrest vor sich, wenn der Fischer ihm nicht in der guten Tradition von Tausendundeine Nacht Geschichten erzählen würde, die ihn eines Besseren belehren. Am Ende ist sein Zorn verraucht, und der Fischer wird reichlich belohnt.

Flaschen-, Lampen- und andere Geister sind Dschinn. Dieses Wort bezeichnet ihre Einzahl und Mehrzahl. Dämonen nennt man diejenigen Dschinn, die ungläubig oder böse sind. Dschinn der verschiedensten Arten bevölkern die Geschichten aus Tausendundeine Nacht, aber sie sind nicht aus ihnen hervorgegangen.

Es sind Geschöpfe Gottes, höhere Lebewesen wie die Menschen, die aus Ton geformt sind, und die Engel, die Gott aus Licht gemacht hat. Die Dschinn wurden aus rauchlosem Feuer erschaffen und wie Menschen und Engel ins Leben gerufen, um Gott zu dienen. So steht es im Koran geschrieben. Menschen und Dschinn

Neben diesen guten, zum Islam bekehrten Dschinn gibt es auch ungläubige, böse und gefährliche Dschinn. Der Koran berichtet von einem namens Iblis, der sich weigerte, auf Gottes Geheiß vor dem ersten Menschen Adam niederzuknien, und daraufhin von Gott verbannt wurde. Iblis könnte man die islamische Entsprechung zum christlichen Teufel nennen, obwohl er kein abgefallener Engel ist, sondern einer der Dschinn, die in der christlichen Schöpfungsgeschichte nicht vorkommen.

Im Volksglauben gibt es viele verschiedene Stämme der Dschinn. Unter denen, die den Menschen Schaden und Schrecken zufügen, sind die Ifrit, die Marid und die Guhl besonders gefürchtet. Die Ifrit sind zornig und grausam, die Marid mächtig, stark und eigenwillig, die Guhl dagegen gruselige Geschöpfe, die auf Friedhöfen hausen und sich – wie der Volksmund munkelt – von Leichen ernähren.

Manche Dschinn treten nicht besonders in Erscheinung, weil sie den Menschen am liebsten fern bleiben. Andere suchen ihre Nähe: Es gibt Geschichten von weiblichen Dschinn, die sich in menschliche Männer verlieben und umgekehrt. In den Geschichten aus Tausendundeine Nacht erzählt der zweite Bettelmönch eine solche Begebenheit. Wieder andere sind neugierig und mischen sich ein in das weltliche Leben – wie in der Geschichte von Kamarassaman und der Dämonin Maimuna. Solche Dschinn spielen gerne Schicksal. Dabei kann Gutes herauskommen, aber auch Schlimmes passieren. Menschen können in Zustände von Besessenheit fallen, heute würde man von psychotischen Schüben sprechen.

Gibt es Dschinn wirklich?

Noch immer sind die Dschinn im Volksglauben fest verankert. Eine Umfrage der Tageszeitung *L'Economiste* ergab, dass in Marokko zwei Drittel der jungen Bevölkerung zwischen 16 und 29 Jahren von der Existenz der Dschinn überzeugt sind. Auch der US-amerikanische Autor Paul Bowles hat in Marokko selbst erlebt, wie sich ein Dschinn ans Steuer seines Wagens setzte. Er sagt unmissverständlich: »Ich glaube an die Existenz von Dschinn.«

Farblithographie zur Geschichte Der Fischer und der Dschinni nach einem Aquarell von Franz Simm (1853–1918) für Albert Ludwig Grimms Bearbeitung der Märchen der Tausend und Einen Nacht, um 1895.

können frei entscheiden, ob sie den göttlichen Gesetzen folgen wollen oder nicht.

In Sure 72 erzählt der Koran von den gläubigen Dschinn, die eines Tages sehr irritiert waren, weil sie die Engel nicht mehr hören konnten. Alle Dschinn lieben es seit jeher, dem Gespräch der Engel zu lauschen. Sie fliegen oft in höhere Sphären, um ihren Unterhaltungen beizuwohnen, und so stiegen auch diese Dschinn vor langer Zeit verwundert in den Himmel auf, um zu erforschen, was das Schweigen der Engel zu bedeuten habe. Sie sahen die Lichtgestalten im Kreis um den Propheten Mohammed sitzen, der ihnen den Koran vorlas. Gebannt hörten die Geister zu und nahmen daraufhin den muslimischen Glauben an.

Der Engländer Brion Gysin lebte als Maler und Schriftsteller in Marokko, schrieb unter anderem Skripte für William S. Burroughs und besaß ein gut gehendes Restaurant in der Altstadt von Tanger. Eines Tages fand er im Kamin des Restaurants einen Talisman, auf dem folgende Worte standen: »Möge Brion dieses Haus verlassen, wie der Rauch das Haus in den Himmel verlässt.« Nach wenigen Monaten musste er tatsächlich das »Restaurant Tausendundeine Nacht« schließen. Aus für ihn unerklärlichen Gründen war die Kundschaft von einem Tag auf den anderen ausgeblieben – sie hatte wohl von dem Talisman erfahren.

In einem Interview aus dem Jahr 2006 erklärt Fethi Benslama aus Tunesien am Beispiel der Dschinn, warum der Islam unvereinbar ist mit der westlich aufgeklärten Psychologisierung des Menschen. »Die Art, wie psychische Krankheiten im Orient gesehen werden«, so der Professor für Psychopathologie an der Universität Paris, »ist außerdem eine ganz andere als im Westen: Es herrscht die Theorie vor, dass der Kranke von Dschinnen besessen ist. Also bringt man ihn nicht für eine Therapie zum Psychologen, sondern für einen Exorzismus zum Imam. Das ist die normale Behandlungsform. Psychische Krankheiten werden nicht als medizinisches, sondern als übernatürliches Problem angegangen.«

Die Dschinn einerseits und andererseits Magie, Beschwörung und Zauberei gehen besonders in den nordafrikanischen islamischen Ländern Hand in Hand. Hier leben in den Dschinn die alten, vorislamischen Wüsten-, Brunnen- und anderen Geister fort, was die merkwürdigen Wohnorte erklärt, die den Dschinn zugeschrieben werden: Wüsten, Wälder, Strauch- und Buschlandschaften, Ruinen, Grabstätten, Schlangengruben, Brunnen, Erdlöcher und Hammams bei Nacht. *Dschullanar vom Meer* erzählt, dass ganze Dschinn-Völker unter der Wasseroberfläche der Ozeane leben. Ihre Königreiche und Fürstentümer befinden sich auf dem Boden des Meeres. Und manchmal geschieht es, dass Dschinn aus dem Wasser steigen, an Land gehen und die Menschen mit Korallen, Juwelen, Perlen und anderen Schätzen des Meeres beschenken.

Das Geisterreich und sein Herrscher

Wieso, muss man sich jetzt eigentlich verwundert fragen, gibt es dann in den Geschichten aus Tausendundeine Nacht, die so sehr dem Volksglauben verhaftet sind, derart viele Dschinn in Flaschen und Lampen?

Dafür ist König Salomo verantwortlich, der legendäre Herrscher, von dem die Bibel im ersten *Buch der Könige* und zweiten *Buch der Chronik* ausführlich berichtet. Hier wird erzählt, dass Gott Salomo erlaubt, eine Bitte zu äußern. Es gefällt ihm, dass der noch junge König sich nichts Materielles wünscht, sondern Weisheit. Deshalb schenkt er ihm nicht nur ein verständiges Herz, sondern auch Macht, Ehre und Reichtum. Diese von Gott verliehenen Gaben heben Salomo, den

In der Geschichte von den beiden Wesiren Nuraddin von Ägypten und Badraddin von Basra tragen zwei Dschinn einen schlafenden jungen Mann durch die Nacht und legen ihn morgens in einer fremden Stadt nieder, was zu einigen Verwirrungen führt.

Sohn Davids, unter allen Königen hervor und geben Anlass zu den vielen außerbiblischen Geschichten, die sich um seine Person ranken.

In Bezug auf die Dschinn ist *Das Testament Salomos* die wichtigste Quelle. Diese Schrift aus dem 4. Jahrhundert beschreibt vor allem das Wirken Salomos als Erbauer des ersten Tempels in Jerusalem und als Herrscher über die Dämonen. Für die auf den ersten Blick merkwürdige Verbindung beider Tätigkeiten ist eine Bibelstelle ausschlaggebend: Im ersten *Buch der Könige*, Vers 6,7 heißt es: »Hämmer, Meißel und sonstige eiserne Werkzeuge waren beim Bau des Hauses nicht zu hören.« Daran knüpft ein Sagenkreis an, nach dem der Tempel von Dämonen erbaut wurde.

Das *Testament Salomos* berichtet, dass es beim Bau des Tempels einen Arbeiter gab, der besonders fähig, fleißig und verständig war. Salomo behandelte ihn gut, und dennoch wurde der Arbeiter von Tag zu Tag schwächer. Als Salomo ihn nach dem Grund fragte, erfuhr er, dass jeden Tag bei Sonnenuntergang ein Dämon erschien, den halben Lohn einsteckte, sich in den Daumen schnitt, das Blut aufsaugte und so die Lebenskraft aus dem anderen sog. Daraufhin bittet Salomo Gott, diesen Dämon in seine Hände zu geben, und Gott schickt ihm durch den Erzengel Michael einen Ring, der ein Siegel trägt, das in einen wertvollen Stein geschnitten ist.

Dieser Ring wird Salomo nicht nur zum Herrscher über denjenigen Dämon machen, der als Quälgeist seinen Arbeiter belästigt, sondern zum Herrscher über die gesamte Geisterwelt. Wichtig ist, dass dieser Ring direkt von Gott kommt und nicht etwa von Salomo durch magische Rituale hergestellt wird. So kann sich der biblische Herrscher immer als Günstling Gottes legitimieren und gerät auch in den außerbiblischen Sagen nie in den Verdacht, ein Zauberer oder Magier zu sein.

Mit Hilfe des Rings zwingt Salomo nun die Dämonen, einzeln vor seinem Thron zu erscheinen. Er fragt sie nach ihrem Namen, ihren Taten, ihrem Sternzeichen und von welchem Engel der jeweilige Dämon bezwungen wird. Danach weist Salomo jedem eine Aufgabe beim Tempelbau zu. Es handelt sich dabei nicht um ehrenvolle Arbeiten im Dienst Gottes, sondern um Sklaven-

arbeiten. Die Dämonen stehen im Bann von Salomos Ring. Wer zu widersprechen wagt, wird in ein Gefäß gesperrt.

Es gibt keine Bibelstelle, die als Anknüpfungspunkt dienen könnte für die salomonische Gewohnheit, widerspenstige Dämonen in Gefäße zu schließen, dennoch ist dieser Sageninhalt ab dem 4. Jahrhundert weit verbreitet und auch christliche Exorzismen berufen sich auf diese Tradition, wie eine auf ein Amulett eingravierte Beschwörungsformel aus dem 4. Jahrhundert zeigt: »Ich beschwöre euch, ihr neunhundertsechzig Geister der Gemeinde des Bösen, die dem König Salomo vereidigt sind: Er soll euch in bronzene Wassergefäße einschließen ...«

Von dieser Strafgewohnheit des biblischen Königs führt die direkte Linie zu den Flaschengeistern in den Geschichten aus Tausendundeine Nacht.

König Salomo und Tausendundeine Nacht

In der anfangs zitierten Geschichte vom Fischer und dem Dämon glaubt der Geist zunächst, noch in der Zeit Salomos zu leben und sagt: | »O Suleiman (arabische Bezeichnung für König Salomo, d.V.), Prophet Gottes! Vergebung, Vergebung, ich werde dir nie mehr widersprechen und nie wieder einen Befehl von dir mißachten!«] Darauf entgegnet der Fischer: [»O böser Dämon, was sagst du da? Suleiman, der Prophet Gottes, ist seit über eintausendachthundert Jahren tot, und wir leben jetzt, am Ende der Zeit! Was also hat es mit dir auf sich, und warum bist du in diese Flasche geschlüpft?« ... »Du mußt wissen«, erzählte der Ifrit, »daß ich zu den aufständischen und abtrünnigen Dschinnen gehöre. Zusammen mit dem bösen Dämon, dem Marid Sachr, habe ich mich gegen Gottes Propheten Suleiman, den Sohn Dawuds, erhoben ...«] Er forderte [»mich auf, mich ihm zu unterwerfen. Als ich mich weigerte, ließ er diese Flasche aus Messing herbeibringen, sperrte mich in ihr ein, versiegelte sie mit einer Plombe aus Blei und drückte darauf den Stempel mit Gottes allmächtigstem Namen. Dann befahl er den Dschinnen, mich fortzutragen und ins tiefe Meer zu werfen.«] (Ott, 53 f.)

Diese Geschichte weist deutliche Parallelen zum *Testament Salomos* auf, wo eine widerständige Dämonin dem König prophezeit, dass in absehbarer Zukunft all die Gefäße, in die er sie einschließt, von Menschenhand zerbrochen werden und sie dann von allen Seiten mit geballter Macht hervorkommen und sich über die Welt verteilen würden. Diese Ankündigung von der Befreiung der Dämonen zieht sich durch die frühchristliche gnostische Literatur und hat auch Entsprechungen im arabischen Raum.

Ähnlich wie in der jüdisch-christlichen Überlieferung von Salomo gibt es hier ebenfalls einen legitimierten Grundtext, der im Koran niedergeschrieben ist. Sure 27 berichtet, dass vor König Salomo Dschinn, Menschen und Vögel in geordneten Abteilungen erschienen, um ihm ihren Gehorsam zu erweisen. Ausgehend von dieser Koranstelle entstehen im arabischen Raum »orientalische« Salomongeschichten, nach denen der König, dem alle Geister beziehungsweise alle Dschinn ergeben sind, auf einem fliegenden Tep-

Die Königin von Saba will nicht glauben, dass König Salomo der weiseste unter den Menschen ist und reist zu ihm, um sich persönlich zu überzeugen. Gemälde von Hans Vredeman de Vries (1527–1606).

pich über seinem Reich schwebt und dabei einiges erlebt. Er soll auf einem dieser Flüge auch die Bewässerungskanäle in Oman angelegt haben, dank derer die Plantagen von Damaszener-Rosen noch zum gegenwärtigen Zeitpunkt versorgt werden. Manche seiner Flüge führten ihn sehr weit weg in das Reich der Geister auf dem Berg Kaf. Dieses mythische Gebirge am Ende der Welt umschließt nach altem Volksglauben den weltumspannenden Ozean, der wiederum die Erde – eine flache Scheibe – rundum einschließt.

Auch der Besuch der stolzen Königin von Saba erfährt eine Umgestaltung in den apokryphen Schriften. In der Bibel kommt die legendäre Königin des Südens zu Salomo, um sich ihr eigenes Urteil über seine Weisheit zu bilden, erkennt Salomos Überlegenheit an und beschenkt ihn reich. In den Legenden, die sich um diese Begegnung ranken, bekommt die kritische, selbstbewusste Königin dämonische Züge: In einer äthiopischen Legende ist die Rede davon, dass sie während eines Drachenkampfes Eselsbeine bekommt – ein deutliches Zeichen dafür, dass sie eine Dämonin ist. Dass Salomo später diese Beine in Menschenbeine zurückverwandelt, kann als Exorzismus gelesen werden. Auch im Koran wird erzählt, dass die Königin ihre Schenkel entblößt, was nicht nur eine erotische Konnotation hat, sondern auch an die Eselsbeinigkeit erinnert.

»Der islamischen Überlieferung zufolge ... begab sich Salomon von Mekka nach Saba, um die Königin zu sehen, von der es hieß, sie habe haarige Beine wie ein Esel, weil sie Tochter eines Dschinn sei. Und Salomon bat sie, seine Frau zu werden, und ihm zu Gefallen verwendete sie Tinkturen und Kräuter, um ihre Beine so weich und glatt zu machen wie die Haut eines Säuglings ...« Diese Sätze stehen in Antonia S. Byatts Buch *Der verliebte Dschinn,* das ein schönes Beispiel dafür ist, dass Geister um Vieles beliebter sind als ihre Meister. Nicht nur bei Antonia Byatt sind die Dschinn die wahren Helden, die in der Leser- und Publikumsgunst ganz oben stehen. Schon die Geschichte von Ala ed-Din verdankt ihre einzigartige Popularität dem mächtigen Lampengeist, der den armen Schneidersohn zum Sultan macht. In der Regel gilt, dass derjenige, der einen Dschinn befreit, drei Wünsche frei hat. Besonders dieser Umstand ist dafür

verantwortlich, dass die Dschinn-Literatur vor allem bei den Kinder- und Jugendbüchern kaum mehr überschaubar ist.

Die *Bartimäus*-Trilogie von Jonathan Stroud ist ein Bestseller, ebenso die mehrbändigen *Kinder des Dschinn* von P.B. Kerr. Cornelia Funke hat für die Kleineren *Emma und der Blaue Dschinn* geschrieben, und schon für Leseanfänger sind neben Hexen und Pferden die Dschinn ein Lieblingsthema.

Älteren Datums sind die *Dschinnistan*-Märchen von C. M. Wieland, die den Stoff zu Mozarts Zauberflöte hergaben und Karl May zu seinem Alterswerk inspirierten.

Aber auch die Welt jenseits von Märchen und Abenteuern kennt die Dschinn, und wenigstens an zwei ihrer bekanntesten Vertreter soll erinnert werden: An Meister Proper aus dem Unternehmen Procter und Gamble, der vor dem Fernsehabendprogramm zu dem unvergessenen Jingle »Meister Proper putzt so sauber, dass man sich drin spiegeln kann« noch schnell Küche und Bad auf Hochglanz brachte. Und wer erinnert sich noch an die »Bezaubernde Jeannie« der 1960er Jahre und ihre ganz mit Plüsch ausstaffierte Flasche? Die wunderbare Barbara Eden durfte als Jeannie zwar nie ihren Bauchnabel zeigen, und auch das Schlafzimmer ihres geliebten »Masters« blieb tabu, doch sie schaffte es trotzdem, ihm jeden seiner Wünsche von den Augen abzulesen.

Harun ar-Raschid

Eines Nachts wurde der Kalif Harun ar-Raschid von großer Unruhe geplagt; da ließ er seinen Wesir Dscha'far, den Barmekiden, kommen und sprach zu ihm: »Meine Brust ist beklommen, und ich habe den Wunsch, mich heute Nacht in den Straßen von Bagdad umzuschauen und dem Treiben der Menschen zuzusehen; doch dazu müssen wir uns als Kaufleute verkleiden, damit uns niemand erkennt.« »Ich höre und gehorche!«, gab der Wesir zur Antwort. Zur selbigen Stunde erhoben sie sich, legten die prächtigen Staatsgewänder, die sie trugen, ab und zogen Kaufmannskleider an. Es waren ihrer drei, der Kalif und Dscha'far und Masrur, der Schwertträger; und sie gingen von Ort zu Ort, bis sie zum Tigris kamen. (Li, 3, 130 f.)

Schlaflos, volksnah und neugierig spaziert Harun ar-Raschid an der Seite seines treuen Begleiters Dscha'far durch das nächtliche Bagdad um zu erfahren, wovon die Leute reden, was sie tun und worüber sie streiten. Oft lässt er am nächsten Morgen die Parteien zu sich rufen, um Zwistigkeiten beizulegen und wieder Ruhe einkehren zu lassen in Bagdad, »der Stadt des Friedens«.

In der Welt von Tausendundeine Nacht regiert er weise, gütig und gerecht, seine Frömmigkeit ist Legende, und von seinem Leben im Luxus fällt ein Abglanz noch auf die ärmsten Untertanen. In seinen menschlichen Schwächen ist er ihnen nahe und leistet doch allzeit kluge und besonnene Regierungsarbeit, weil er in seinem Wesir Dscha'far aus der loyalen Familie der Barmakiden einen erstklassigen Politiker und Verwaltungsbeamten an seiner Seite hat. Dank Dscha'fars hervorragender Arbeit ist Harun ar-Raschids Regierungszeit als Goldenes Zeitalter in die Geschichte und Geschichten eingegangen. In den Erzählungen aus Tausendundeine Nacht heißt es: [Keine Zahl kann die Vorzüge der Barmakiden umfassen, und ihre Eigenschaften waren so herrlich, daß sie sich nicht beschreiben lassen.] (Li, 3, 497)

Unzertrennlich in ihrer Verschiedenheit erleben der Kalif und sein Wesir gemeinsame Abenteuer vor der bunten Kulisse Bagdads. Ein Blick dahinter wird zeigen, wie viel von diesem Bild der Wirklichkeit entspricht.

Tatsächlich war Harun ar-Raschid die größte Herrschergestalt der arabischen Geschichte. Seine Regierungszeit war auch die Blütezeit Bagdads. Das Kalifenreich befand sich auf dem Höhepunkt seiner Macht und Größe. Es reichte vom Indus bis zum Atlantik und entsprach in etwa dem heutigen Nahen und Mittleren Osten. Dieses gigantische Reich hatte Harun ar-Raschid nicht geschaffen, sondern geerbt.

Der Kalif von Bagdad nach einem Holzstich aus dem 19. Jahrhundert. Harun ar-Raschid war im 8. Jahrhundert Herrscher über ein Reich, das sich von Spanien bis Indien erstreckte. Tausendundeine Nacht verklärt ihn zur gerechten, volksnahen Vatergestalt.

Das Reich der Abbasiden

- Kernreich der Abbasiden nach 850
- Selbstständige Reiche im Herrschaftsbereich der Abbasidenkalifen
- Herrschaftsbereiche verschiedener Lokaldynastien

154 Jahre vor ar-Raschids Amtsantritt starb in Medina der Prophet Mohammed. Als unmittelbare Reaktion auf Mohammeds Tod ging eine Welle religiösen Eifers durch die arabische Welt und wurde zum Auslöser für zahlreiche Eroberungszüge. Die Araber besiegten die Byzantiner in Palästina, nahmen Damaskus ein, stellten Syrien unter arabische Herrschaft und eroberten das persische Großreich der Sassaniden, das sich über die Gebiete des heutigen Iran und Irak erstreckte, ebenso Ägypten und Jerusalem.

Bereits im Jahr 650 war diese erste Phase der arabischen Eroberungen abgeschlossen. Die nächste erfolgte unter der Herrschaft der Omayyaden. Obwohl diese Dynastie nur ein knappes Jahrhundert Bestand hatte, gelang es ihr, eines der mächtigsten Reiche der Weltgeschichte zu errichten. Im Osten besetzten sie das Indusgebiet und Transoxanien – das heutige Usbekistan und Teile der Nachbarstaaten –, im Westen brachen sie den Widerstand der Berber und unterwarfen den Maghreb.

Trotz ihrer erfolgreichen Expansionspolitik wurden die Omayyaden gestürzt, weil die gläubigen Muslime echte Nachfahren Mohammeds auf dem Thron sehen wollten. So kamen die Abbasiden an die Macht, die mit dem Onkel des Propheten verwandt waren.

Im Jahr 766 wurde Harun ar-Raschid in diese Dynastie hinein geboren. Seine Mutter Chaizuran war eine Sklavin aus dem Jemen, die sein Vater geschenkt bekommen hatte. Dass der Sohn einer Sklavin Kalif werden konnte, war damals nichts Außergewöhnliches: Wenn der Vater das Kind legitimierte und als seines anerkannte, hatte es den gleichen Status wie die Nachkommen aus einer rechtmäßigen Ehe.

Chaizuran blieb zeitlebens die Lieblingsfrau von Harun ar-Raschids Vater al-Mahdi. Sie war nicht nur besonders schön, sondern von ihrem ehemaligen Besitzer auch besonders sorgfältig ausgebildet worden. Gesang, Musik, Poesie und feine Manieren beherrschte sie perfekt, Klugheit, Humor und die Fähigkeit, sich allen Situationen leicht anzupassen, brachte sie von Haus aus mit.

Um sich auf Dauer gegen die große Konkurrenz im Harem durchsetzen zu können, war aber noch etwas anderes gefragt: die Gabe, Personen und Situationen richtig einschätzen zu können. Chaizuran nutzte sie, um ihre eigene Machtposition zu sichern. Als Hadi, ihr ältester Sohn, neuer Kalif wurde, erkannte seine Mutter bald, dass ihm alles fehlte, was ihn zum Herrscher befähigte. Menschlich gesehen war Hadi ein Scheusal, politisch, wirtschaftlich und militärisch betrachtet ein Versager. Im schlimmsten Fall könnte er die heterogene Bevölkerung, in der es immer aufständische Gruppen gab, gegen die Abbasiden aufbringen. Und so tat Chaizuran das, was ihr richtig und für den Machterhalt der Dynastie notwendig erschien: Sie ermordete ihren eigenen Sohn, damit der Weg frei war für den zweitgeborenen Harun ar-Raschid.

Harun ar-Raschid wird Kalif von Bagdad

Harun ar-Raschid wurde im Jahr 786 zum Kalifen ausgerufen. Er war Anfang 20 und ein gebildeter Mann. In seiner Kindheit und Jugend hatte er ausgezeichnete Lehrer gehabt, die ihn nicht nur mit dem Koran und seiner Exegese vertraut gemacht hatten, sondern auch mit Philosophie, Rechtswissenschaft, klassischer Dichtung, Mathematik, Sport und Musik. Seine Erzieher waren Spezialisten auf ihrem jeweiligen Wissensgebiet, und über ihnen allen stand Jahja, der Barmakide, den Harun ar-Raschid »Vater« nannte und der besonders in den ersten Regierungsjahren immer an der Seite des jungen Kalifen blieb. Sein Sohn Dscha'far sollte der Mann werden, der ar-Raschid am nächsten stand.

Die Erzählungen aus Tausendundeine Nacht vergleichen Jahja und Dscha'far mit glänzenden Gestirnen, Ozeanen der Großzügigkeit, grandiosen Sturzbächen der Gnade und wohltätigem Regen. Sie sollen es gewesen sein, die das Reich zum höchsten Gipfel des Glanzes führten, und noch Jahrhunderte später stand die Wendung »Zeit der Barmakiden« für alles, was gut war und ein Höchstmaß an Glück und Überfluss.

Diese Barmakiden, die Harun ar-Raschids Regierungszeit den Glanz eines Goldenen Zeitalters verliehen, waren eine einflussreiche persische Familie. Bald nach der Eroberung Irans durch die Muslime hatten sie den islamischen Glauben angenommen, behielten aber ihre tolerante Haltung in religiösen Angelegenheiten bei.

Die Talente der Barmakiden waren weltlicher Art, und den großen Einfluss, den sie bald auf den Kalifen ausüben sollten, verdankten sie zunächst ihren herausragenden Kenntnissen in der Verwaltung. Sie konnten offizielle Dokumente kunstvoll wie niemand sonst abfassen, waren Meister der Kalligraphie und versierte Beamte. Dazu kam die weltgeschichtlich vielleicht einmalige Tatsache, dass in dieser Familie gute Eigenschaften erblich zu sein schienen. Immer wieder taten sich die Barmakiden hervor durch Weisheit, Tatkraft, Wissen, Macht, Güte, Freizügigkeit und ausgleichende Gerechtigkeit. Mit all ihren Fähigkeiten dienten sie ihr Leben lang dem Kalifen aufrichtig und loyal und waren ihm und seiner Familie bald freundschaftlich verbunden.

Auch in den Erzählungen aus Tausendundeine Nacht, die Märchen und historische Quelle zugleich sind, beginnt das Zeitalter der guten Herrschaft mit den Barmakiden: [Der Tod von al-Hadi (dem älteren Bruder Harun ar-Raschids d. V.) und die Besteigung des Kalifenthrons durch ar-Raschid waren, noch vor der Morgendämmerung, der Bevölkerung von Bagdad bekannt. Und der neue Kalif nahm, umgeben vom Prunk der Souveränität, den Treueid der Emire, der Notabeln und des versammelten Volkes entgegen. Und am selben Tag erhob er al-Fadl und Dscha'far, beide Söhne von Jahja dem Barmekiden, ins Wesirat. Und alle Provinzen und Landschaften des Reiches und alle islamischen Völkerschaften – Araber und Nichtaraber, Türken und Dailamiten – erkannten die Autorität des neuen Kalifats an und schworen ihm Gefolgschaft. Und es begann seine Herrschaft in Wohlstand und in Herrlichkeit, und man sah ihn in seinem neuen Ruhm und in seiner neuen Macht glänzen.] (Die Erzählungen aus Tausendundeine Nacht in der Übersetzung von Mardrus)

Obwohl Harun ar-Raschid den Barmakiden große Machtfülle einräumte – einige Jahre lang bewahrte Dscha'far das Staatssiegel, befehligte die Garde des Kalifen, leitete den Nachrichtendienst, die Münzprägung und die Weberwerkstätten, die im Reich beinahe ein Monopol auf die Herstellung von Luxusstoffen besaßen –, traf er allein alle wichtigen Entscheidungen. Unter anderem die, Bagdad zu verlassen und nach Raqqa zu ziehen, dem heutigen Ar-Raqqa in Syrien.

Dafür gab es zwei Gründe: Zum einen fühlte sich der Kalif in Bagdad nicht mehr sicher genug. Zum anderen sprachen politische Gründe für den Umzug. Raqqa lag näher an Byzanz, und das byzantinische Reich war das vorrangige Ziel von Harun ar-Raschids expansiver Außenpolitik.

Die Zeit der Abbasiden

632	Tod Mohammeds
749/750	Abu Abbas as-Saffah wird in Kufa zum Kalifen erhoben.
750	Die Schlacht am großen Zab führt zum endgültigen Triumph der Abbasiden über die Omayyaden.
745–775	Kalifat al-Mansurs
762/763	Gründung Bagdads
785–786	Regierungszeit al-Hadis
786–809	Kalifat Harun ar-Raschids
786–803	Die Barmakiden haben das Wesiramt und die tatsächliche politische Gewalt inne.
802	Harun ar-Raschid ernennt seine Söhne al-Amin und al-Mamun zu seinen Nachfolgern.
861–945	Periode des Machtzerfalls des Kalifats: Die Statthalter der Provinzen werden unabhängig, es entstehen Lokaldynastien.
1055	Die Seldschuken werden neue Schutzherren des Kalifats von Bagdad.
1242–1258	Al-Mustasim ist der letzte abbasidische Kalif in Bagdad.
1258	Die Mongolen unter Hülägü Khan beenden mit der Ermordung des letzten Kalifen die Herrschaft der Abbasiden.
1260–1517	Abbasidisches Schattenkalifat unter mamlukischer Herrschaft in Kairo

Mit seiner freundschaftlichen Annäherung an den Frankenkönig Karl den Großen hoffte er, diesem Ziel näher zu kommen. Karl der Große hatte von Norden her ein Auge auf Byzanz geworfen, Harun ar-Raschid vom Süden aus. Es lag nahe, dass die beiden das byzantinische Reich sozusagen in die Zange nahmen. Getreu dem Motto »Der Feind meines Feindes ist mein Freund« bestand die fränkisch-abbasidische Zusammenarbeit in einem lebhaften Austausch von Gesandten und Geschenken, die besonders der gegenseitigen Machtdemonstration dienten. Den nachhaltigsten Eindruck bei den Franken hinterließ Abu l-Abbas, der Elefant, der am 20. Juli 802 Aachen erreichte und auf dem Weg in sein Gehege zur Schau stellte, dass es im fernen Orient Geschöpfe gab, groß und schwer wie Gebirge, auf denen furchtlose Orientalen turnten, um den Koloss mit Goldtroddeln und Brokatschabracken zu schmücken.

Der Empfang fränkischer Delegationen am Kalifenhof war jedes Mal ein aufwendiges Spektakel, das in den Erzählungen aus Tausendundeine Nacht großen Nachhall gefunden hat. Geschichten knüpfen an das Auftauchen der »Ungläubigen« an und erzählen, wie Christinnen sich verlieben und gegen alle Widerstände zum Islam konvertieren. Fränkische Prinzessinnen ziehen in den Krieg und schlagen ganze Heere in die Flucht, um die neue Liebe und den neuen Glauben zu verteidigen. Die *Geschichte von Nur ed-Din und Marjam der Gürtlerin* ist dafür ein herzergreifendes Beispiel.

Eine historische Nacht

Mag das Geschichtsbild aus Tausendundeine Nacht auch romantisch verklärt sein – indem die namenlosen Erzähler die Themen aufgriffen, die sozusagen auf der Straße lagen, waren sie nicht nur Geschichten-, sondern auch Geschichtsschreiber, und als solche reagierten sie bestürzt auf das historische Ereignis, das in einer Januarnacht des Jahres 802 geschah: »Eine Geschichte voller Tränen, die die Herrschaft Harun ar-Raschids mit einem Blutfleck besudelt, den auch die vier Paradiesströme nicht reinzuwaschen vermögen.« Mit dieser Geschichte, von der bis heute niemand sagen kann, warum sie gesche-

hen musste, begann der Stern des märchenhaften Kalifen zu verlöschen.

In jener Nacht, berichtet der Historiker al-Masudi im 10. Jahrhundert, befand sich Harun ar-Raschid auf der Rückreise von Mekka nach Raqqa. Die Zelte waren aufgeschlagen und der Kalif trennte sich von Dscha'far unter dem Vorwand, seine Frauen aufsuchen zu wollen. Dscha'far solle für sich und seine Freunde ein Festmahl ausrichten, fröhlich sein und feiern, sonst könne auch er, der Herrscher, seine Freuden nicht genießen. Im Lauf des Nachmittags und Abends ließ Harun ar-Raschid immer wieder Delikatessen und Süßigkeiten zu Dscha'fars Zelt bringen, der sorgenvoll und bedrückt wirkte. Als die Nacht gekommen war, rief der Kalif seinen Schwertträger Masrur zu sich und befahl, ihm Dscha'fars Kopf zu bringen. Beide, Masrur wie Dscha'far, suchten ein letztes Gespräch in der Hoffnung, ihr Machthaber sei betrunken und sein Entschluss eine Laune des Augenblicks. Doch Harun ar-Raschid blieb unerbittlich.

Er ließ Dscha'fars Leiche nach Bagdad bringen. Der Kopf wurde an der Mittleren Brücke, der Hauptverkehrsader der Stadt, zur Schau gestellt, der in zwei Teile gehackte Körper auf der Oberen und Unteren Brücke. Zwei Jahre blieben diese grauenhaften sterblichen Überreste dort hängen, bis Harun ar-Raschid sie verbrennen ließ.

Alle Mitglieder der Familie der Barmakiden, auch Jahja, wurden festgenommen. Mehr als tausend Frauen, Kinder, Freigelassene oder Klien-

ten, die zu ihr gehörten, umgebracht, das Vermögen im Wert von 30 000 000 Dinar beschlagnahmt (zum Vergleich: Der ehrliche Goldschmied zahlte Ala ed-Din für eine Schüssel aus reinem, echten Silber 70 Dinar).

Warum? War Harun ar-Raschid neidisch auf seinen brillanten Wesir, dem die Leute applaudierten, wenn er durch die Straßen ging? Zwar soll auch er selbst ein gut aussehender Mann gewesen sein, aber die tiefe Religiosität, die er besaß und zur Schau trug, ließ ihn nicht so strahlen wie den der Welt zugewandten Dscha'far, der nicht nur ausnehmend schön und elegant war, sondern auch ausgeprägten Sinn für Mode besaß. Er soll sich sogar selbst als Modeschöpfer betätigt und den Kragen erfunden haben, mit dem er seinen etwas zu langen Hals kaschierte.

Solche Attraktivität, gepaart mit Geist, Witz, Liebenswürdigkeit und Charme, ist eine für Männerfreundschaften problematische Kombination. Wenn Eifersucht und Betrug ins Spiel kommen, wird der Freund schnell zum Feind. Vielleicht geschah dies an einem Abend im »Palast des ewigen Friedens«, in dem auch Dscha'far eine Wohnung besaß.

Die Geschichtsschreiber al-Masudi und at-Tabari, beide fast noch Zeitgenossen des Kalifen, erwähnen ein Gerücht, nach dem folgende Liebesgeschichte die beiden Männer auseinander gebracht hat: Harun ar-Raschid hatte eine Schwester namens Abbasa, in deren Gesellschaft er seine Abende am liebsten verbrachte. War sie anwesend, konnte jedoch aus Schicklichkeitsgründen Dscha'far nicht dabei sein. Um beide um sich haben zu können, beschloss er, sie zu verheiraten unter der eifersüchtigen Bedingung, dass die Ehe nur auf dem Papier bestand und Dscha'far niemals eheliche Beziehungen zu Abbasa unterhielt.

Die Scheinehe wurde geschlossen, und es kam, wie es kommen musste. Abbasa und Dscha'far waren beide bezaubernd jung, und die kleine »ménage à trois« erlaubte einen ungezwungenen, vertrauten Umgang. Dazu kam, dass Harun ar-Raschid ein großer Weinliebhaber – um nicht zu sagen: Trinker – war. Er bemerkte nicht, dass sich nach und nach ein Unterton in das Geplauder der beiden anderen mischte, ihre Blicke sich suchten, die Hände sich beim Schachspiel berührten. Es war Abbasa, die schließlich die Initiative ergriff, und ihrer Verführungskunst konnte selbst ein Barmakide nicht widerstehen. Die Umstände machten es ihnen leicht, beide wohnten im Palast und konnten dem weinseligen Kalifen und eventuellen Aufpassern leicht entgehen.

Abbasa wurde mit einem Jungen schwanger, den sie sofort nach der Geburt heimlich nach Mekka bringen ließ. Aber Zubaida, die Frau des Kalifen, die ihn auch durch die Geschichten aus Tausendundeine Nacht begleitet, kam dem Geheimnis auf die Spur und verriet es ihrem Mann.

Sofort soll sich dieser wutentbrannt nach Mekka begeben, das Kind ausfindig gemacht und umgebracht haben. Einer noch grausameren Version zufolge ließ er dann seine Schwester samt ihrer Juwelen in eine Truhe sperren und lebendig begraben.

Harun ar-Raschid sollte die Gräueltaten sieben Jahre überleben, er starb 809, wahrscheinlich an Krebs. Unsterblich ist er geblieben durch die Erzählungen aus Tausendundeine Nacht, die ihm einen Nachruhm schenkten, der seinen Taten zu Lebzeiten nicht entspricht.

Den guten Kalifen mit dem kleinen Mund und den dicken prallen Backen, der Geschichten liebte, immer für einen Streich zu haben war, lachen konnte, bis er auf den Rücken fiel und sich wie ein Vater um seine Untertanen kümmerte – ihn hat es nie gegeben.

Aber Europa kannte den Unterschied zwischen dem geschichtlichen und dem Geschichten-Kalifen lange Zeit nicht. Hier wurde Harun ar-Raschid zum Idealbild des aufgeklärten Monarchen stilisiert, an dem sich die europäischen Potentaten fortan zu messen hatten. Sie sollten sich ein Vorbild nehmen an der orientalischen Märchenfigur, sich in gleicher Weise anonym unters Volk mischen, seine Sorgen anhören und aus der Welt schaffen.

So entstand aus dem Nachruhm des Kalifen von Bagdad die europäische Phantasie vom »gerechten Herrscher«, die in zahllosen Lesebuch- und Kalendergeschichten, Romanen und Theaterstücken als kollektiver Wunsch des Volkes veröffentlicht wurde.

Harun ar-Raschid hatte das Bild eines Herrschers in die Welt gesetzt, der sich zu seinen Untertanen hinabbeugt. Von diesem Bild wollten alle profitieren, Herrscher wie Beherrschte, sogar kommunistische Diktatoren. Ob Lenin, Stalin oder Mao – über sie alle kursierten Geschichten, in denen sie sich persönlich der Nöte ihrer Werktätigen annahmen.

Und noch im 21. Jahrhundert zeigt dieses Bild seine Wirkung. Deshalb spielen im Kino, das den Auftrag hat, alle Wünsche zu erfüllen, die Geschichten aus Tausendundeine Nacht immer im Bagdad des Kalifen. Denn hier, und nur hier, sind die europäischen Wünsche an den Orient zu Hause.

Harun ar-Raschids Gesandte überbringen Karl dem Großen wertvolle Geschenke. Kolorierter Holzstich nach einer Zeichnung von Moritz von Schwind (1804–1871).

Sindbad der Seefahrer

Als wir diese Worte aus dem Munde des Kapitäns vernahmen, war unser Staunen über sie gewaltig groß; aber kaum hatte er zu Ende gesprochen, da wurde unser Schiff plötzlich aus dem Wasser emporgehoben, dann sank es wieder zurück, und wir hörten einen durchdringenden Schrei, so laut wie das Krachen des Donners. Wir erschraken zu Tode und gaben uns ganz verloren. Und nun kam ein Fisch auf unser Schiff zu, der war wie ein hoher Berg und erfüllte uns mit Grausen. (Li, 4, 190)

Sindbad ist keine einzelne, herausragende Persönlichkeit wie etwa die Erzählerin Schahrazad oder der Kalif Harun ar-Raschid, sondern eine Figur, die wie ein Schauspieler sämtliche Eigenschaften darstellt, die ein Kaufmann besitzen muss, der um das 9. Jahrhundert im Überseehandel tätig ist. Seine Abenteuer reihen sich aneinander wie Kapitel in einem Übungsbuch für angehende Seefahrer, die lernen müssen, wie man Gefahren meistert und sich in scheinbar aussichtslosen Lagen bewährt. Nicht jeder, der abenteuerlustig und auf scheinbar leicht verdientes Geld aus ist, taugt zum See-

mann. Für solche Draufgänger hat das Meer eine klare Botschaft: Nomen est omen. Aber auch den vielen Landratten, die neidisch sind auf den großen Reichtum der Seefahrer, wird gleich anfangs eine Lektion erteilt. Sie bekommen zu hören, welchen Preis der Kaufmann zahlen muss, um sich und seine Güter heil nach Hause zu bringen.

Die Reiseerzählungen beginnen mit einem dieser Neider: Ein armer Lastenträger ruht sich vor dem Haus des reichen Kaufmanns aus und beginnt in Versen über sein erbärmliches Leben zu klagen, dass die einen vom Schicksal begünstigt, die anderen benachteiligt seien. Sindbad, |ein großer und würdiger Herr, dessen Bart auf den Wangen schon vom Grau gefärbt war, eine stattliche Gestalt von schönem Antlitz, voller Würde und Vornehmheit, Hoheit und Erhabenheit| (Li, 4, 100) lässt ihn ins Haus bitten und erklärt ihm, dass der Reichtum des Kaufmannsstandes kein Geschenk sei, sondern der verdiente Lohn für außerordentliche Taten.

|»Wisse, o Lastträger, meine Geschichte ist wunderbar, und ich will dir alles berichten, wie es mir ergangen ist und was ich erlebt habe, ehe ich zu diesem Wohlstande kam und in diesem Hause wohnen konnte, in dem du mich jetzt siehst. Denn dieser Reichtum und dies Haus ist mir erst nach schwerem Mühsal, großen Plagen und vielen Schrecknissen zuteil geworden. Ach, wie viel Qual und Kummer habe ich in der alten Zeit erdulden müssen!«| (Li, 4, 102)

Sindbads erste Reise: |Besorgt um das süße Leben, hielt ich den Zuber mit der Hand fest und setzte mich rittlings darauf, und dann ruderte ich mit meinen Beinen im Wasser wie mit Riemen, während das Spiel der Wogen mich bald nach rechts und bald nach links trieb.| (Li, 4, 105)

Gab es den »Vogel Roch« wirklich?

Auf Madagaskar lebte zwischen dem 7. und 17. Jahrhundert tatsächlich eine Art »Vogel Roch«: der Aepyornis maximus, »Elefantenvogel« genannt. Dieser Name geht auf seine dicken, mit haarartigen Federn bedeckten dreizehigen Füße zurück. Der Riesenlaufvogel war über 3 m groß und fast eine halbe Tonne schwer. Er legte Eier, die größer waren als alle bisher bekannten Dinosauriereier.

Ein Elefantenvogel-Ei war bis zu 34 cm lang, 24 cm breit, hatte 3 mm dicke Schalen, wog 10 kg und fasste 9 l. Ein Straußenei fasst im Vergleich dazu nur 1,3 l.

Der Lastträger folgt der Einladung und hört gemeinsam mit anderen Gästen, wie die Entscheidung, zur See zu fahren, zustande kam und was auf der ersten Reise geschah.

In seiner Jugend lebte Sindbad so verschwenderisch, dass vom reichen Erbe des Vaters bald nichts mehr übrig war. [»Und als ich dann wieder zu Verstande kam«], erzählt er, [»da dachte ich an einen Ausspruch, den ich früher einmal von meinem Vater gehört hatte; ... das Grab ist besser als die Armut.«] (Li, 4, 103) Mit anderen Worten: Als wahrer Kaufmannssohn empfindet Sindbad das Leben nur dann als lebenswert, wenn es mit Wohlstand verbunden ist. Und der Seehandel garantierte mehr als ein gutes Einkommen: Er machte diejenigen, die zurückkamen, ungeheuer reich.

Das wird der inzwischen gealterte Sindbad mit seinen Reiseerzählungen bestätigen. Aber gleichzeitig wird er seine Zuhörer und Leser mit Tatsachen konfrontieren, die immer wieder prüfend die Frage stellen: Wärest du dem gewachsen? Wärest du dazu bereit? Dazu fähig?

Gefährliche Handelsreisen

Die Erzählungen beginnen mit der ersten Reise des jungen Sindbad, der sein letztes Hab und Gut gegen Handelswaren eintauscht und sich in Basra einschifft. [Überall, wo wir landeten, trieben wir Handel und tauschten Güter ein.] (Li, 4, 103) Eines Tages geht die Mannschaft auf einer idyllischen Insel an Land, entfacht ein Feuer und spürt entsetzt, wie sich das Land bewegt und abtaucht, weil es in Wirklichkeit ein Riesenfisch ist, dem der Rücken plötzlich zu heiß wird. Sindbad kann sich auf eine andere Insel retten und trifft dort auf Menschen, die sich als Stallmeister des Königs Mihrdschan vorstellen, in dessen Diensten sie einmal monatlich herkommen, um die Stuten des Königs von einem »Seehengst« decken zu lassen. Sindbad begegnet diesen Menschen äußerst zuvorkommend und erzählt freimütig, was ihm geschehen ist und was er sich wünscht. Mitleidig nehmen sie ihn mit in ihre Heimat, wo er ein Schiff ausmacht, das ihn nach Basra zurückbringt.

Die erste Lektion, die ein angehender Seefahrer aus der Geschichte lernen soll, heißt also: Begegne auf deinen Reisen fremden Menschen freundlich und aufrichtig, denn du bist auf ihre Hilfe angewiesen! [Beim ersten Male konnte ich mich noch retten, da ich jemanden traf, der mich von der verlassenen Insel in eine bewohnte Gegend führte; aber diesmal, ach, wie weit, wie weit bin ich davon entfernt, dass ich jemanden fände, der mich in ein Land bringt, da Menschen wohnen!] (Li, 4, 116 f.)

Wieder ist das Schiff, auf dem Sindbad reiste, untergegangen. Stereotyp beginnen auch alle weiteren Unternehmungen mit einem solchen Unglück auf See. So ritualisiert diese Wiederholungen auf den Leser wirken mögen – sie sind notwendig, weil nur sie Extremsituationen herbeiführen, die einen psychischen und physischen Belastungstest für den Anwärter auf den Kaufmannsberuf darstellen.

Auf der zweiten Reise ist Sindbad also ganz auf sich allein gestellt. Das Meer hat ihn ans

Ufer einer unwirtlichen Insel gespült, auf der er eine große weiße Kuppel entdeckt. Während er das unbekannte Objekt untersucht, verfinstert sich der Himmel von den Schwingen eines Vogels. Jetzt erinnert sich Sindbad an die Erzählungen anderer Reisender über den Vogel Roch. Er bindet sich mit seinem Turban am Fuß des schlafenden Vogels fest, um so von der Insel wegzukommen. Ohne das Gewicht zu spüren, setzt ihn der Vogel auf dem Gipfel eines hohen Berges ab. Sindbad steigt ab in ein Tal, dessen Boden mit Diamanten, aber auch mit baumlangen Schlangen übersät ist. Während er auf der Suche nach einem Ausweg umherirrt, fällt plötzlich ein großes Stück rohes Fleisch vom Himmel. In diesem Moment erinnert er sich an eine Geschichte, die er von Kaufleuten, Reisenden und Pilgern gehört hatte: [... daß aber die Kaufleute, die mit Diamanten Handel treiben, ein Mittel hätten, um sie zu erhalten; und zwar nähmen sie ein Schaf, schlachteten es und häuteten es ab und zerlegten es, dann würfen sie die Stücke von dem Berge dort in das Tal hinab, und weil das Fleisch noch frisch wäre, so blieben manche von den Steinen daran kleben. Sie ließen es bis zum Mittag dort liegen, und dann kämen die Raubvögel, Adler und Geier, zu den Fleischstücken, packten sie mit ihren Krallen und flögen auf den Gipfel des Berges; darauf liefen die Kaufleute mit großem Geschrei herbei, die Vögel flögen von den Fleischstücken fort, und so könnten die Männer näher herankommen und die Steine, die an dem Fleische klebten, abnehmen.] (Li, 4, 121)

Sindbad füllt sich zunächst alle Taschen, Kleiderfalten, den Gürtel und Turban mit Diamanten, legt sich dann unter ein Stück Fleisch, hält sich fest und lässt sich von einem Raubvogel nach oben tragen, wo er blutverschmiert unter die entsetzten Kaufleute tritt, seine Diamanten mit ihnen teilt und von ihnen in die Heimat mitgenommen wird, die er reicher als zuvor wiedersieht. Die zwei Botschaften der zweiten Reise lauten: Setze alles auf Risiko, wenn es keine Alternative gibt! Das hat Sindbad getan, als er sich am Fuß des Vogels Roch festband. Und: Sorge dafür, dass Du das Wissen deiner Zeit parat hast, denn fremdes Wissen kann eigene Erfahrung ersetzen! Nur weil Sindbad die Reisegeschichten seiner Zeit kannte, fand er einen Ausweg aus dem Diamantental.

Wenn aber weder hilfreiche Menschen, noch Risikobereitschaft und Wissen weiterhelfen, was dann? Darauf hat die dritte Reise Sindbads eine Antwort, in der es zunächst darum geht, einem Menschen fressenden Riesen zu entkommen. Die Gruppe Schiffbrüchiger beschließt, den Versuch zu wagen, das Ungeheuer zu töten. Aber Sindbad denkt weiter: [»Höret, meine Brüder! Wenn er denn getötet werden muß, so wollen wir zunächst einige von diesen Brettern und etwas von diesem Brennholz fortschaffen und zum Strande tragen und uns ein Boot zimmern;

danach wollen wir ihn mit List umbringen. So können wir dann entweder mit dem Boote auf dem Meere wegfahren, wohin Allah uns führt, oder auch an dieser Stätte bleiben, bis ein Schiff hier vorbeifährt und uns mitnimmt. Auf alle Fälle können wir so, wenn es uns nicht gelingt, ihn zu töten, das Boot besteigen und aufs Meer fahren; und wenn wir auch ertrinken sollten, so brauchen wir doch nicht zu fürchten, geschlachtet und auf dem Feuer geröstet zu werden. Winkt uns das Heil, so werden wir gerettet; ertrinken wir, so sterben wir als Märtyrer!«] (Li, 4, 132) Sindbads vorausschauender Plan wird sich als rettend erweisen, da dem geblendeten Riesen eine Riesin zu Hilfe kommt, vor der es ohne Boot kein Entkommen gäbe.

Die Gefährten stranden an einer Insel, wo schon die nächste Gefahr in Gestalt einer Riesenschlange lauert, die einen nach dem anderen frisst. Nur Sindbad entgeht dem Würgetod, weil er um sich herum ein »Gerüst« aus Brettern baut. In diesem Holzgestell verharrt er, bis die Schlange aufgibt, [so wütend und grimmig, wie sie nur sein konnte] (Li, 4, 136), und ein Schiff vorbeifährt, das ihn an Bord nimmt.

Am Beispiel der Riesen und der Schlange erklärt der erzählende Seemann, wie wichtig es ist, vorausschauend zu handeln und alle Gegebenheiten vor Ort zu nutzen, um sich Alternativen zu schaffen. Die Regel der dritten Reise heißt demnach: Halte einen Plan B bereit! Ein solcher ist gefragt, als plötzlich die Riesin auftaucht. Die Durchführung von Plan A – den einen Riesen zu töten – hätte die Gefangenen angesichts eines zweiten Riesen nicht gerettet. Aber dank Sindbads doppelter Absicherung haben sie ein Boot und können von der Insel entkommen.

Das gleiche Bemühen, den eigenen Handlungsspielraum zu vergrößern, zeigt auch angesichts der Riesenschlange Erfolg: Alle Gefährten, die vor der Schlange auf Bäume geflüchtet sind, wurden aufgefressen. Nur Sindbad überlebt, weil er sich mit dem Holzgerüst eine Alternative zu den Bäumen geschaffen hat.

Bisher hat Sindbad seinen Rettern immer gern und freimütig von seinen Abenteuern berichtet, über die Ereignisse auf seiner vierten Reise aber schweigt er: [Allein ich erzählte ihm nicht, wie es mir in der Stadt und in der Höhle ergangen war.] (Li, 4, 160) Was ist der Grund für sein Schweigen?

Nach erneutem Schiffbruch bewahren ihn Vorsicht und Misstrauen vor kannibalischen Zauberern. Er gelangt in eine Stadt, wo er wohlwollend aufgenommen wird und sich dankend revanchiert: Zum ersten und einzigen Mal betätigt sich der Seefahrer als Handwerker und wird Sattler. Seine Kunden, die diese Bequemlichkeit des Reitens bisher nicht kannten, sind begeistert. Er genießt hohes Ansehen, hat eine ehrenvolle Arbeit, pflegt freundschaftlichen Umgang mit dem König und scheint endgültig ein neues Leben zu beginnen, als dieser ihm vorschlägt zu heiraten und ihn mit einem Mädchen bekannt macht, das der einstige Seebär tatsächlich lieb gewinnt. Er heiratet sie, lebt [in aller Behaglichkeit, Zufriedenheit und Freude] und vergisst, was er [vorher an Mühsal, Qual und Not erlitten hatte.] (Li, 4, 151)

Wahre Seemannstugenden

Sindbad, der Seemann, Abenteurer, Haudegen, Einzelkämpfer – er läuft ein in den Hafen der Ehe? Findet sein Glück als verheirateter Handwerker? Auf der vierten von sieben Reisen? Da kann etwas nicht stimmen, und wirklich erweist sich diese Ende-gut-alles-gut-Geschichte als Auftakt des genauen Gegenteils:

Zu spät erfährt Sindbad von dem einheimischen Brauch, beim Tod des einen Ehegatten den anderen lebendig mit zu begraben. Als seine Frau stirbt, wird er mit einem kleinen Proviant in dem Massengrab eingeschlossen. Er teilt sich seine Nahrung in kleinste Bissen auf, sodass er überlebt, bis das Grab erneut geöffnet wird und eine andere Leiche mit dem noch lebendigen Partner herunterfällt: [Dann senkten sie einen toten Mann herunter und mit ihm eine lebendige Frau, die laut weinte und über ihr Los jammerte; der Frau aber hatten sie einen großen Vorrat an Brot und Wasser mitgegeben. Ich konnte sie sehen, aber sie sah mich nicht. Als nun die Leute den Stein wieder über die Öffnung der Gruft gewälzt hatten und ihrer Wege gegangen waren, sprang ich auf, in der Hand den Schenkelknochen eines toten Mannes, stürz-

te mich auf die Frau und schlug sie mitten auf den Kopf. Sie sank ohnmächtig zu Boden; dann schlug ich noch ein zweites und ein drittes Mal auf sie los, bis sie tot war. Und nun nahm ich ihr Brot und alles, was sie bei sich trug; denn ich sah an ihr viel Schmuck und kostbare Gewänder, Halsbänder, Juwelen und Edelsteine.] (Li, 4, 156)

Sindbad wird noch mehr Menschen töten, um selbst zu überleben und vieles von ihrem Besitz beiseitelegen für den Fall, dass er aus diesem Grab entkommen sollte. Vielleicht haben sich die Kausalitäten im Lauf der Zeit sogar verschoben, und Sindbad hat anfangs vor allem wegen des Proviants getötet, später auch, um Zeugen aus dem Weg schaffen und die Wertgegenstände der Toten an sich zu bringen. Er betreibt Raubmord, bis eines Tages das Unerwartete geschieht und ein Tier dem Eingeschlossenen den Weg aus der Höhle weist. Schon im Freien, kehrt er noch einmal zurück, holt die Wertsachen der Erschlagenen, die er gesammelt hatte, und plündert auch noch die Bestatteten aus: [Ferner nahm ich ihnen vieles ab von dem, was sie trugen, Ketten, Edelsteine, Perlenhalsbänder, Schmuckstücke aus Silber und Gold, in die allerlei Juwelen eingelegt waren, und andere Kleinodien.] (Li, 4, 158)

Schweigt er also, weil er die Grundregel der menschlichen Zivilisation verletzt hat und nun,

Aus Sindbads vierter Reise: [Und wie wir nun in unserer Not beteten und demütig zu Allah dem Erhabenen flehten, kam plötzlich ein gewaltiger Orkan über uns, zerriß die Segel in lauter Fetzen und warf die Menschen samt ihren Waren ... in die See.] (Li, 4, 143 f.)

zurückgekehrt in diese Zivilisation, Bestrafung fürchtet? Oder behält er seine Taten für sich, weil er weiß, dass niemand, der nicht eine solche Situation durchlebt hat, ihn verstehen würde? Schweigt er, weil es Augenblicke im Leben eines Seefahrers gibt, die jenseits von Gut und Böse sind?

Die Lehre der vierten Reise ist die ultimative Botschaft an alle, die sich den Seehandel als romantische Kreuzfahrt vorstellen. Sie lautet: Lege dein Gewissen ab, wenn es deine Rettung behindert und scheue nicht vor Grausamkeit zurück! Bewahre danach Stillschweigen und vergiss, was du getan hast!

Sindbad der Seefahrer begegnet auf seiner fünften Reise dem »Alten vom Meere«, aus dessen tödlicher Umklammerung er sich nur durch List befreien kann.

5mo VOYAGE DE SINDBAD
LE GNOME DE LA MER

Sindbad hat bewiesen, dass er »Würde und Vornehmheit« nach Bedarf ablegen und wieder annehmen kann. Niemanden in Bagdad interessiert es, dass dieser gut situierte, wohltätige Mitmensch gemordet und sich einen Teil seines Reichtums durch Leichenschänderei erworben hat. Zu Hause zählt nur die Größe des Vermögens und seine Verwendung: [Dann speicherte ich alle Güter, die ich mitgebracht hatte, in meinen Warenhäusern auf, verteilte Geschenke und kleidete die Witwen und Waisen. Ich lebte so herrlich und schön, wie man es sich nur denken kann, indem ich mich auch wieder wie früher in fröhlichem Verein zu den Genossen gesellte, bei Scherz und Gesang.] (Li, 4, 160 f.)

Ein Kaufmann auf See muss Gewissen und Menschlichkeit wie ein Kleid abstreifen können. Schließlich unternimmt er seine strapaziösen und gefährlichen Reisen nur zur Vermehrung des eigenen Wohlstands. Es wäre also töricht, wollte man die einmalige Chance verpassen, Güter ohne Gegenleistung zu erhalten. Die Toten in dem Massengrab gehören für Sindbad und Seinesgleichen nicht zu »ihrer« Menschengemeinschaft, sondern werden betrachtet als Teil einer gefährlichen Exterritorialität, die der Kaufmann nur überleben kann, wenn auch er sich über Grenzen hinwegsetzt.

Die vierte Reise stellt mit ihrem entschlossenen »Ja« zu Mord und Totschlag den Höhepunkt und die Umkehr der Sindbadgeschichten dar. Stellt man sich die sieben Reisen graphisch als Kurve vor, so gibt es erst eine Aufwärtsbewegung während der ersten drei, die nur positive Kaufmannseigenschaften fordern: Freundlichkeit, Wissen und Voraussicht. Gut und Böse sind eindeutig voneinander zu trennen. Einerseits gibt es freundliche Menschen, andererseits Menschen fressende Riesen, Schlangen und Zauberer. Aber nun ist der Punkt erreicht, an dem zur Sprache kommen muss, dass Tugenden allein das Überleben nicht garantieren.

Wer Sindbads Lehr- und Handbuch bis hierher gelesen hat, wird nun mit den weniger ruhmreichen Seiten des Kaufmannsstandes konfrontiert. Er erfährt, dass der beste Kaufmann sein Ziel nur erreicht, wenn er zu »flexibler Reaktion« bereit ist, für die gleich die nächste Reise ein Beispiel gibt.

Auf seiner fünften Reise findet Sindbad ein Ei des Vogels Roch. Der Holzstich ist eine Buchillustration in Gustav Weils Übersetzung der Geschichten aus Tausendundeine Nacht von 1865.

Hier trifft Sindbad den »Alten vom Meere«, den er freundlich anspricht: [»Alterchen, warum sitzest du hier an dieser Stätte?« Er schüttelte das Haupt und seufzte und gab mir durch Zeichen mit der Hand zu verstehen, ich sollte ihn auf meine Schultern heben und ihn von dort auf die andere Seite der Schöpfrinne tragen ... Dort sagte ich zu ihm: »Steig langsam herunter!« Aber er stieg nicht herunter, sondern wand mir seine Beine um den Hals ... Darüber erschrak ich, und ich wollte ihn von meinen Schultern abschütteln. Doch er preßte seine Beine noch fester um meinen Hals ... Tag und Nacht stieg er nicht herab, und wenn er schlafen wollte, so wickelte er seine Beine fest um meinen Hals und schlief eine kleine Weile. Wenn er dann wieder aufwachte, schlug er mich von neuem, und ich mußte eilends aufstehen und durfte ihm nicht zuwiderhandeln.] (Li, 4, 165 ff.)

Anders als in den vorhergehenden Geschichten ist zunächst nicht erkennbar, ob das fremde Wesen gut oder böse ist. Sindbad orientiert sich an den bisherigen Leitsätzen und begegnet dem Alten, den er als Menschen ansieht, freundlich. Zu spät erkennt er seinen Irrtum: [Und wie ich seine Beine anschaute, da sahen sie aus wie das Fell eines Büffels, schwarz und rauh.] (Li, 4, 166) Da hockt aber das Wesen, das trotz seines irreführenden Äußeren in die Kategorie der Ungeheuer gehört, schon auf seinen Schultern und lässt sich nicht mehr abschütteln. Jetzt verlässt Sindbad den Weg der gradlinigen Tugenden und greift zu einer List. Er findet einen Kürbis, höhlt ihn aus, füllt ihn mit dem Saft von Reben und stellt ihn für einige Tage in die Sonne, bis [der Saft zu starkem Wein geworden war.] (Li, 4,167) Er selbst trinkt nur kleine Schlückchen und preist dabei das Getränk dem Alten an, der den ganzen Kürbis voll Wein in einem Zug austrinkt und sich nun, im Zustand willenloser Trunkenheit, leicht von den Schultern heben lässt. Und so lautet die Moral dieser Geschichte ganz unverhohlen: Sei listig und gebrauche deinen Verstand, um andere zu überrumpeln!

Der weitere Verlauf dieser fünften Reise untermauert diese Botschaft noch: Befreit von dem

Alten, wird Sindbad von Seeleuten mitgenommen in die Affenstadt, wo er eine andere Art von List kennen lernt, die ihm viel Geld einbringen wird. [»Lieber Herr«, sagt ein Bewohner der Affenstadt zu ihm, »du bist ein Fremdling in diesen Landen. Kennst du ein Handwerk, in dem du arbeiten kannst?« »Nein, bei Allah, mein Bruder«, erwiderte ich, »ich habe kein Handwerk, und ich kann auch nichts arbeiten; denn ich bin ein Kaufmann.«] (Li, 4, 170) Wer nicht arbeiten kann, lässt andere für sich arbeiten und benutzt Verstand und List, um sie dahin zu bringen. Von den Bewohnern der Affenstadt lernt Sindbad eine besondere Technik, das zu errei-

chen. Mit Kieselsteinen bewerfen sie die Affen hoch oben in den Kokospalmen. Das ärgert die Tiere, die sich wehren und ihrerseits Kokosnüsse auf die Menschen schleudern. Man muss sie nur aufsammeln und Gewinn bringend verkaufen, um einige Zeit später reich, glücklich und um eine Lebensregel klüger nach Basra zurückzukehren: Die Lektion der fünften Reise heißt: Benutze deinen Verstand statt deiner Hände und lerne, dein Ziel listig und auf Umwegen zu erreichen, wenn der gerade Weg versperrt ist!

Auch die sechste Reise nimmt den gleichen Verlauf wie die anderen: Die Mannschaft erleidet Schiffbruch, die Männer stranden und wieder wird der Fitteste überleben. Dass es der Kaufmann ist, verwundert keinen mehr, hat er doch den Blick fürs Wesentliche und behält gleichzeitig die Übersicht: [Die anderen Reisenden kletterten alle über jenen Berg noch weiter in die Insel hinein und zerstreuten sich auf ihr, verwirrt und wie von Sinnen ... Ich aber entdeckte am Boden jenes Baches eine gewaltige Menge von Juwelen, Edelsteinen, Rubinen und großen Königsperlen aller Art; wie Kies lagen sie in den Wasserläufen jener Fluren umher, und der ganze Boden des Baches selber glitzerte von der Menge all des edlen Gesteines.] (Li, 4, 177 f.) Sindbad stolpert nicht verwirrt wie die anderen über die Insel, sondern analysiert seine Lage und zieht logische Schlussfolgerungen: [Bei Allah, der Bach dort muß doch Anfang und Ende haben; er muß doch irgendwo wieder aus der Erde in bewohntem Lande ans Tageslicht treten. Darum halte ich es für das Richtige, wenn ich mir ein kleines Floß mache, so groß, daß ich gerade darin sitzen kann und, wenn ich es auf diesen Bach setze, hineinsteigen und mich von der Strömung treiben lassen kann.] (Li, 4, 180) Da er ein Kaufmann ist, den, wie er anfangs sagte, die Armut mehr schreckt als das Grab, startet er die Floßfahrt ins Ungewisse nicht zweifelnd, sondern optimistisch: [Darauf suchte ich mir Schätze von Edelsteinen, Juwelen und großen Perlen, die dort wie Kies herumlagen, und mancherlei andere Dinge von der Insel, auch einige Stücke von dem feinen, reinen, rohen Amber, und brachte sie auf das Floß. Alles, was ich auf der Insel gesammelt hatte, nahm ich mit mir, auch alles, was von dem Vorrat an Nahrung noch übrig war.] (Li, 4, 180 f.)

Illustration zu einem Motiv aus Sindbads siebter Reise: [Und nun kam der Riesenelefant an mich heran, wand seinen Rüssel um mich und hob mich auf seinen Rücken.] (Li, 4, 206)

7mo VOYAGE DE SINDBAD
LE TROUPEAU D'ÉLÉPHANTS

Das ist wahrer Unternehmergeist: Risiken eingehen, aber Vorsorge treffen. Und natürlich ist einem solchen Unternehmen Erfolg beschieden. Sindbad fährt auf dem unterirdischen Bach der Zivilisation entgegen und kann sich einen Platz auf dem nächsten Schiff nach Basra sichern, weil er die letzte goldene Kaufmannsregel befolgt hat: Bewahre einen kühlen Kopf, berechne die Risiken kalt und handle egoistisch! Wie Sindbad, sei hinzugefügt, der beim Erkunden des Rettungsweges nur an sich gedacht hat: [wenn ich mir ein kleines Floß mache, so groß, daß ich gerade darin sitzen kann.]

Die siebte und letzte seiner Reisen gehört nicht mehr zu den Lehrstücken für angehende Kaufleute, sondern liefert die Erklärung dafür, dass Sindbad den Drang, in die Welt hinauszufahren, überwunden hat und sesshaft bleibt. Sein letztes Unternehmen führt ihn über das Ende der Welt hinaus, wo ihm zwar das Gute und Böse in Person begegnen, aber nichts, was seinen materiellen Reichtum mehren könnte. Sindbad erkennt, dass er alle Schätze der Welt eingesammelt hat und jenseits seiner Routen nichts mehr zu holen ist. Jetzt endlich kann er sich zufrieden zurücklehnen und seinen Reichtum genießen.

Sindbads Reiseführer

Das Buch von Sindbad dem Seefahrer ist eine Navigationshilfe, die von Armut zu Wohlstand und immer größerem Reichtum führt, sofern es dem Handel treibenden Seefahrer gelingt, die Gefahren auf See zu umschiffen. Wie das möglich ist, wird en détail vorbuchstabiert. Weil aber alle Gefahrensituationen exemplarisch sind, müssen sie nicht selbst erlebt sein.

Was dem erzählenden Seefahrer auf seinen Reisen zustößt, ist zu einem großen Teil Literaturen entnommen, die im 9. oder 10. Jahrhundert, aus dem die Sindbad-Geschichten wahrscheinlich stammen, bereits bekannt waren: Die Blendung des Riesen und die Verzauberung der Gefährten sind Motive aus der *Odyssee*. Die Insel, die sich plötzlich bewegt, findet sich im *Alexanderroman* aus dem 2. Jahrhundert vor Christus. Hier kommt auch die Luftreise mit einem Riesenvogel vor. Und in der *Wahren Ge-*

schichte des Lukian gibt es bereits ein kuppelgroßes Riesenei.

Neben den antiken griechischen Texten inspirierte zeitgenössische Literatur den Sindbad-Zyklus: Der persische Kapitän Buzurg Ibn Schahriar hat Anfang des 10. Jahrhunderts aus einer Kiste Seemannsgarn ein Buch gestrickt und *Die Wunder Indiens* genannt. Was der frühe Vorfahre von Käpt'n Blaubär zusammenflunkerte, kehrte teilweise als Sindbads Abenteuer wieder.

Auch bei einigen Details gibt es Übereinstimmungen: Die Beschreibung der Pfefferpflanze, der Ambraquelle und des Fisches mit Eulengesicht stimmen überein mit Schilderungen aus dem *Buch der Hauptstraßen und der Königreiche* des arabischen Geographen Ibn Churdadhbeh, das auf einen Zeitpunkt nach 870 datiert wird.

Wenn es für die Abenteuer, die Sindbad erlebt, historische Quellen gibt, existieren dann ähnliche »Vorlagen« für seine Reiserouten, die Auskunft geben könnten, wo ein muslimischer Kaufmann im 9. Jahrhundert Handel getrieben hat? Der holländische Arabist Michael Jan de Goeje, der an der Universität Leiden lehrte, hat im 19. Jahrhundert in arabischen Werken über Geographie und Reisen nach Übereinstimmungen mit den Sindbadgeschichten gesucht. In Bezug auf die erste Reise und die Begegnung mit den Dienern des Maharadscha verweist er darauf, dass im 9. und 10. Jahrhundert der Titel »Maharadscha« einem mächtigen Hindu-Herrscher auf Java reserviert war, dem das gesamte Indonesien unterstand.

Hinweise auf den Ort der zweiten Reise geben die Berichte von Kampferbäumen und Nashörnern. Kampfer wurde damals vorwiegend in Sumatra gekauft, wo es auch Nashörner gab und gibt. Sindbad beschreibt allerdings nicht das kleine Sumatra-Nashorn, sondern das große Java-Nashorn, das trotz seines Namens auch in Sumatra lebte.

Es ist zu vermuten, dass auch die dritte und vierte Reise nach Sumatra führten. Eine Entsprechung zum »Berg der Haarigen« findet sich bei dem bereits erwähnten Ibn Churdadhbeh über die Insel ar-Rami, die wahrscheinlich mit Sumatra gleichgesetzt werden kann. Auch als Wohnort der Pfeffersammler vermutet der Arabist de Goeje diese Insel.

Auf der fünften Reise entkommt Sindbad dem »Alten vom Meere« und wird von seinen Rettern in die Affenstadt mitgenommen. Der arabische Geograph Idrisi gab im 12. Jahrhundert den Ort der »Affeninsel« sehr genau an. Ihm zufolge lag sie drei Seemeilen von Sansibar entfernt, zwei von der abessinischen Küste und eine von Sokotra.

Sindbad wollte diesmal wohl nicht über Indien nach Indonesien reisen, sondern hatte Kurs auf Ostafrika genommen. Er segelte wahrscheinlich durch den Persischen Golf zunächst an der Südküste der Arabischen Halbinsel entlang und überquerte dann den Golf von Aden, um die Küste Afrikas zu erreichen. In Äthiopien gab es die begehrten »abessinischen Sklavinnen« zu kaufen. Danach lohnte sich die Weiterfahrt nach Mogadischu in Somalia, Malindi in Kenia, Kilwa in Tansania und Sofala in Mosambik. Diese Hafenstädte waren weltweit bekannte Handelszentren für Gold, Sklaven, Elfenbein, seltene Hölzer und Edelsteine. Sogar die Kokosnüsse, die auf dieser Reise eine Rolle spielen, wachsen in Mosambik und Tansania.

Auf der sechsten Reise befindet sich Sindbad in Indien oder Sri Lanka. Damit hat er die großen Handelsrouten über das Meer nahezu erschöpft: Indien, Indonesien, Sri Lanka, Afrika. Nur China fehlt. Das ist auffällig, weil die arabischen Länder mit China lebhafte Handelsbeziehungen unterhielten, bis dort nach einem Umsturz im Jahr 878 ein Blutbad unter ausländischen Kaufleuten angerichtet wurde. Wahrscheinlich entstanden die Sindbad-Geschichten kurz nach diesem Ereignis, als die Seefahrer das furchtbare Gemetzel noch lebhaft in Erinnerung hatten und aus Furcht vor neuen Massakern für eine Weile nicht mehr nach China reisten. Vielleicht unterließen sie es aber auch deshalb, weil Sindbad ihnen keine Anweisung gab, wie sie dieser Gefahr begegnen sollten. Denn die letzte Botschaft von Sindbad dem Seefahrer richtet sich nicht an seine »Auszubildenden«, sondern an den Leser, der sich wundert, wie ein so tatkräftiger, leistungsorientierter Seemann in ein Erzählwerk gerät, das in allen anderen Geschichten Glück und Reichtum auf die Gunst des Schicksals zurückführt und niemals auf persönliche Verdienste und Anstrengungen. Reichtum wird geschenkt, nicht erworben. Der Straßenjunge, der Fischer, der Schuhflicker – sie alle, die von einem Tag auf den anderen Dinar-Millionäre werden, haben nichts getan, als sich in ihr Schicksal zu fügen: inschallah.

Hätte Sindbad in solcher Passivität verharrt, würde er keine einzige Reise überlebt haben. Der Rückschluss heißt: Ein muslimischer Kaufmann passt nicht zur islamischen Ethik, das Handbuch für Seefahrer nicht zu den Erzähltexten aus Tausendundeine Nacht. Sie gehören nicht zusammen, wer hat sie also zusammen gebracht?

Es war der, der Tausendundeine Nacht nach Europa brachte. Antoine Galland hatte im Jahr 1701 das Buch von Sindbad dem Seefahrer bereits fertig übersetzt und arbeitete nun an der französischen Ausgabe der Erzählungen aus Tausendundeine Nacht, deren zwölf Bände sukzessive zwischen 1704 und 1717 erschienen und den Nerv und Geschmack seiner Zeit trafen. Begierig wollte das Publikum bald mehr lesen, als in Gallands arabischem Manuskript stand, und so fügte er kurzerhand seine Übersetzung des Sindbad-Buches in das per se offene Erzählwerk ein.

Ab diesem Moment hatte auch Sindbad Teil an dem Glück, das wie ein Goldregen über die Seiten von Tausendundeine Nacht rieselt. Reich war er schon im Verlauf der eigenen Geschichte geworden. Jetzt wurde er der berühmteste Seefahrer aller Zeiten.

Die »Moschee des 14. Rama-
dan« in Bagdad. Die Stadt
wurde vom Großvater des
legendären Kalifen Harun
ar-Raschid angelegt.
In Tausendundeine Nacht
wird Bagdad oft »die Stadt
des Friedens« genannt.

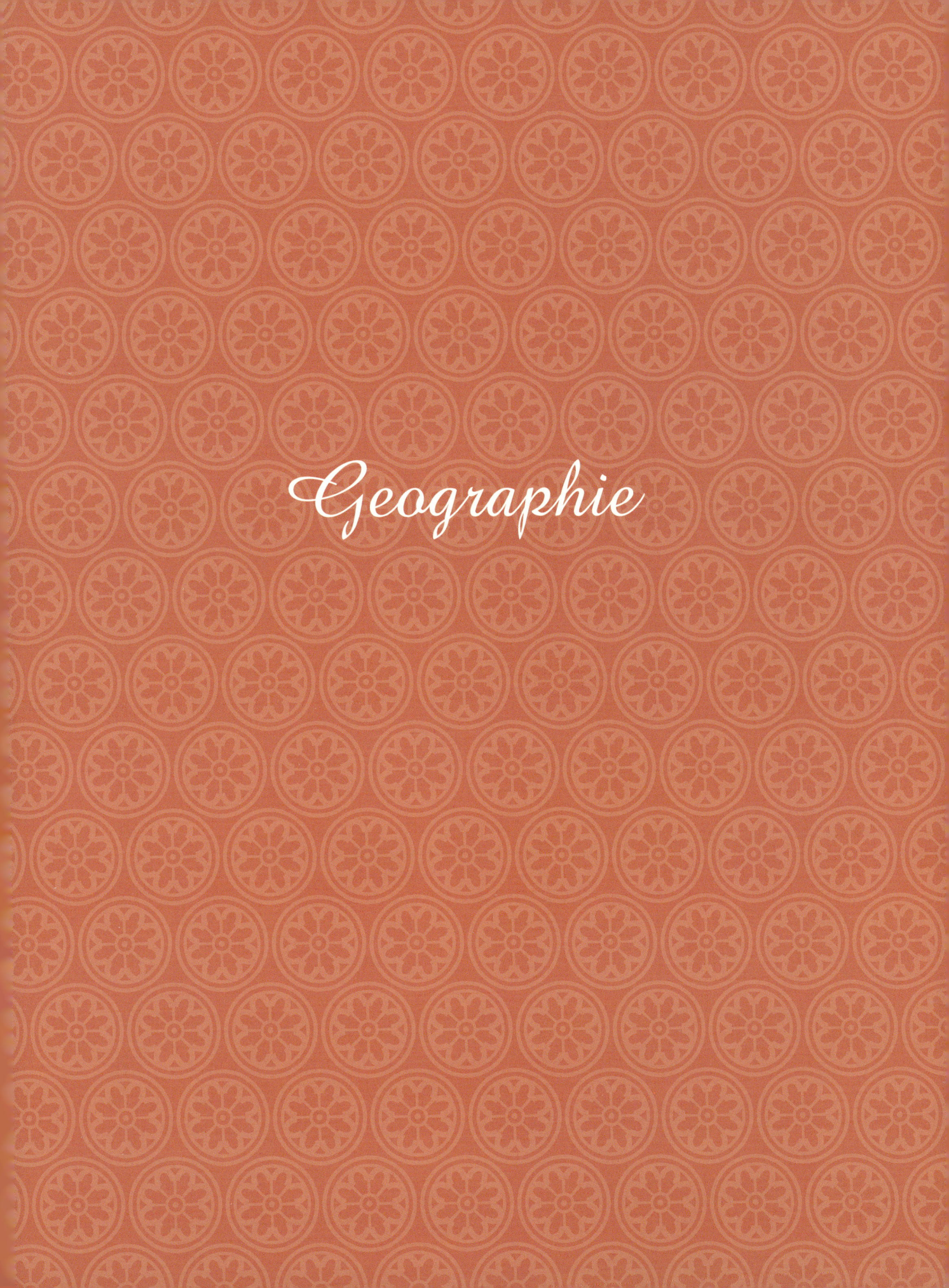

Geographie

Bagdad, die Weltmetropole

Wie aber erging es unterdessen Nuraddin Ali und seiner Sklavin Anis al-Dschalis?
Diesen beiden hatte Gott eine wohlbehaltene Ankunft in ihr Schicksalsbuch geschrieben,
und so erreichten sie Bagdad, die »Stadt des Friedens«. »Seid beglückwünscht!« sagte der
Kapitän. »Ihr seid heil angekommen. Dies hier ist die Stadt, die Schönheit und Sicherheit
gleichermaßen bietet, in der ein Meer von Bewohnern wie Wellen wogt und die jeden,
der in ihr wohnt, schützend umschließt. (Ott, 522)

Bagdad war eine Idee von Al-Mansur, dem Großvater Harun ar-Raschids und einem der ersten Abbasiden-Kalifen. Für diese neue Dynastie der Herrscher, die von Mohammed selbst legitimiert waren, wollte Al-Mansur ein neues Regierungszentrum erbauen lassen, und er fand Gefallen an dem Ort, wo Euphrat und Tigris nahe beieinander verlaufen. Für seine Wahl sprachen mehrere Gründe: Damaskus als traditioneller Regierungssitz war nicht mehr akzeptabel, denn hier hatten die verhassten Omayyaden residiert, von denen sich Al-Mansur auch räumlich distanzieren wollte. Zudem machte das weiter südlich gelegene Bagdad den politischen Richtungswechsel auch geographisch deutlich. Die neue Hauptstadt entfernte sich vom Mittelmeer. Von Bagdad aus ging der Blick nach Süden – auf die Arabische Halbinsel und nach Afrika, zum Persischen Golf und weiter nach China, nach Iran, Afghanistan und Indien. Bald sollten hier die wichtigsten Handelsrouten der Welt verlaufen und sich in Bagdad treffen.

Als Al-Mansur am Tigris stand und prüfte, ob die Ufer ausbaufähig und mückenfrei waren, hatte er vielleicht eine Vision dessen, was kommen würde, denn er unterstrich seinen Entschluss zu bleiben mit den Worten, dass nun »kein Hindernis mehr zwischen uns und China« bestehe.

Al-Mansur entwarf selbst die Pläne für die kreisförmig angelegte Stadt, der er zunächst den Namen »Madinat al-Salam«, »Stadt des Friedens« gab, bevor sich das spätere »Bagdad«, ein alter, persischer Ortsname, durchsetzte. Fast hunderttausend Architekten, Ingenieure, Bauarbeiter und Handlanger arbeiteten vier Jahre lang – dann hatte die Stadt, von einem schützenden Mauerring umgeben, Gestalt angenommen.

Im Jahr 767 war Bagdad bezugsfertig und verfügte über die damals modernste Technik und Infrastruktur: Die Sümpfe in der näheren Umgebung waren trocken gelegt und ein Bewässerungssystem geschaffen worden, sodass die Äcker und Gärten vor der Stadt die Bevölkerung mit Gemüse, Obst und Getreide versorgten. Über Kanäle, die den Tigris mit dem Euphrat verbanden, gelangten Nahrungsmittel und andere Güter auch aus einem größeren Umkreis schnell nach Bagdad hinein.

Es gab fließendes Wasser in den Häusern, Schatten spendende Arkaden über den Geschäftsstraßen, wunderschöne Wohnviertel mit Gärten, in denen Rosen, Narzissen, Anemonen, Veilchen, Jasmin, Flieder, Nelken und Lotus gezüchtet wurden. In manchen Häusern ließen Belüftungsschächte die Luft zirkulieren und abkühlen, in anderen übernahm die Wasserberieselung entlang der Wände diese Aufgabe – eine

Ein Blick auf das alte Bagdad und den ge-schichtsträchtigen Fluss Tigris. Schulwandbild aus Dr. A. Wuensche, Land und Leben, *Dresden, um 1900. Unbekannt ist, wodurch sich der Maler zu den kreis-runden Booten inspirieren ließ.*

Technologie, die man heute in abgewandelter Form wieder aufgreift.

Viele Privathäuser verfügten bereits über eigene Badezimmer. Wer keines hatte, konnte unter etwa 20 000 öffentlichen Bädern, den Hammams, auswählen.

Im Zentrum befand sich Al-Mansurs »Palast des Goldenen Tores«. Eine 15 mal 10 Meter große, überwölbte Eingangshalle, der *iwan,* führte in den überkuppelten Audienzsaal, auf den ein weiterer Kuppelraum gesetzt war. Der Scheitelpunkt seiner berühmten »Grünen Kuppel« befand sich in 40 Meter Höhe und war weithin sichtbar. Ganz oben drehte sich die Wetterfahne in Gestalt eines Reiters, der mit der Lanze in die verschiedenen Himmelsrichtungen deutete. Für die Einwohner war dieser Reiter die Krone Bagdads und das Symbol für die weltumspannende Macht ihres Herrschers.

Anfangs rekrutierte sich die Bevölkerung aus Familienangehörigen, Regierungsmitgliedern, Verwaltungsbeamten sowie besonders treuen Untertanen, denen der Kalif hier Ländereien geschenkt hatte. Dazu gehörten die Anführer von arabischen Stämmen, die in kriegerischen und unsicheren Zeiten auf Seiten der Abbasiden gekämpft und sich besonders in der Verteidigung der Städte Mosul, Wasit, Basra und Kufa hervorgetan hatten. Und auch den Truppen von Chorasan – heute westlicher Iran und ein Teil Afgha-nistans – war man zu Dank verpflichtet, denn diese Araber aus Iran hatten den Aufstieg der Abbasiden militärisch unterstützt. Ihre Stadtviertel bildeten eine Art »Klein-Persien« im arabischen Bagdad.

Doch die Beschaulichkeit der ersten Stunde war schnell vorüber, denn es sprach sich in Windeseile herum, dass Bagdad hatte, was alle wollten.

Die ersten Einwanderer kamen aus Chorasan – Familien, Freunde, Bekannte, Nachbarn derer, die Land vom Kalifen erhalten hatten. Aus den Städten Wasit und Kufa, die von arabischen Stammesführern verteidigt worden waren, zogen weitere Menschen nach. Und es kamen immer mehr, so viele, dass der Kalif schließlich in einen neuen Palast im Norden der Stadt zog, weil er sich im Zentrum allzu beengt fühlte, obwohl der Markt bereits nach Südwesten verlegt worden war, wo auch gleich ein neues Stadtviertel entstand.

Bald war das rechte Ufer des Tigris zugebaut, und die Stadt breitete sich weiter am Ostufer aus. Rund um den neuen Palast von Harun ar-Raschids Vater am Tigris wuchs das Nobelviertel al-Rusafa, wo auch die Barmakiden wohnten. Jahja und Dscha'far ließen hier luxuriöse Paläste errichten, und weitere säumten bald das Ufer, denn die Kalifen und ihre Söhne wohnten nicht gerne in »gebrauchten« Immobilien.

Venedig des Orients

Am Ende des 8. Jahrhunderts gab es in Bagdad 23 Paläste, die riesige Flächen einnahmen, und die Stadt dehnte sich zu beiden Seiten des Tigris aus, den zahlreiche Brücken überspannten. Das Stadtbild glich fast dem von Venedig: Kanäle durchzogen die Stadt, und auf dem Wasser transportierten Tausende von Lastkähnen Waren und Menschen. Es hieß, dass jeder Bewohner Bagdads einen Esel im Stall und ein Boot auf dem Fluss haben musste. Dass diese Boote nicht nur Transportmittel waren, versteht sich im Bagdad des 8. Jahrhunderts beinahe von selbst. Und nicht nur die Kalifen besaßen prachtvolle, extravagant ausgestattete Paradeschiffe für ihre Vergnügungsfahrten: | Nun erblickten (sie) vorn im Boot einen Mann, der in der Hand eine Leuchte aus rotem Golde trug, und die speiste er mit sumatranischer Aloe. Jener Mann trug einen Ärmelmantel aus rotem Atlas; über seiner einen Schulter lag ein Band aus gelber Seide, das mit Silber bestickt war, um seinen Kopf trug er einen Turban aus feinem Musselin, und über seiner anderen Schulter hing ein grünseidener Beutel, voll von sumatranischem Aloeholz, mit dem er das Feuer in der Leuchte statt mit Reisig speiste. Und ferner sahen sie einen anderen Mann am Ende des Bootes, der ebenso gekleidet war und eine ebensolche Leuchte in der Hand hielt. In der Mitte des Bootes aber erblickten sie zweihundert Mamluken, die rechts und links in Reihen standen, zu Seiten eines Thrones aus rotem Golde, der dort aufgestellt war und auf dem ein Jüngling schön wie der Mond saß, gekleidet in ein schwarzes Gewand, das mit gelbem Golde bestickt war ... | (Li, 3, 132)

Bagdad war reich. Es wirkte wie ein Magnet auf Zuwanderer aus aller Herren Länder. Ursprünglich sollte die »Runde Stadt« mit einem Durchmesser von 2,7 Kilometer nur die politische und administrative Hauptstadt des Abbasidenreiches werden, klar, überschaubar und bewohnt von Auserwählten, die dem Kalifen besonders nahe standen. Wenige Jahrzehnte später dehnte sich Bagdad über eine Fläche von fast 100 Quadratkilometer aus, hatte eine Einwohnerzahl von annähernd einer Million und gehörte damit zu den größten Städten der Welt.

Der Zuwanderungsstrom ebbte nicht ab und brachte Menschen aus allen sozialen Schichten in die Metropole. Die Ärmsten lebten oft unter weit erbärmlicheren Verhältnissen als die Sklaven. Bettler, Lastenträger, Budenbesitzer, Baderjungen, Gelegenheitsarbeiter, fliegende Händler und andere waren in den Straßen Bagdads unterwegs auf der Suche nach einem kleinen Einkommen. Sie hatten verschiedene Sprachen, Hautfarben und Kleidungsgewohnheiten, was Bagdad bunt und quirlig erscheinen ließ für diejenigen, die das soziale Elend ausklammerten. Schon damals gab die Not auch eine romantisch verklärte Kulisse ab für Abenteuer-, Gauneroder Liebesgeschichten, die den immer gleichen Traum vom Tellerwäscher zum Millionär zum Inhalt hatten – wie heute noch bei Walt Disney, wo »Aladdin«, der spätere Held, ein Straßenjunge aus Bagdad ist.

Waren es auf der einen Seite die besonders Armen, die zuhauf in das wohlhabende Bagdad strömten in der Hoffnung, hier wenigstens nicht verhungern zu müssen, kamen als »Gegenpol« Zuwanderer aus besonders finanzkräftigen Schichten, allen voran die Kaufleute. Als weit gereiste Menschen, die vertraut waren mit verschiedenen Sprachen und Kulturkreisen, lebten sie den Traum der Bagdader Unterschicht in der Realität. Denn auch die Welt der Kaufleute war bunt und exotisch – aber auf welchem Niveau!

Historischer Stich von 1842: Moschee und Marktplatz in Bagdad.

Sie umgaben sich mit einem Luxus, der dem des Herrscherhauses kaum nachstand, besaßen die prächtigsten Häuser, herrlichsten Gärten, schönsten Sklavinnen und die meisten Diener, verteilten großzügig Almosen, betätigten sich als Mäzene und bereicherten das künstlerische und wissenschaftliche Leben in Bagdad.

Die Kaufleute waren für die Wirtschaft das, was die Barmakiden für Politik und Verwaltung waren: Wegbereiter und Bewahrer des Goldenen Zeitalters.

Alle Voraussetzungen dazu hatte die Regierung bereits geschaffen. Al-Mansurs Ausspruch, dass es nun »kein Hindernis mehr (gebe) zwischen uns und China« war Programm. Der Staat förderte den Handel, der die Bedürfnisse des Hofes und der führenden Gesellschaftsschichten an Gütern und Luxusartikeln befriedigte und bot alle Sicherheiten, die in seiner Macht lagen: | Sie erwiderten: »Wir sind Kaufleute, und wir haben hier haltgemacht, um zu rasten; denn die nächste Station ist zu weit für uns. Wir haben uns aber auch deshalb an dieser Stätte gelagert, weil wir Vertrauen haben zu König Sulaiman Schah und zu seinem Sohne; denn wir wissen, dass alle, die in ihr Land kommen, Sicherheit und Ruhe finden; ferner haben wir kostbare Stoffe bei uns, die wir dem Prinzen Tadsch el-Muluk bringen.« ... Und sie schlugen ein Zelt für

Mit dem Bau der Al-Kazimain Moschee in Bagdad wurde 947 begonnen. Nach einem Brand im 16. Jahrhundert rekonstruierte man das Gebäude, das unter Suleiman dem Prächtigen (um 1494–1566) vollendet wurde.

ihn auf aus rotem Atlas, bestickt mit Perlen und Juwelen; darinnen aber breiteten sie auf einem seidenen Teppich einen königlichen Diwan, der vorn mit Smaragden besetzt war. Dort ließ Tadsch el-Muluk sich nieder, derweilen sich seine Diener vor ihn stellten, und er schickte hin und befahl den Kaufleuten, alles zu bringen, was sie bei sich hatten. | (Li, 2, 20)

Der Handel, vor allem der Fernhandel, war ein riskantes Unternehmen. Auch deshalb versuchte man von Staats wegen, Sicherheiten zu geben und finanzielle Anreize zu schaffen, wo immer das möglich war. Zollgebühren mussten zum Beispiel nur die fremden Kaufleute bezahlen, die jedoch die Gewissheit hatten, dass man von ihnen nicht mehr als die Summe verlangte, die den einheimischen Händlern in deren Land abverlangt wurde.

Wenn es in Handelsfragen etwas zu klären gab, konnte man sich darauf verlassen, dass die Rechtsprechung auf islamischen Prinzipien beruhte, die in der gesamten muslimischen Welt gültig und anerkannt waren. Diese Rechtssicherheit bildete wiederum die Voraussetzung dafür, dass kapitalkräftige Kaufleute bereit waren, sich zusammenzuschließen, um besonders riskante Handelsunternehmen zu finanzieren. Berechenbarkeit war auch die Voraussetzung für das Funktionieren des Banken- und Versicherungssystems, das damals schon hoch entwickelt war und den Handel indirekt dadurch unterstützte, dass die Kaufleute nicht mehr gezwungen waren, hohe Geldbeträge auf ihren Reisen mit sich zu führen. Für den Geldtransfer benutzten die Muslime den *schakk*, einen Scheck, oder nutzten andere Möglichkeiten des bargeldlosen Geldverkehrs. Theologen und Rechtsgelehrte, die eigentlich streng über das Zins- und Wucherverbot zu wachen hatten, stellten sich solchen Handelserleichterungen nicht in den Weg, sondern nahmen eine liberale und tolerante Haltung ein, die durchaus mit dem Koran zu vereinbaren war.

Die Summe vieler günstiger Umstände ließ Bagdad zur Weltmetropole heranwachsen. Ein Goldenes Zeitalter lang glänzte die Stadt als internationales Handelszentrum und multikulturelle »Stadt des Friedens«. Es war der Höhepunkt ihrer Geschichte, die ihren Tiefpunkt viele Jahrhunderte später erreichen sollte.

Die phantastische Topographie des Orients

*Er fand sich an einem Stadttor wieder, und um ihn herum stand eine große Menschen-
menge. »Wo bin ich, liebe Leute?«, fragte er verdutzt. »Und warum steht ihr alle hier
herum?« – »Wir haben dich beim ersten Gebetsruf hier liegen sehen«, sagten sie, »mehr
wissen wir nicht über dich. Wo hast du denn heute nacht geschlafen?« »Heute nacht?«,
antwortete er. »Bei Gott, liebe Leute, heute nacht habe ich in Kairo geschlafen.«
»Hört euch das an!«, sagte einer der Umstehenden. »Gib ihm mal einen kräftigen Klaps,
damit er wach wird!«, schlug ein anderer vor, und mehrere Leute sagten zu ihm:
»Liebes Kind, du bist nicht ganz bei Trost. Du willst in Kairo übernachtet haben und wachst
in Damaskus auf?« »Doch, bei Gott, liebe Leute«, bekräftigte er, »ich habe heute in
Ägypten übernachtet, nachdem ich gestern den ganzen Tag in der Stadt Basra verbracht
habe. Und aufgewacht bin ich hier in Damaskus.« Nicht schlecht, bei Gott, nicht
schlecht, bei Gott!«, spottete einer. »Sehr gut!«, sagte ein anderer, ein dritter rief:
»Bei Ali! Er ist verrückt geworden!« (Ott, 259 f.)*

Mit Reisen, freiwilligen und unfreiwilligen,
beginnen viele Erzählungen aus Tausendundeine Nacht. Schon ein harmloser Verwand-
tenbesuch kann der Auftakt zu einem tausend-
seitigen Werk werden, wie die Rahmengeschich-
te zeigt: | Man hat erzählt ..., daß es in alter Zeit,
als noch die Könige der Sasaniden herrschten,
im Inselreich von Indien und China zwei Könige gab. Sie waren Brüder. Der ältere hieß Schahriyar, der jüngere Schahsaman. Schahriyar, der
ältere von beiden ... herrschte über die entferntesten Länder und über alle Menschen. Die Länder waren ihm ergeben und seine Untertanen
ihm gehorsam. Seinem Bruder Schahsaman gab
er das Land von Samarkand als Königreich und
setzte ihn dort als Sultan ein. Während jener
dort lebte, blieb er in Indien und China wohnen.
Das ging so zehn Jahre lang. Dann ergriff Schahriyar Sehnsucht nach seinem Bruder, dem jüngeren König. Er schickte ihm seinen Wesir – der
Wesir aber hatte zwei Töchter: Schahrazad hieß
die eine, Dinarazad die andere – und ließ ihm

sagen, er solle sich auf den Weg machen
und zu ihm kommen. | (Ott, 9)

Der jüngere Bruder folgt der Einladung herz-
lich gern, bricht auf, muss wieder umkehren,
weil er etwas vergessen hat, und überrascht seine Frau in flagranti. Dieser unselige Augenblick
bringt den Zustand von Freude und Glückselig-
keit aus dem Gleichgewicht. Belastet vom schwer
wiegenden Gefühl der Rache neigt sich die
Waagschale der Seele auf die Seite von Wut und
Mord – so lange, bis Schahrazad sie wieder mit
Leben füllt. Es sind ihre Geschichten als »erzähl-
tes Leben«, die ein Gegengewicht gegen den Tod
bilden.

Wer unterwegs ist, erlebt aber nicht nur böse
Überraschungen. Unverhofftes und Spannen-
des geschieht auf Reisen. Und wer Geschichten
erzählen, unterhalten oder einfach von der Mühsal des Alltags ablenken will, berichtet von sol-
chen Erlebnissen. | Denn es heißt: Befreiung von
Sorgen liegt in einem von drei Dingen: darin,
daß man sieht, was man noch nie gesehen hat,

oder daß man hört, was man noch nie gehört hat, oder daß man ein Land betritt, das man noch nie betreten hat.] (Li, 6, 354) Um den Orient der Geschichten kennen zu lernen, gilt es also, sich an die Fersen der Reisenden zu heften.

Da gibt es zunächst diejenigen, die aus plausiblen Gründen reisen: Kaufleute, die Handel treibend durch die nähere und weite Welt ziehen.

Sie pendeln zwischen Bagdad, Kairo, Damaskus, Mosul, Basra, Alexandrien und Chorasan – die Heimat von Ali Baba und heute eine Region, die Teile von Iran, Afghanistan, Turkmenistan, Tadschikistan und Usbekistan umfasst.

Während solche Wege innerhalb von wenigen Tagen zurückgelegt werden konnten, dauerten die großen Karawanen oder Seereisen viele

Marc Chagall (1887–1985), Kamarassaman und die Frau des Juweliers (1), 1948.

Monate oder gar Jahre. Händler reisten für ein begehrtes Gut bis an die Grenzen der Welt und gingen damit ein unternehmerisches Risiko ein, das ihren Reichtum rechtfertigte. Ihre Wege und Waren sind ein Kapitel für sich.

Hier sollen zunächst die anderen zu Wort kommen, die weder auf bekanntem noch auf üblichem Weg reisen: die Abenteurer des Herzens und die vom Schicksal Verleiteten. Ihnen erschließt sich die Welt der verzauberten Orte, die phantastische Topographie des Orients.

Zu solchen magischen Orten, die keinen Namen haben und auf keiner Karte verzeichnet sind, weisen Zauberei, Schicksal und Geister den Weg.

In der *Geschichte von dem Prinzen Ahmed und der Fee Peri Banu* fordert der Sultan von Indien seine drei Söhne auf, je einen Pfeil abzuschießen. [»Und der unter euch, dessen Pfeil am

weitesten fliegt, wird ... als der Würdigste erklärt werden, die Prinzessin Nur en-Nahar zur Frau zu gewinnen.«] (Li, 3, 31) Der jüngste, Prinz Ahmed, schießt zuletzt, aber sein Pfeil bleibt unauffindbar, deshalb gewinnt der älteste Bruder die Prinzessin. Prinz Ahmed jedoch sucht weiter und findet seinen Pfeil schließlich auf einem weit entfernten Felsen liegen. Verwundert erkundet er die Umgebung und entdeckt eine Höhle mit einer eisernen Tür, die zu einem unterirdischen Palast führt. Hier kommt ihm die wunderschöne Fee Peri Banu entgegen, bekennt ihre Liebe zu ihm und erklärt: [»In der Fülle meiner Liebe stand ich unsichtbar an deiner Seite während des Bogenwettkampfes auf dem Turnierfelde, und als du deinen Pfeil abschossest ... griff ich ihn auf, ehe er den Boden berührte, und trug ihn aus dem Bereich der Augen davon; und indem ich ihn auf die eiserne Tür treffen ließ, bewirkte ich, dass er abprallte und flach auf den Felsen fiel, auf dem du ihn fandest. Und seit jenem Tage habe ich immer dagesessen und auf dich geharrt ... «] (Li, 3, 36) Prinz Ahmed ist entzückt von der zauberhaften Fee, vergisst die menschliche Prinzessin, heiratet Peri Banu und findet mit ihr sein Glück.

Verborgene Eingänge und verschlossene Türen suchen sich ihren Entdecker aus. Durch [ein gewaltiges Tor aus schwarzem Eisen] (Li, 3, 768) gelangt der Holzfäller Hasib Karim ed-Din in das Reich der Schlangenkönigin, die ihn am Ende einer langen Geschichte trösten wird:

[»Mein Tod durch deine Hand war von Ewigkeit her bestimmt, und du hast keine Macht, ihn abzuwenden.«] (Li, 4, 88)

Verschlossene und verborgene Räume werden nur dann zugänglich, wenn sie gefunden werden wollen, wie es in der *Geschichte des verzauberten Königs* steht: [»Willst du nun in deiner Stadt bleiben oder mit mir kommen in meine Stadt?«, fragte ihn der König. »O König der Zeit und Herr dieser Epoche und Lebenszeit«, sagte er, »weißt du, wie weit es von meiner Stadt zu deiner Stadt ist?« – »Eine halbe Tagesreise«, erwiderte dieser. »Wach auf, verehrter König!«, sagte er. »Zwischen meiner und deiner Stadt liegt ein ganzes Jahr! Als du in einer halben Tagesreise zu uns gekommen bist, war die Stadt verzaubert!«] (Ott, 96)

Verschlossene Türen aus schwarzem Eisen markieren oft den Zugang zu geheimnisvollen Orten, die der alltäglichen Welt verborgen bleiben. Nur Auserwählte erhalten Zutritt.

Das Schicksal führt Menschen und Orte zusammen. Der Holzfäller Hasib gelangt durch die Missgunst seiner Kollegen, die ihn in eine Höhle einschließen, in das Reich der Schlangenkönigin. Ali Baba hört zufällig den Zauberspruch, der die Felsentür öffnet. Ala ed-Din ist mit seinem Namen an einen Schatz gebunden. Der Beduine Hammad verirrt sich in einer [Wüste, in der kein Strauch und kein Wasser war und in der wir nichts hörten als das Zischen der Schlangen, das Klagen der Dschinnen und das Schreien der Ghulinnen] (Li, 2, 211) und findet hier das Mädchen, in das er sich unsterblich verliebt. Auch der Königssohn Scharkan [ritt allein auf seinem Rosse dahin, am Rande des Tals entlang, bis ein Viertel der Nacht verstrichen war; da wurde er müde, und Schläfrigkeit überkam ihn, so daß er das Roß nicht mehr mit der Ferse anzuspornen vermochte. Nun war er es gewohnt, im Reiten zu schlafen]. Als er aufwachte, erblickte er [eine Maid, die dem vollen Mond glich]. (Li, 1, 510 ff.)

Liebende finden sich, Schätze offenbaren sich, Zauber lösen sich, Prophezeiungen erfüllen sich. Wann, wo und warum das geschieht, ist in den Erzählungen aus Tausendundeine Nacht vom Schicksal vorherbestimmt, das alles möglich macht, wenn es so will: [»Ich werde dir meinen Namen verraten«, erwiderte sie. »Mein Name ist Dschullanar vom Meer. Mein Vater war einer der Meereskönige ... Wärest du, o König, nicht so freundlich und liebevoll zu mir gewesen und hättest mich nicht all deinen Ehefrauen, Konkubinen, Sklavinnen und Mätressen vorgezogen, wäre ich nicht einmal eine Stunde lang bei dir geblieben, sondern hätte mich aus diesem Fenster hier ins Meer gestürzt und wäre zu meiner Familie zurückgekehrt.«] (Ott, 560)

Auf der Erde und unter ihr, im Meer und in den Lüften und sogar jenseits der Grenzen der Welt gibt es sprechendes, liebendes Leben. Selten zwar, aber doch hin und wieder, gelangt ein menschliches Wesen in die Regionen des Berges Kaf, dessen Dimensionen so gewaltig sind, dass man eher von einem Gebirge sprechen muss, das den weltumspannenden Ozean umschließt. Hier sind die Geister und anderen Bewohner des Himmels zu Hause: [Der Engel antwortete: »Wisse, Bulukija, dies ist der Berg Kaf, der die Welt umgibt; und alle Länder, die Gott in der Welt erschaffen hat, halte ich in meiner Hand. Wenn der Hocherhabene will, daß in irgendeinem Lande Erdbeben, Dürre oder Überfluß, Krieg oder Frieden sei, so befiehlt er mir, dies zu schaffen; und ich schaffe es, während ich hier auf dieser Stätte sitze. Denn wisse, meine Hände halten die Wurzeln der Erde.«] (Li, 3, 802)

Der »unfassbare« Orient

Die Orte solchen Geschehens liegen nicht im Orient. Aber die Möglichkeiten, dahinzugelangen, liegen hier. In den beispielhaft angeführten Geschichten wird deutlich, dass der Orient der Erzählungen aus Tausendundeine Nacht weder in geographischen Grenzen gänzlich fassbar ist noch als gemeinsamer Sprach- und Kulturraum. Er ist beides: die räumliche Fixierung von Märchen, Wundern und Abenteuern.

Von einem Weg, dorthin zu gelangen, erzählt die *Geschichte von Ala ed-Din Abu Esch-Schamat*: [Dort nahm die Prinzessin den Zauberstein hervor, legte ihre Hand auf die Seite, auf der ein Ruhelager abgebildet war, und rieb sie; da ward plötzlich ein Ruhelager vor sie hingestellt ... Nun hub die Prinzessin an: »Bei dem, was auf diesem Steine geschrieben stehet, bei den Zaubernamen und magischen Zeichen und den Charakteren der Wissenschaft, erhebe dich mit uns, o Lager!« Da erhob sich das Lager mit ihnen und flog durch die Luft bis zu einem Tale, in dem kein Pflanzenwuchs war. Nun hob sie die anderen vier Flächen des Steins nach oben, die aber mit dem Bilde des Lagers wandte sie der Erde zu. Da senkte sich das Lager mit ihnen auf die Erde. Darauf drehte sie die Fläche, auf der das Bild eines Prunkzeltes gezeichnet war, sich zu und rieb sie, indem sie sprach: »Es werde ein Prunkzelt in diesem Tale aufgeschlagen!« Da erhob sich das Prunkzelt vor ihnen, und sie setzten sich in ihm nieder.] (Li, 2, 655)

Mit Magie erschafft die Prinzessin eine Welt, die nur für die Reisenden mit dem Zauberstein existiert. Sie lässt in dem öden Tal Bäume wachsen und Flüsse fließen, inmitten dieser Insel der Seligen ein Festessen servieren und zaubert schließlich noch einen Wüstenreiter herbei, der die Verfolger siegreich bekämpft.

Bei solchen Zeitreisen verschiebt sich die Magie des Ortes auf das Transportmittel. In einem Augenblick von hier nach dort zu kommen, die Fesseln von Raum und Zeit abzuschütteln – auch diesen Menschheitstraum erfüllen die Geschichten aus Tausendundeine Nacht. Nicht von ungefähr führt der fliegende Teppich die Assoziationskette über das Erzählwerk an, in dem auch fliegende Betten, fliegende Pferde und fliegende Paläste zum Repertoire gehören.

Meistens sind diese zauberhaften Reisen echte Wunschreisen. Doch es gibt auch eine kleine Kategorie unfreiwilliger Fluggäste, die »passiv« Reisenden. Zu ihnen gehört der verwirrte Badraddin Hasan aus dem Vorspann, der ein Spielball in Geisterhand ist, weil zwei Dämonen beschlossen haben, ihn mit einem ganz bestimmten Mädchen zu verkuppeln.

Dieses Motiv der Schicksal spielenden Geister erzählt am schönsten und skurrilsten die Geschichte über König Kamarassaman und seine Söhne al-Amdschad und al-Asad. Kamarassaman, der einzige, über alles geliebte Sohn eines hoch betagten Königs, soll heiraten. Aber der schöne Prinz ist widerspenstig. [»O König der Zeit«, sagte er, »zum Heiraten fehlt mir die Lust.

Mich zieht es überhaupt nicht zu den Frauen! Es sind mir schon so viele Geschichten über die Frauen und ihre heimtückische Art erzählt worden ...« »Ich werde es niemals tun«, fuhr der Junge fort, »selbst wenn ich deshalb den Becher des Todes trinken müsste!«] (Ott, 618) So lässt man das Thema ein Jahr lang auf sich beruhen, während der Prinz immer schöner wird. Als der König nach Ablauf der Besinnungsfrist noch einmal und eindringlich bittet, reagiert Kamarassaman derart unverschämt, dass sein Vater ihn in einen Turm sperren lässt in der Hoffnung, er werde sich hier eines Besseren besinnen.

Es lebt aber im Brunnen dieses Turmes eine Dschinnenfrau namens Maimuna, die in der Nacht am Turmfenster vorbeifliegt, ein Licht bemerkt, neugierig hereinschaut und das schönste Wesen erblickt, das sie je gesehen hat. Sofort schließt sie den Prinzen in ihr Herz, beschließt, ihn zu beschützen und steigt in den Nachthimmel auf, wo ihr der rangniedrigere Dschinn Danhasch begegnet. Aufgeregt erzählt er ihr von seiner Entdeckung in dieser Nacht, einer wunderschönen chinesischen Prinzessin, die in einem Palast gefangen gehalten wird, weil sie sich weigert zu heiraten. Nun preisen beide die herrliche

Erscheinung ihres jeweiligen Schützlings und geraten schließlich in Streit, welches der beiden Menschenkinder schöner sei. | Maimuna lachte lauthals und glucksend, dann spie sie verächtlich vor ihm aus. »So eine Erscheinung bringt dich also in Erregung!«, spottete sie. »Wer ist sie schon, diese Pinkelflasche? Pfui, pfui! Hast du wirklich geglaubt, du hättest mir etwas zu sagen? Wenn du meinen Liebling sehen würdest, den Geliebten meines Herzens, den ich heute nacht entdeckt habe, dann stündest du starr vor Staunen, und der Speichel würde dir herunterlaufen.« | (Ott, 628) Sie führt den Dschinn zum Bett von Kamarassaman, und Danhasch bemerkt verblüfft die Ähnlichkeit der beiden Menschenkinder. | Maimuna wurde böse und versetzte ihm eine Ohrfeige. »Ich schwöre beim Lichte der Schönheit des Allmächtigen!«, sagte sie. »Wenn du dich jetzt nicht auf der Stelle davonmachst, deine Hure, dieses Mädchen, hierherzubringen, damit wir die beiden vereinen und sie neben ihm schlafen legen – dann werden wir ja sehen, wer der Hübsche und wer der Häßliche von beiden ist –, sprühe ich meine Funken auf dich und verbrenne dich mit meinem Feueratem!« | (Ott, 630) Gesagt, getan. Der Dschinn trägt die schlafende Prinzessin durch die Luft, legt sie neben dem Prinzen nieder, und es beginnt ein endloser Zank, bis Danhasch schließlich vorschlägt: | »Es gilt weder meine Aussage noch die deine. Jeder von uns bezeugt ja, daß sein Freund der Schönere ist. Darum laß uns einen rufen, der zwischen uns richtet.« | (Ott, 634) So beschwören die beiden Dschinn ausgerechnet das hässlichste Wesen der Erde herauf, damit es über die Schönheit urteile: einen buckligen, einäugigen Erdgeist. | Sein einziges Auge saß, weit aufgerissen, der Länge nach mitten im Gesicht. Er trug sechs Hörner auf dem Kopf. Vier lange Haarsträhnen hingen bis auf

seine Fersen herab. Er hatte Pranken wie ein Werwolf und Krallen, die den Klauen eines Löwen glichen. Seine Beine waren Beine eines Ghul mit Eselshufen. | (Ott, 634) Dieser Ausbund an Hässlichkeit entscheidet, die beiden Königskinder nacheinander aufzuwecken. Wer beim Betrachten des anderen das größere Begehren zeige, der sei diesem anderen an Schönheit unterlegen.

Nacheinander bestaunen, küssen, fühlen, betasten und begehren sich nun Prinz und Prinzessin, aufmerksam beäugt von dem hässlichen Erdmonster und den zwei eifersüchtigen Dschinn.

Es ist die aberwitzigste Konstellation im Schicksal der beiden Menschen: dass der privateste Moment des sich Verliebens und des ersten intimen Kontaktes mit dem anderen sich als eine Inszenierung von drei Geisterwesen erweist, die dem Himmel, der Erde und dem Brunnen entstammen. Es ist deren Verlangen, deren Neugier und deren Konkurrenz untereinander, die den Prinzen und die Prinzessin sich ineinander verlieben lässt.

Die Ironie ihres Schicksals liegt darin, dass Kamarassaman und die Prinzessin mit allen Mitteln versucht haben, sich ihre Freiheit zu bewahren, indem sie sich gegen die Heiratspläne ihrer Väter auflehnten. Und jetzt, wo sie in Gefangenschaft trotzig auf ihrer Entscheidung beharren, werden sie als willenlose Objekte von ebenso selbstsüchtigen wie streitsüchtigen Dschinn verkuppelt, die halb komödiantisch, halb sentimental Schicksal spielen und dabei der personifizierten Hässlichkeit die Regie überlassen.

So ist es mit der Liebe, den Orten und den Reisen: Die Standpunkte mögen selbst gewählt sein, aber ob man verharrt oder sie wechselt – das entscheiden im Fall der Liebenden und Irrenden stets andere.

Handelswege und Handelswaren

Als mein Entschluß gefaßt war, kaufte ich viele Waren, wie sie für eine Reise zur See geeignet sind, ließ sie für die Fahrt in Ballen verschnüren und reiste mit ihnen zuerst von Baghdad nach Basra. Dort ging ich zum Seehafen und suchte mir ein großes Schiff aus, auf dem viele Kaufleute und Reisende waren, lauter gute Männer, brave und tüchtige Menschen, ein gläubiges und rechtschaffenes Volk. Ich ging zu ihnen an Bord, und so fuhren wir mit jenem Schiffe ab. (Li, 4, 127)

Bagdad war der politische und wirtschaftliche Mittelpunkt des Kalifenreiches, das sich während seiner Blütezeit im 8. und 9. Jahrhundert über drei Kontinente ausdehnte: Europa, Afrika und Asien. Teile der Iberischen Halbinsel gehörten dazu sowie Nordafrika mit großen Gebieten des heutigen Marokko, Algerien, Tunesien, Libyen und Ägypten bis hinunter nach Assuan. Weiter erstreckte sich das muslimische Reich über die gesamte Arabische Halbinsel mit den heutigen Staaten Jemen, Oman, Arabische Emirate, Saudi-Arabien, Irak und Jordanien. Auch die Mittelmeerländer Israel, Libanon, Syrien und Teile Kleinasiens in der heutigen Türkei gehörten dazu. Im Osten reichte der Machtbereich des Kalifen über Iran und Gebiete Zentralasiens – Turkmenistan, Afghanistan, Usbekistan, Kasachstan, Kirgisistan – bis zum Pamirgebirge, der natürlichen Grenze zu China. In einem Reich von derart gewaltigen Ausmaßen lässt sich kaum mehr zwischen Binnen- und Fernhandel unterscheiden. Es genügt zu sagen, dass Bagdad für jede Art von Handelsaktivität ideal gelegen war.

Güter aus der näheren Umgebung konnten, je nach Herkunftsort, sowohl über Land als auch per Schiff transportiert werden, denn Bagdad lag wie eine Insel zwischen Euphrat und Tigris. In der ganzen muslimischen Welt konnten außer dem Nil nur diese beiden Flüsse für regel-mäßige Transporte von Menschen und Waren benutzt werden. Die anderen hatten einen unregelmäßigen Lauf oder waren nur zu bestimmten Jahreszeiten schiffbar.

Vor allem regionale Erzeugnisse wurden auf Kähnen und Flößen über die Flüsse und ihre vielen Verbindungskanäle befördert. Aber auch für Produkte aus weiter entfernten Gegenden nutzte man den Wasserweg. Armenien, das am Oberlauf von Euphrat und Tigris liegt, schickte auf Flößen Holz bis hinunter nach Bagdad. Ebenfalls auf Flößen kam aus Syrien Olivenöl, das der Euphrat aus der Gegend um Aleppo bis nach Bagdad »mitnahm«. Musselinstoffe aus Mosul wurden den Tigris entlang geschickt und entweder in Bagdad ausgeladen oder auf dem Fluss weiter bis nach Basra gebracht und in die großen Überseeschiffe verladen.

Auch die Handelswege über Land stellten jeweils die schnellstmöglichen Verbindungen her. Spargel aus Damaskus erreichte Bagdad am sechsten Tag nach der Ernte, wenn man den Weg durch die syrische Wüste nahm. Und wer Post aus Mekka oder Medina erwartete, brauchte nur vier Tage zu warten, bis die Nachricht von der Arabischen Halbinsel in Bagdad eintraf.

Pfirsiche aus Oman, Birnen vom Sinai, Äpfel aus Aleppo, Blumen, Kräuter und Gemüse aus dem Libanon waren ebenfalls nicht viel länger

Türkisches Segelschiff mit Passagieren. Illustration zu der Reisebeschreibung des venezianischen Gesandten Jacopo Soranzo im Jahr 1581.

als ein paar Tage unterwegs. Und in den damals großen, ertragreichen Oasen des heutigen Irak, in den Tälern und Ebenen Syriens, auf den vielen Hektar fruchtbarer Regionen am Fuß der Berge Irans wurde genügend angebaut und geerntet, um eine ständig wachsende Bevölkerung nicht nur zu ernähren, sondern auch kulinarisch zu verwöhnen.

Kostbar und edel

Reger Handel fand mit Textilien und textilen Fasern statt. | »Es ist mir berichtet worden, o glücklicher König, daß der Kaufmann (aus Damaskus, d.V.) seinen beiden Kindern großen Reichtum hinterließ und unter anderm hundert Kamellasten von Seidenstoffen, Brokaten und Moschusblasen; und auf jedem Ballen stand geschrieben: Dies ist bestimmt für Baghdad.« | (Li, 1, 460) Im gesamten Vorderen Orient wurde gesponnen, gewebt, genäht und gefärbt, dennoch hatten sich drei große Zentren der Textilerzeugung herausgebildet: die Provinz Fars im Süden Irans, die Gegend um Ahwaz, eine iranische Stadt an der Grenze zum Irak, in der es allein 80 Teppichwirkereien gab, und das ägyptische Nildelta. Viele Gegenden und Städte hatten sich auf bestimmte Produkte oder Produktionsweisen spezialisiert. Das iranische Abadan am Persischen Golf war berühmt für seine Matratzen und Kis-

sen. Aus Damaskus kam der Damast, ein Seiden- oder Baumwollstoff mit eingewebtem Muster. Musselin, der fließend weiche Stoff aus Baumwolle oder Wolle, hat seinen Namen vom nordirakischen Mosul. Die Wolle für besonders feine Musselinstoffe kam von den marokkanischen Hochebenen des Atlasgebirges, wo heute noch Merinoschafe grasen.

Von China aus war die Technik der Seidenherstellung an die Ufer des Kaspischen Meeres und von dort aus nach Chorasan, Westiran, Armenien und Syrien gelangt. Silberdurchwirkte Stoffe kamen aus Ländern, die über Silberminen verfügten wie Spanien, Iran und Afghanistan. Nur das Gold, mit dem Brokatstoffe für die schimmernden, samtweichen Lichtkleider der feinen Damen und Prinzessinnen gewebt wurden, stammte aus viel weiter entfernten Gegenden in Afrika.

Die Erzeugnisse aus den Textilwerkstätten des Vorderen Orients blieben im Mittelalter einzigartig und in ihrer Schönheit und Qualität konkurrenzlos. Deshalb waren Stoffe und Kleider nicht nur im Inland begehrte Gebrauchs- und Luxusgüter, sondern gehörten zu den weltweit gefragten Exportgütern – neben vielen anderen Spezialitäten des Orients wie zum Beispiel dem »Damaszener Stahl«, der in Damaskus hergestellt wurde. Bei hohen Temperaturen wurden verschieden harte Stahlschichten zu mehre-

Im orientalischen Alltagsleben ist ein Teppich immer zugleich Handwerk und Kunstwerk, Gebrauchsgegenstand und Luxusgut, universales Möbel und dekoratives Objekt.

ren Lagen verbunden. Das Ergebnis waren extrem harte und gleichzeitig besonders elastische Klingen mit einem typischen Muster, das in einem Liebesgedicht aus Tausendundeine Nacht zur Metapher wird, wenn es heißt: [»Dein Bauch ist fein gefaltet wie Damaszener Stahl, / Und mit dieser Klinge hast du mein Herz entzweigesprengt!«] (Ott, 363)

Exportiert wurden auch Essenzen für die Parfümherstellung, aus Flieder, Jasmin, Rosen und Narzissen, die vorwiegend aus Iran kamen. Bis nach China verschiffte man Keramik und die berühmten Fayencefliesen, die in Ägypten, Syrien oder Iran produziert wurden. Auch orientalische Stuckarbeiten fanden im Exporthandel regen Absatz, ebenso wie der kostbare Weihrauch von der Arabischen Halbinsel.

All diese Güter wurden entweder in großen Karawanen befördert, die auf der legendären Seidenstraße nach Osten zogen, oder in den Überseehäfen verschifft, zu denen neben Basra auch Siraf im Südiran, Aden, Dschidda und Oman gehörten.

Von hier aus traten sie ihre Reise über die »Sieben Meere« an – den Atlantischen, den Pazifischen und Indischen Ozean, die Karibik, das Mittelmeer, das Gelbe Meer und die Nordsee, denn auch zum Abendland bestanden Handelsbeziehungen. Man schätzte die Schwerter der Franken und Slawen.

Vorrangiges Ziel war jedoch Indien. Die Schiffe, die Basra oder Siraf verließen, steuerten die Malabarküste an und unterbrachen die Reise oft im omanischen Maskat, um Pferde an Bord zu nehmen, die sie neben den Stoffen, Parfüms, Fliesen und Porzellan nach Indien brachten.

Für die Rück- oder Weiterfahrt hatten die muslimischen Kaufleute Teakholz geladen, Färbehölzer für Stoffe und Papier, Kardamon, Metalle und grauen Amber.

Heute weiß man, dass Amber – die geläufigere Bezeichnung ist inzwischen Ambra – von Pottwalen erzeugt wird. Die Ambra umschließt

In Shiraz (Südiran) kam im 18. Jahrhundert ein Architekturstil auf, der sich durch kunstvolle Wandverkleidungen mit bemalten Schmuckfliesen auszeichnete. Der abgebildete Ausschnitt gehört zu einem mit floralen Motiven geschmückten Fayence-Wandbild der Wakil-Moschee.

die spitzen, unverdaulichen Bestandteile ihrer Nahrung wie Krebsscheren, Schnäbel oder die Hornkiefer von Tintenfischen. Zur damaligen Zeit, als Amber ein kostbares Handelsgut war, wusste man zwar, an welchen Orten der Welt es erhältlich war, doch darüber, was Amber wirklich war, gab es nur Spekulationen. Eine davon lieferte auch Sindbad der Seefahrer: [Dort entspringt auch eine Quelle von einer Art rohen

Ambers. Der schmilzt in der Sonnenhitze wie Wachs und läuft über die Quellränder hinaus bis zur Meeresküste; dann kommen die Seeungetüme, verschlucken ihn und verschwinden wieder in der Tiefe. Aber er brennt ihnen im Leibe, und so speien sie ihn wieder aus dem Rachen aufs Meer hinaus; dann erstarrt er auf der Oberfläche des Wassers, seine Farbe und seine Gestalt verändern sich, und die Wellen werfen

Die persische Miniatur von 1222 zeigt das Schmelzen von Bleierzen.

ihn an die Gestade des Meeres; dort holen ihn die Reisenden und die Kaufleute, die ihn kennen, und nachher verkaufen sie ihn. Der rohe Amber jedoch, der noch nicht verschluckt ist, fließt über die Ränder jener Quelle und erstarrt auf der Erde; und wenn die Sonne darauf scheint, so schmilzt er, und das ganze Tal dort duftet nach ihm wie nach Moschus; wenn aber die Sonne von ihm weicht, so erstarrt er von neuem. Die Stätte, an der jener rohe Amber aufquillt, kann kein Mensch erreichen noch betreten; denn sie ist auf allen Seiten von jenem Gebirge umgeben, das niemand erklimmen kann.] (Li, 4, 178)

Aber wer zur See fuhr, konnte Hindernisse umschiffen und Amber in die Paläste Bagdads bringen, dessen betörender Duft den einen oder die andere in Trance versetzte …

Die Schiffe, die von Indien aus nach China weiterfuhren, nahmen zunächst Kurs auf Sri Lanka mit seinen damals reichen Vorkommen an Rubinen. Diese leuchtend roten Edelsteine zählten zu den begehrtesten Juwelen im Kalifenreich und wurden vielseitig verwendet: [Darauf ließ sie das Schachbrett vor sich bringen; und siehe, es war aus Ebenholz, eingelegt mit Elfenbein; und die Felder waren geschmückt mit Gold von leuchtendem Schein; die Figuren

aber waren aus Perlen und Rubinen.] (Li, 5, 561) Auch Saphire, Zimt und sogar Elefanten wurden in Sri Lanka gekauft. Wer sie geladen hatte, kehrte meist auf direktem Weg zurück in den Heimathafen. Für alle anderen boten sich zwei Möglichkeiten der Weiterfahrt. Entweder nahm man Kurs auf die »Gewürzinseln« Indonesiens und kaufte Pfeffer, Muskatnuss, Nelken, Sandelholz, Teak, Zinn und Kampfer, der aus der Rinde und dem Harz des Kampferbaumes gewonnen und als Räucherwerk verwendet wurde. [Dort standen Kampferbäume, von denen ein jeder so groß war, daß in seinem Schatten hundert Menschen Obdach finden konnten. Wenn jemand aus ihm Kampfer gewinnen will, so bohrt er mit einer langen Stange oben im Baume ein Loch und nimmt in Empfang, was daraus herunterkommt; der flüssige Kampfer, das ist der Saft des Baumes, fließt nämlich daraus hervor und verdickt sich nachher wie Gummi.] (Li, 4, 124) Oder man fuhr nördlich an Sumatra vorbei, passierte die Straße von Malakka und fuhr die Küste Vietnams entlang bis nach Kanton in China. Die Araber brachten aus ihrer Heimat Luxusstoffe und Teppiche mit und handelten darüber hinaus mit Waren, die sie auf ihrem Weg über Südostasien an Bord genommen hatten: Gold und Perlen, Rhinozeroshörner und Elfenbein.

Der Kupferstich aus dem 17. Jahrhundert bebildert ein Buch über Barbarei. Eine orientalische Stadt mit dem obligatorischen Sklavenmarkt dient hierfür als Anschauungsmaterial.

[Darauf kamen wir zu den Perlenfischereien, und ich gab den Tauchern ein paar Kokosnüsse und sagte ihnen, sie sollten auf mein Glück und Gelingen tauchen. Sie taten es und holten wirklich eine Menge von großen und kostbaren Perlen herauf.] (Li, 4, 174)

In China kauften die Händler Papier, Arzneien, Moschus – der beste kam von einer Damhirschart in Tibet –, Seide, Indigo und fernöstliche Keramikprodukte, warteten, oft wochenlang, auf günstigsten Wind und segelten wieder nach Hause.

Riskante Routen

Solche Fernreisen bargen Tausend Gefahren, von denen Sindbad der Seefahrer in den Erzählungen aus Tausendundeine Nacht berichtet. In einem Buch über die Wunder Indiens heißt es: »Für all jene, die in China gewesen sind, war die Reise ein gefährliches Abenteuer. Niemand hat je von einem Menschen reden hören, der dorthin fuhr und ohne Unfall wieder zurückkam, es sei denn, es geschah ein Wunder.« Piraten, deren Ruderschiffe viel schneller waren als die schwer beladenen Segler der Kaufleute, bedeuteten eine der großen Gefahren. Aber auch das Navigieren war ohne Kenntnis von Längen- und Breitengraden ein abenteuerliches Unternehmen. Bei schlechtem Wetter war es eher die Regel als die Ausnahme, dass das Schiff vom Kurs abkam und sich verirrte.

Außerdem dauerten die großen Reisen nach Südostasien und China sehr lange. Meist verließen die Schiffe der arabischen Händler ihren Hafen Ende November, um vom Nordwest-Monsun zu profitieren. Nach sechs Monaten trafen sie in Kanton ein, verbrachten den Sommer hier und reisten im Winter mit dem Nordost-Monsun zurück, um am Ende des Sommers wieder in Basra oder Siraf einzutreffen. Im besten Fall dauerte die Reise also achtzehn Monate, den Umständen entsprechend oft auch sehr viel länger.

Die Seeverbindungen führten aber nicht nur nach Osten. Eine zweite große Route verlief entlang der Südküste Arabiens über Masqat und Aden. Hier warteten die Waren aus Ostafrika: Gold, Sklaven, Elfenbein, seltene Hölzer und Edelsteine.

Auch über das Rote Meer gelangten Waren in den Orient und von hier aus ins Abendland. Kairo, Alexandria und die syrischen Küstenstädte entwickelten sich zu den wichtigsten Warenumschlagplätzen der mediterranen Welt. Hier landeten die Schiffe der italienischen Seerepubliken Venedig und Genua und brachten die begehrten orientalischen Luxusartikel nach Europa. Über das Mittelmeer reisten muslimische Händler nach Norden bis ans Schwarze Meer und folgten dann den großen Flüssen Russlands, um Pelze, Sklaven und Bernstein in den Orient zu bringen.

Neben den berüchtigten »Sieben Meeren«, die muslimische Kaufleute zu Helden machten, gibt es noch ein anderes, ebenso legendäres Wort für die abenteuerlichen und gefahrvollen Handelsreisen: die Seidenstraße – ein Netz von Karawanenstraßen, die vom Mittelmeer bis nach Ostasien führten. Diese Landverbindung zum Fernen Osten bestand aus mehreren Haupt-

Das Kamel – Wundertier der Wüste

Keine Reise, kein Handel ohne das Kamel. Kein anderes Tier hätte Tausende von Kilometern unter extremsten Bedingungen geschafft. Warum?

Bei Sandsturm schließt es seine Nase. Dahinter liegt eine Art »Klimaanlage«, die mit dem Wasserdampf der ausgeatmeten Luft Blut, Augen und Gehirn kühlt. Bei extremer Hitze lässt das Kamel seine Körpertemperatur auf 42 Grad ansteigen. Das kontrollierte Fieber verhindert Schwitzen und Wasserverlust.

Die roten Blutkörperchen können sich auf das 200-fache ihres normalen Volumens aufblähen, um Flüssigkeit aufzunehmen. In 15 Minuten kann ein Kamel 200 l Wasser saufen. In seinem Vormagen befinden sich 800 große Speicherzellen, in denen Wasser und Nährstoffe eingelagert werden.

Die Höcker sind kein Wassertank, sondern ein Fettreservoir. In Notzeiten wird diese Energiereserve angezapft, dabei wird auch das im Fett gebundene Wasser freigesetzt. Durch eine besondere Nieren-Konstruktion wird aus dem Harn Wasser resorbiert und wieder dem Organismus zugeführt. Ähnliches geschieht im Enddarm mit dem Kot. Die Urinverdickung ermöglicht Kamelen, Salzwasser zu saufen und salzhaltige Pflanzen zu fressen.

Knie, Ellenbogen und Brustbein sind knorpelig und schildförmig verdickt, um beim Liegen die Gelenke zu schonen und die Bodenhitze von der Bauchhöhle abzuhalten.

Die tellerförmigen Füße verhindern ein tiefes Einsinken in den Sand, die dicke Hornschwiele als Sohle schützt gegen Hitze und Scharfkantiges.

Wundertier der Wüste und Weltmeister im Wassersparen: Das Kamel ist hervorragend an seinen extremen Lebensraum angepasst. Davon profitiert auch der Mensch, den es ohne Kamel in der Sahara nicht geben würde.

1498 landete der Portugiese Vasco da Gama in Calicut an der Malabarküste und schloss mit König Samudrin ein Handelsabkommen. Zum ersten Mal hatte ein europäisches Schiff Indien auf dem Seeweg um Afrika erreicht.

und unzähligen Nebenrouten, über die man nach Zentralasien, ins heutige Baltikum, Indien und China gelangte.

In der Provinz Chorasan im Nordosten Irans stellte die Stadt Nishapur einen Knotenpunkt dar. Von hier aus konnten die Karawanen entweder über Buchara, Samarkand und Taschkent weiterziehen oder eine südlichere Route über Herat im heutigen Afghanistan wählen. Beide Routen vereinigten sich wieder und führten in die chinesische Provinz Gansu und nach Chang'an.

Die Reise durch weite Steppen, Stein- und Sandwüsten war kaum weniger gefährlich als die übers Meer. Die Piraten der Meere waren hier die Banditen der Berge. [So lud man denn ab, schlug die Zelte auf und blieb dort ruhig bis Mitternacht. Da ging Ala ed-Din (ein anderer als der mit der Wunderlampe, d.V.) hinaus, um einem Rufe der Natur zu folgen, und sah plötzlich in der Ferne etwas aufblitzen. Rasch fragte er den Karawanenführer: »Meister, was ist das, was dort blinkt?« Der Führer setzte sich auf, spähte sorgfältig aus und erkannte in dem, was da blinkte, Lanzenspitzen, Stahlwaffen und Schwerter von Beduinen. Ja, da waren sie, Beduinen mit ihrem Häuptling, dem Araberscheich des Namens Adschlan Abu Naib. Und als die Beduinen sich ihnen näherten, erkannten sie die Ballen

Die Seidenstraße – der Handelsweg mit dem weltweit schönsten Namen, der von allen Gefahren und Unbilden der Reise ablenkt.

und sagten einer zum andern: »Ha, eine Nacht der Beute!« Wie die Leute der Karawane hörten, daß jene so redeten, rief Kamal ed-Din, der Führer: »Hinweg, ihr elendes Beduinengesindel!« Aber Abu Naib traf ihn mit seinem Wurfspeere in die Brust, und die Spitze drang blinkend aus seinem Rücken hervor; da sank er tot an der Zelttür nieder.] (Li, 2, 589)

Nicht nur Überfälle, auch Unwetter hatten an Land ebenso katastrophale Folgen wie auf dem Meer. Sie ließen die Flüsse anschwellen und machten die Wege unpassierbar. Blieb der Regen dagegen aus, ließ die glühende Hitze Quellen und Bäche versiegen. Acht bis zwölf Monate dauerte eine solche Reise – wenn alles gut ging.

Mehrere Jahrhunderte lang lagen die weltweiten Handelsbeziehungen in muslimischen Händen, und auf den Reisen wurden nicht nur Waren, sondern auch Wissen ausgetauscht. Aus dem Mittelmeerraum wie aus dem fernen Indien und China gelangten Kenntnisse aus den Human-, Natur- und Geisteswissenschaften in den Orient und trugen zur Vormachtstellung des Morgenlandes bei – bis zu jenem Tag am Ende des 15. Jahrhunderts, als der Portugiese Vasco da Gama den Seeweg nach Indien entdeckte. Geleitet wurde er auf seiner Reise von dem berühmten arabischen Seemann Ahmad Ibn Madschid.

Der Harem: Welche Wünsche an diesem verbotenen Ort in Erfüllung gehen könnten, darüber phantasierten zahlreiche europäische Maler des 18. und 19. Jahrhunderts, wie hier beispielhaft gezeigt Giacomo Mantegazza.

Luxus

Paläste und Gärten

Überall im Palast lagen Seidenteppiche mit goldenen Blumen darauf. In einem überwölbten Iwan stand ein Bett aus Elfenbein, über und über mit funkelndem Gold überzogen. Zwei Granatäpfel aus grünem Smaragd bildeten den Abschluß der Bettpfosten, und darüber spannte sich ein Himmel, der an Perlen hing. Ich sah unter dem Himmel ein Licht hervorleuchten, als führe ein Blitz aus einer Wolke. Da kletterte ich auf das Bett und steckte meinen Kopf unter den Himmel. Und was sah ich da? Einen Diamanten, so groß wie ein Straußenei. Er lag auf einem kleinen Schemel und flackerte wie ein Feuer. Sein funkelndes Licht raubte einem jeden das Angesicht. Auf das Bett war eine seidene Matte und eine Decke aus Seide gebreitet; neben dem Kopfkissen flackerten zwei Kerzen. (Ott, 198)

Schilderungen von märchenhaftem Luxus ziehen sich wie goldene Fäden durch die Geschichten aus Tausendundeine Nacht. In Schatzkammern und Schatzhöhlen, auf dem Meeresgrund, im Reich der Fabelwesen und bei den Karawanen wohlhabender Kaufleute herrscht sagenhafter Reichtum.

Um diesen Reichtum messbar und erfahrbar darzustellen, beziehen sich die Erzählungen immer wieder auf den Luxus, der im Königspalast vorzufinden ist. Auf diese Weise verstanden die Leser wohl am besten, von welcher Kategorie reicher Menschen die Geschichten gerade erzählten: von den Wohlhabenden, den Reichen oder den unermesslich Reichen. Wenn zum Beispiel Zubaida, die Frau des Kalifen, die dringend einen großen Edelstein für ihre Krone braucht, einen Diener zum Kalifen schickt, damit der Gatte sie mit diesem Nötigen versorge, und der König dann hören muss, dass es einen so großen Edelstein nicht in seinen Schatzkammern gibt, sondern, wenn überhaupt, nur bei Mohammed dem Faulpelz, dann bedeutet dies, dass der Faulpelz bereits ein kleines Bisschen reicher als der König ist. Und es ist immer ein Zeichen dafür, dass etwas nicht ganz mit rechten Dingen zugeht, ist doch der König in jeder Beziehung das oberste Maß aller Dinge. Überbordender Luxus ist meistens ein Hinweis darauf, dass Geister im Spiel sind, was sich in der *Geschichte von Abu Mohammed dem Faulpelz* bestätigen wird.

Sultan Selim I. (1512–1520) ließ eine ganze Bauwerkstatt von Kairo nach Istanbul holen, um den Bau des Neuen Palastes (Topkapi Saray) an der Spitze der Stadthalbinsel zu beschleunigen.

Thronsaal im Topkapi Saray in Istanbul. Unterhalb einer koranischen Flieseninschrift befindet sich das Thronsofa, überdacht von einem Holzbaldachin. Das Podest links unter dem Balkon für die Hofkapelle war den Haremsdamen vorbehalten.

Auch bei Ala ed-Din beginnt die Vermessung des Reichtums im Sultanspalast. Nachdem er die Prinzessin zur Frau erhalten hat, lässt er genau gegenüber des Palasts des Herrschers seinen eigenen errichten. Wie er aussehen soll, weiß der Lampengeist bereits nach wenigen Worten von Ala ed-Din: [»Ich wünsche, ... daß du mir ein Schloß gegenüber dem Sultanspalaste in aller Eile errichtest; es soll von wunderbarem Bau sein, derart, daß selbst Könige seinesgleichen noch nicht gesehen haben, und es soll vollkommen eingerichtet sein, versehen mit großen königlichen Teppichen und allem anderen Zubehör.« – »Ich höre und gehorche!«, erwiderte der Geist.] (Li, 2, 740 f.)

Vom Reichtum der Kalifen

Damit der Luxus aus Tausendundeine Nacht auch für heutige Leser messbar und vergleichbar ist, sollen als Referenzpunkt ebenfalls die königlichen Paläste vorgestellt werden. Wie sie im Goldenen Zeitalter der Abbasidenkalifate aussahen, beschreibt André Clot in seinem Buch über Harun ar-Raschid.

Zu Beginn seines Kalifats residierte Harun ar-Raschid im Bagdader »Khuld-Palast« – dem »Palast der ewigen Seligkeit« –, den sein Vater am Ufer des Tigris hatte bauen lassen. Schon von außen imponierte er durch seine gewaltigen Ausmaße: Etwa 9000 Quadratmeter Wohnfläche mussten umbaut werden, um alle offiziellen und privaten Gemächer unterzubringen, in denen Hunderte von Personen sich um den Kalifen scharten. Familienmitglieder, Kämmerer, Sekretäre, Wachen, Bedienstete, Ärzte, Muezzine, Astonomen, Hofnarren und an die 200 Frauen mit ihren Kindern.

Die erste Ehefrau des Kalifen, Zubaida, legte angesichts der beachtlichen Konkurrenz um die Gunst des Kalifen besonders viel Wert darauf, ihren hohen Rang eindrucksvoll zu demonstrieren. In ihren Privatgemächern waren allein 100 Sklavinnen tagein tagaus damit beschäftigt, den Koran zu rezitieren. Von morgens bis abends wechselten sie sich in Zehnergruppen ab. 30 männliche Sklaven hatten den Lieblingsaffen von Zubaida auf Schritt und Tritt zu bewachen. Das ebenso wendige wie aufsässige Tier gestaltete seine Streifzüge und Klettertouren für seine menschlichen Begleiter allerdings derart nervenaufreibend, dass einer das wüste Treiben kurzerhand mit dem Schwert beendete. Sein weiteres Schicksal ist nicht überliefert.

Die genaue Zahl der Sklavinnen, Sklaven und Eunuchen, die Zubaida bedienten, ist nicht bekannt, aber es waren so viele, dass die Herrin keinen Handgriff selbst tun musste – sie hätte

es auch gar nicht gekonnt. Zubaida war so üppig mit Juwelen geschmückt und behangen, dass sie sich wegen des Gewichts ihres Schmuckes an manchen Tagen nicht mehr auf den edelsteinbesetzten Pantoffeln halten konnte. Sklavinnen halfen ihr dann beim Einsteigen in eine Sänfte aus Silber, Eben- und Sandelholz, die an goldenen Griffen getragen wurde. Diese Sänften – sie besaß selbstverständlich mehrere davon – waren mit Seide ausgekleidet und mit Zobel gepolstert. Im Inneren brannten Fackeln grauen Amber ab, der die Luft mit einem so betörend süßen Duft erfüllte, dass jeder Atemzug das Gold wert war, das er kostete.

Die Dame des Hauses liebte alles, was gut und teuer war, und dazu gehörte selbstverständlich

goldenes Geschirr. Am Hof trank man aus goldenen Bechern, aß mit goldenen Löffeln aus goldenen Schüsseln, selbst die Tische waren mit einer Schicht aus Gold bedeckt. Es gibt Erzählungen aus Tausendundeine Nacht, wo sogar Wände und Fußböden mit Gold und Silber überzogen sind.

Hinweise darauf, wie die Innenausstattung der herrschaftlichen Gemächer ausgesehen haben könnte, gibt ein Bericht, der einige Jahre nach Harun ar-Raschids Herrschaft anlässlich eines Empfangs für byzantinische Gesandte verfasst worden war. Darin ist die Rede von 38 000 Vorhängen mit Goldstickereien, die Elefanten, Pferde, Kamele, Löwen und Vögel zeigten. 12 500 Vorhänge waren aus Goldbrokat genäht. Zum Vergleich: Ein schmaler, knielanger

Im Orient hat Luxus Tradition – und Zukunft

Der sagenhafte Reichtum des einstigen Orients konzentriert sich heute auf die Emirate.

Bei einem, über die Jahre gesehen, durchschnittlichen Ölpreis von 80 Dollar pro Barrel fließen jährlich rund 430 Milliarden Dollar an den Golf.

Das reicht für die Tausende Quadratmeter Blattgold an den Innenwänden des Burj al-Arab, für 116 000 qm Marmor an den Außenwänden der Sheik Zayed bin Sultan al Nahyan Moschee in Abu Dhabi, für Innenausstattungen aus Gold, Halbedelsteinen und Kristall, für den Nachbau einer schöneren Welt – in der Israel fehlt – auf einer künstlichen Insel vor Dubai und in dem einen oder anderen Luxushotel.

In Dubai reihen sich die Luxushotels aneinander wie Perlen an einer Kette. Zu bester Lage und begeisterndem Service gehören selbstverständlich auch Glanz und Glamour, die den Gast in Luxus schwelgen lassen.

Damenrock aus Goldbrokat kostet im Jahr 2009 noch stolze 2100 Euro. Kostbare Wandbehänge zogen die Blicke an, und überall auf den Fußböden dämmten seidenweiche Teppiche den Tritt. Insgesamt sollen es 22 000 gewesen sein, von denen etliche so groß waren, dass sie die ganze Fläche der weitläufigen Hallen und langen Korridore bedeckten.

Wenn der Kalif Gesandte oder Würdenträger empfing, pflegte er mit gekreuzten Beinen auf einer Art Tagesbett zu sitzen, dem *sarir*, der mit gold- und perlendurchwirkten Seidenstoffen bezogen und mit Straußenfedern so hoch gepolstert war, dass die flauschige Pracht ihn im Sitzen über seinen Gast erhob. Die Höhe der Polster war nicht nur im Palast eine Art Rangabzeichen. Wer erhöht saß oder lag, unterstrich seinen hohen Rang. Einfache Leute saßen auf dem Boden.

Ein Vorhang entzog den Kalifen den Blicken und gab der Audienz einen sakralen Charakter. Der Herrscher ließ den Besucher schließlich von einem Kämmerer hinter den Vorhang führen und sich die Hände und Füße küssen. Danach musste der Gast auf die Erlaubnis warten, sich setzen zu dürfen. Je länger es dauerte, bis sie ausgesprochen wurde, desto sicherer konnte er davon ausgehen, dass die Unterredung wohl nicht zu seinen Gunsten verlaufen würde.

Der historische Harun ar-Raschid stand im Ruf, streng, aber gerecht zu sein. Gleichzeitig war er ein großer Freund der Wissenschaften und Künste. Nach der täglichen Regierungsarbeit umgab er sich gern mit seinen *nudama*, so genannten *nadim*, Künstlern und Gelehrten, die für ihre geistvolle Unterhaltung ein stattliches Gehalt bezogen. Wenn es ihnen gelang, den Kalifen über Gebühr zu erfreuen, bekamen sie oft eine Extra-Gage wie der Sänger Ibrahim al-Mausili, von dem auch in den Erzählungen aus Tausendundeine Nacht mehrmals die Rede ist. In Bagdad soll man sich, André Clot zufolge, erzählt haben, dass Ibrahim al-Mausili einmal gemeinsam mit Harun ar-Raschid und Dscha'far einen Garten besuchte, der ihm besonders gefiel. Er fragte, ob er zu kaufen sei und wie viel er koste. 14 000 Dinar, war die Antwort. Daraufhin verfasste der Sänger 14 000 Verse über diesen Garten und trug sie dem Kalifen vor, der entzückt war und ihm dafür die 14 000 Dinar schenkte.

Die Schönheit der Gärten war ihren hohen Preis wert, galten sie doch als Paradiese auf Erden. Hier gab es alles, was in heißen Wüstenlandschaften Inbegriff der Sehnsucht war: Wasser, Schatten spendende Bäume und ein Meer von Farben. Im Garten des Kalifen sollen die bunten Blumen so arrangiert gewesen sein, dass sie berühmte arabische Gedichte bildeten, und die Seerosen in den Wasserbecken waren zu einem Vers über den ruhmreichen Kalifen gruppiert. Beim Lustwandeln konnte die feine Gesellschaft diese erbaulichen Texte von Beeten und Wasseroberflächen ablesen.

Vielleicht erinnerte sich auch Scheich Mohammed bin Raschid al-Maktum, Herrscher über das Emirat Dubai und Vizepräsident der Vereinigten Arabischen Emirate, an den berühmten Kalifen von Bagdad, als er das Inselreich Palm Jebel Ali plante, das die Traumstadt Dubai noch traumhafter machen sollte. Hier wollte Scheich Mo, wie er in Dubai liebevoll genannt wird, Hunderte von Häusern so auf Stelzen anordnen lassen, dass sie, von oben betrachtet, arabische Schriftzeichen formen. Den entsprechenden Vers hat er selbst gedichtet: »Nimm die Weisheit von den Weisen; es braucht einen Mann mit Visionen, um auf Wasser schreiben zu können; nicht jeder, der ein Pferd reitet, ist ein Jockey.« Was immer Scheich Mo damit gemeint haben mag – die Realisierung von Palm Jebel Ali ist angesichts der aktuellen Finanzkrise in Dubai verschoben.

Kehren wir aber, wie es in den Geschichten aus Tausendundeine Nacht so oft heißt, zurück zum Palast von Harun ar-Raschid: Neben den Bäumen, an denen Aprikosen, Pflaumen, Weißkirschen und Feigen hingen, standen vereinzelt glänzende Juwelenbäume. Ihr Stamm war mit Gold und Edelsteinen verkleidet, die Blätter mit Gold und Silber überzogen, und zuweilen schimmerten künstliche Früchte aus Juwelen durchs Geäst.

Was Ala ed-Din in der Schatzhöhle sah, war im Garten des Kalifen keine Seltenheit: [Dann ging er wieder zu dem Garten hinunter und begann sich die Bäume dort anzuschauen; auf ihnen saßen Vögel, die mit ihren Stimmen den allmächtigen Herrscher lobpriesen ... und an diesen Bäumen hingen als Früchte lauter kost-

bare Edelsteine; jeder Baum trug Früchte von verschiedener Art und Farbe ... Smaragde, Diamanten, Hyazinthen, auch Perlen ...] (Li, 2, 678)

Rund um den »Palast der ewigen Seligkeit« waren mehrere solcher Gärten angelegt, und sogar im Inneren konnte man sich an ihnen erfreuen, steht doch im Koran geschrieben: Die Rechtschaffenen werden mitten in Gärten und Quellen sein. In wörtlicher Auslegung dieser Sure befand sich in der Mitte des Gartens ein Pavillon oder Lustschlösschen. Wie es ausgesehen haben könnte, wird in der Geschichte aus Tausendundeine Nacht beschrieben, die von der Sklavin Anis al-Dschalis und Nuraddin ibn Chakan erzählt: [Jener Park aber wurde »der Lustgarten« genannt, und es stand ein Schloß darin mit dem Namen »Schloß der Statuen«. Der Kalif hatte den Park selbst anlegen lassen. In ganz Bagdad gab es keinen zweiten wie ihn. Immer wenn der Kalif bedrückt war, ging er in diesen Park und besuchte das »Schloß der Statuen«. In das erwähnte Schloß hatte der Kalif achtzig Fenster kreisförmig einbauen lassen und Öllampen darin aufgehängt, die das Schloß rundherum erleuchteten ... Der Kalif saß oft in diesem Palast. Er entzündete dann die Öllampen und Kerzen, öffnete die Fenster und befahl seinem Freund und Zechgenossen Ishak zu singen. Um ihn herum versammelten sich seine Konkubinen, Frauen aus allen Ländern der Welt. Dann wurde der Kalif wieder froh, und aus seiner Brust verschwand die bedrückte Stimmung.] (Ott, 532)

In einem solchen oder ähnlichen Gartenschlösschen fanden die Abendgesellschaften des Kalifen statt. Für die Zerstreuung am Tag gab es die eigens zum Polospielen angelegten Sportplätze, daneben Wildgehege, Pferderennbahnen und Marställe. Nur ein einziger, großer Platz blieb frei und ungenutzt. Er lag direkt vor dem Palast. Hier wurden an den Festtagen Paraden und Truppenschauen veranstaltet, und hier versammelte sich das Volk, wenn am Hof ein großes Ereignis stattfand wie zum Beispiel die Hochzeit von Harun ar-Raschids Sohn Ma'mun mit Buran, der Tochter des Wesirs.

Diese Hochzeit kostete nicht nur den Vater der Braut viele Millionen. Auch Zubaida, die Mutter des Bräutigams, gab Millionen von Dinar für dieses Fest aus, das 17 Tage dauerte. Zeitgenössische Chronisten berichten, der Brautvater habe Moschuskugeln von der Größe einer Melone über den Gästen abwerfen lassen. In diesen ruinös teuren Duftbehältern befand sich jeweils ein Blatt Papier, auf dem der Name eines Landgutes, einer Sklavin oder einer anderen Kostbarkeit stand. Die Gäste mussten ihren Zettel nur dem zuständigen Beamten vorlegen, und schon konnten sie die Geschenke in Empfang nehmen. Dem Bräutigam wurden Hände voll echter Perlen vor die Füße geworfen. Wer sich bücken wollte, sammelte sie ein. Wer dafür zu bequem war, bediente sich lieber von den Tabletts, auf denen Gold- und Silberstücke offeriert wurden.

Am Ende der Feier bekamen die Geladenen so viele Esel und Pferde, wie sie brauchten, um ihre Geschenke abzutransportieren und ein Ehrengewand für die Reise. Diese Gewänder bestanden aus besonders kostbarem Stoff, der in den eigenen Werkstätten des Kalifen hergestellt

wurde, und trugen deutlich sichtbar den *tiraz*, den Namen oder das Zeichen des Herrschers. Meist war das königliche Zeichen mit Goldfäden eingewebt oder aufgestickt. Wenn der Kalif ein Kleid mit seinem Hoheitszeichen einem anderen schenkte, brachte er damit zum Ausdruck, dass er den Träger für würdig erachtete, den Namen des Kalifen zu tragen.

Nach einem solchen Fest, bei dem auch das Volk großzügig bedacht wurde, blieb bei Gastgebern und Gästen ein tiefes Gefühl der Zufriedenheit zurück. Luxus und Verschwendung hatten in der frühmittelalterlichen muslimischen Gesellschaft nichts Anrüchiges an sich, ganz im Gegenteil: Der Verschwendende war ein Gesegneter, denn Gott hatte durch seinen Propheten Mohammed ausrichten lassen: »Wenn Allah jemandem Reichtum schenkt, möchte Er, dass man ihn auch sieht.« Demnach war das, was heute Prahlerei hieße, am Hof des tief gläubigen Kalifen gottgefälliges Handeln.

| Und ferner waren in jenem Garten Vögel von allen Arten, Nachtigallen, Turteltauben, Holztauben und andere Tauben, von denen jede ihr eigenes Lied sang, während die junge Frau sich anmutig hin und her wiegte in ihrer Schönheit und Lieblichkeit...| (aus der Geschichte von Masrur und Zain el-Mawasif, Li, 5, 559f.)

Festessen

Da erhob der Kalif sich und begab sich mit seinen Hofleuten und mit seinem Bruder
Abu Isa zum Hause des Ali Ibn Hischam. Als der von ihrem Kommen hörte, empfing er
sie feierlich und küßte den Boden vor dem Kalifen. Dann führte er sie auf den Söller
und öffnete ihnen einen Saal, der so schön war, wie ihn noch niemand je gesehen hatte.
Dort waren der Boden, die Pfeiler und die Wände mit vielfarbigem Marmor bekleidet:
die Wände waren mit griechischen Malereien verziert, und der Boden war mit indischen
Matten bedeckt; darauf lagen Basrateppiche, die genau der Länge und der Breite
des Saales angepaßt waren. El-Mamun setzte sich eine Weile nieder und betrachtete
den Saal mit seinen Decken und Wänden; dann sprach er: »Gib uns etwas zu essen!«
Und im selben Augenblick brachte man ihm wohl an die hundert Gerichte, Hühnerfleisch,
und dazu noch anderes Geflügel, Brühen, Braten und Essiggemüse. Als er gegessen
hatte, sprach er: »Gib uns zu trinken, Ali!« Da brachte man ihm gemischten Dattelmost,
der mit Früchten und Spezereien bereitet war, in Gefäßen aus Gold und Silber und Kristall.
Die Schenken aber, die jenen Most in den Saal trugen, waren mondengleiche Jünglinge,
bekleidet mit alexandrinischen Gewändern, die mit Gold durchwirkt waren; und
auf der Brust trugen sie kristallene Flaschen voll Rosenwasser, das mit Moschus
gemischt war. (Li 3, 570)

Gastgeber wie Ali Ibn Hischam gab es auch im wirklichen Leben. Bei den Bagdader oberen Zehntausend waren Einladungen zu abendlichen Festessen sehr beliebt, denn sie garantierten ihnen, am folgenden Tag *das* Stadtgespräch zu sein. Die Auswahl und Anzahl der Speisen, der Preis der Zutaten, die Zubereitung und Zelebrierung des Essens – man konnte sicher sein, dass sich jedes Detail in Windeseile herumsprechen würde. Um mit möglichst sensationellem Gesprächsstoff aufwarten zu können, überboten sich die Gastgeber mit immer exotischeren Gerichten wie dem »Omelett in der Flasche« oder dem »Falschen Hirn«. Die Anzahl der Gänge, ihre Originalität und der Preis der Zutaten waren wichtiger als der Geschmack. Oft war der Inhalt der vielen goldenen Schüsseln und Schalen für heutige Verhältnisse nahezu ungenießbar, weil an den teuren Gewürzen aus Indien oder Afrika auf keinen Fall gespart werden durfte. Der Gast sollte sich das viele Geld sozusagen auf der Zunge zergehen lassen. Aber was eine Handvoll Pfeffer oder ein gutes Pfund Gewürznelken mit dem Braten anrichten, kann sich jeder Hobbykoch vorstellen ...

»Ihr Gläubigen! Esst von den guten Dingen, die wir euch beschert haben!« Der Aufforderung des Koran, Sure 2, 172, wurde Folge geleistet. Auch wenn nur wenige Gäste erwartet wurden, gab es stets eine Unmenge an verschiedenen Gerichten zur Auswahl. Der Sänger Ishaq Ibn Ibrahim soll einmal für drei Personen 30 verschieden zubereitete Geflügelspeisen serviert haben, dazu diverse Gemüse und Beilagen sowie ein Buffet voll warmer und kalter Nachspeisen.

Die Obsession der Superreichen für immer ausgefallenere Küchen-Kreationen ging eines Tages sogar dem Kalifen zu weit. Einer Überlieferung zufolge hatte sein Bruder Ibrahim ihn zum Essen eingeladen und ließ einen Fisch servieren, der in winzige Stückchen aufgeschnitten zu sein schien. Harun ar-Raschid wollte wissen,

Szene einer Rosenernte. In Oman wachsen die zartrosa Königinnen der Düfte auf Plantagen, die von einem der ältesten Bewässerungssysteme der Welt versorgt werden: dem Aflai. Der Legende nach hat es König Salomo angelegt, als er auf seinem fliegenden Teppich über Oman schwebte.

was das für ein Fisch sei. [»Das, was Du für Stückchen hältst, sind nur die Zungen von Fischen«, antwortete Ibrahim. »Und wie viele sind es?« »Einhundertfünfzig«, antwortete der Küchenmeister. »Und wie viel hat das gekostet?« »Mindestens tausend Dirham, Herr.«] (nach Clot, 5. 71) Daraufhin weigerte sich der Kalif, weiterzuessen. Er forderte von Ibrahim die genannte Summe ein und ließ das Geld unter den Armen verteilen.

Köchinnen und Köche, die aus den Angeboten auf den Märkten die phantasievollsten und raffiniertesten Gerichte zubereiteten, wurden auf dem Sklavenmarkt in Gold aufgewogen. Besonders beliebt waren schwarzafrikanische Frauen und Köche aus Indien. Sie sollen wahre Wunderwerke in der Küche vollbracht und noch im 19. Jahrhundert Wilhelm Hauff zu seinem Orient-Märchen vom Zwerg Nase inspiriert haben.

Opulente Tafeln, himmlische Düfte

Ein festliches Bankett begann im Bagdad des 8. Jahrhunderts mit einer schriftlichen Einla-

dung, die als Loblied auf den Gast formuliert war. So schrieb zum Beispiel ein Gastgeber dem Geladenen: »Wir sind, o Herr, in einer Gesellschaft, in der nichts fehlt als Du, zufrieden außer mit Dir. Drin haben sich die Augen der Narzissen geöffnet, haben sich die Wangen der Veilchen gerötet, duften die Rauchpfannen des Citrus, sind die Riechdosen der Pomeranzen geöffnet, reden die Zungen der Lauten und stehen auf die Redner der Saiten, wehen die Lüfte der Becher, ist der Markt der feinen Bildung eröffnet, ist der Heerrufer zum Beifall aufgestanden, sind die Sterne der Zechgenossen aufgegangen, hat sich der Ambrahimmel ausgespannt. Bei meinem Leben, wenn Du kommst, sind wir im himmlischen Paradiese und Du bist das Mittelstück der Perlenschnur.«

Ein solches Einladungsschreiben war gleichzeitig eine Vorschau auf das Abendprogramm: Vor Beginn des Festmahls wurde das Esszimmer mit Weihrauch oder Sandelholz – heute noch der Grundton des Parfum-Klassikers Chanel No.5 – ausgeräuchert. Der Rauch desinfizierte, vertrieb böse Geister und die Erinnerung an die heißen, stinkenden Straßen draußen. Mit dem Einritt ins Haus gelangte man in eine andere Welt, wo sich der zarte Duft frischer Blumen mit den süßen, harzigen Aromen aus den Räucherbecken mischte. Es war ein Windhauch vom Paradies her, der durch die privaten Räume zog und sie zu himmlischen Orten auf Erden machte. Jahrhunderte später sollte Shakespeares Lady Macbeth die »Wohlgerüche Arabiens« zum geflügelten Wort machen.

Der Überlieferung zufolge war selbst für Mohammed der Wohlgeruch ein fast himmlisches Geschenk: [Und auch der Prophet – Allah segne ihn und gebe ihm Heil! – hat gesagt: »Der Dinge, die ich in eurer Welt am liebsten habe, sind drei: die Frauen, die Wohlgerüche und mein Augentrost im Gebet.«] (Li, 3, 589) Auch von ihm selbst sei stets ein angenehmer Duft ausgegangen, der an jedem »haften« blieb, dem er die Hand schüttelte oder ihm seine auf den Kopf legte. Solche Erzählungen über den hohen Stellenwert, den der Prophet den olfaktorischen Genüssen einräumte, trugen zu der hohen Wertschätzung der Düfte bei, die nahezu jeden Preis rechtfertigte. In der *Geschichte vom Sandelholzhändler und den Spitzbuben* wird erzählt, wie ein Händler damit einverstanden ist, sein Sandelholz gegen die gleiche Menge Gold einzutauschen, und wie sich die Betrüger über ihr Schnäppchen freuen. Bei ehrlichen Geschäften durfte Sandelholz nicht mit Gold aufgewogen werden, da es wertvoller war als das Metall (Li, 4, 357ff.).

Nach der Begrüßung brachten Diener mit Rosenwasser gefüllte Becken zum Händewaschen und kleine, goldene Räuchergefäße, die speziell zum Parfümieren der Kleidung vorgesehen waren. Erst nach dem Essen wurde der Wein kredenzt, und es begann, je nach Zusammensetzung der Runde, der lockere Teil des Abends, der in den Erzählungen aus Tausendundeine Nacht auch so verlaufen konnte: [Sie nahm den Becher entgegen, trank ihn aus und setzte sich dann neben ihre Schwester. So tranken sie immer weiter, nahmen volle Kelche und gaben leere zurück. Der Träger aber hatte es sich unterdessen zwischen ihnen bequem gemacht. Sie hatten ihm die Kleider ausgezogen, und er tanzte und war völlig verzückt, sang lustige Balalik-Lieder und Muwaschach-Verse. Sie waren schon alle dabei, einander zu küssen, zu necken, zu beißen, zu reiben, zu streicheln, zu berühren und Zärt-

lichkeiten auszutauschen. Die eine schob dem Träger köstliche Bissen in den Mund, die andere sprach mit ihm, die dritte bediente ihn mit Süßigkeiten, eine andere mit Räucherwerk und Duftölen, kurz: Er befand sich in dem angenehmsten aller Zustände. Mit diesem Treiben hörten sie nicht eher auf, als bis sie alle völlig betrunken waren und der Wein mit ihren Hirnen wie mit Bällen spielte. Als nun der Wein die Oberhand gewonnen hatte, stand jene, die die Tür geöffnet hatte, auf, ging zu dem Wasserbecken, warf die Kleider ab und war splitternackt; nur noch ihre Haare bedeckten sie wie ein Schleier. »Platsch!«, rief sie laut, sprang in das Becken und tauchte unter.] (Ott, 106 f.)

Kulinarische Freuden, die immer in einen größeren Kontext von Sinnlichkeit eingebettet waren, waren ein wichtiger Teil des täglichen Luxus der wohlhabenden Bevölkerung. Einen Hinweis darauf, was alles dazugehört haben mag, gibt die Einkaufsliste der eben erwähnten drei Damen, die den Lastenträger spontan zu ihrem Festmahl einladen werden. [Mit zarten Worten und süßer Stimme sprach sie ihn an: »Träger, nimm deinen Korb und folge mir.« ... Sie ging vor ihm her und blieb dann vor der Tür

Fast überall auf der arabischen Halbinsel wachsen wilde Weihrauchbäume und -sträucher. Es ist nicht möglich, Weihrauch in besonderen Kulturen anzubauen.

*Jan Davidsz de Hem
(1606–1683/84),*
Blumenstück. *Die
Tulpen in dem Gebinde
waren ein kleines Ver-
mögen wert. Ab der
Mitte des 17. Jahrhun-
derts wurden sie aus
dem Morgenland, vor-
nehmlich der Türkei,
nach Holland exportiert.*

eines Wohnhauses stehen. Sie klopfte an. Ein alter Mann, ein Christ, kam herunter. Sie gab ihm
einen Dinar und erhielt dafür von ihm eine oliv-
grüne Flasche. Die legte sie in den Korb ... Vor
dem Laden des Obsthändlers hieß sie ihn wieder stehenbleiben. Dort kaufte sie Äpfel von der
Sorte Fathi, osmanische Quitten, Challani-Pfirsi-
che, Moschusäpfel, einen Strauß Jasmin der Sorte Hall Fasadati, Lotusblumen aus Damaskus,
kleine Herbstgürkchen, Zitronen der Sorten Ma-
rakibi und Sultani, Myrte, Basilikum, Reseda,
Kamillenblüten, Levkojen, einen Strauß Iris,
Lilien, Anemonen, Veilchen, Ochsenaugen, Narzissen und Sonnenblumen. Alles das tat sie in
den Korb des Trägers, und er folgte ihr weiter.
Als nächstes machte sie beim Fleischer Halt.
»Schneide mir zehn Pfund mageres, gutes
Fleisch ab!«, sagte sie und bezahlte auch gleich
den Preis dafür. Der Fleischer schnitt ihr zurecht, was sie sich aussuchte, wickelte das Fleisch
ein und gab ihr das Paket. Sie legten es ebenfalls
in den Korb und taten noch etwas Holzkohle
dazu ... Er hob sich den Korb auf den Kopf, und
sie gingen zu einem anderen Kaufmann. Dort
kauften sie die leckersten Spezialitäten, nämlich
eingesalzene Sperlinge, gespaltene und ge-
stampfte Oliven, Estragon, Sauerrahm, Damaszener Käse, saures Gemüse, gesüßt und unge-
süßt, von allem so viel sie brauchte ... Die Dame
aber ging von dem Kaufmann gleich weiter zu
einem Nußverkäufer. Von ihm kaufte sie Pista-
zienkerne, solche, die man zum Dessert verwendet, Rosinen aus Aleppo, Mandelkerne, iraki-
sches Zuckerrohr, Baalbeker Süßigkeiten, die
aus Stärkemehl, Zucker, Mastix und Pistazien
zubereitet waren, Haselnußkerne, geröstete Ki-
chererbsen und noch dazu verschiedene andere
Sorten gerösteter und gesalzener Kerne, so viel
sie brauchte ... Nun blieb sie beim Süßwaren-
händler stehen und kaufte einen riesigen Teller,
auf dem alle Sorten Süßigkeiten, die er anzubie-
ten hatte, angeordnet waren: Kairiner süße
Stückchen, geflochtene Zöpfe nach Art der Ar-
menier in Bailakan, dreieckige Blätterteigkrap-
fen, gefüllt und mit Moschus parfümiert, eine
weiche, lockere Süßspeise mit dem Namen
»Wunder von Umm Salih«, osmanisches
Schmelzgebäck, in Sesamöl frittierte Dattelpas-
teten, Mandel-Honig-Gelee, süße Fladen aus

Marzipan, Amberkämme, Küchlein mit dem
Namen »Finger von Banid«, Witwenbrot, eine
persische Spezialität mit Namen »Basandud«,
Kadi-Häppchen, eine Sorte, die man »Iß und sag
danke« nannte, Zuckerbiskuits der Marke »Für
feine Leute« und Liebesplätzchen ... Sie ... ging
weiter zu einem Drogisten, von dem sie zehn
Flaschen Weidenblütenlikör kaufte, ebensoviel
Lotuswasser, zwei Zuckerhüte, eine Spritzfla-
sche Rosenwasser mit Moschusaroma, ferner
Moschus, Weihrauchharz in Kieselform und
Aloe mit Amber zum Räuchern, Leuchterkerzen
aus Wachs und solche für die Handlaterne.]
(Ott, 99 f.)

Zu einem schönen Essen gehörte ein festli-
cher Rahmen. Das gemeinsame Mahl stellte ein
soziales Ritual und ein Abend füllendes Unter-
haltungsprogramm dar, bei dem neben den kuli-
narischen Freuden auch Blumen, Räucherwaren,
Kerzen und weich gepolsterte Diwane für ein
angenehmes Ambiente sorgten, in dem die Menschen Dinge sagten und taten, die zuweilen zum
Stoff einer neuen Geschichte wurden.

Stoffe und Juwelen

Als er vom Schlaf erwacht war, weckte er sie und brachte ihr ein Hemd aus feinem Stoff,
ferner ein Kopftuch im Wert von tausend Dinaren, ein Gewand mit türkischer Stickerei,
und Schuhe, durchwirkt mit rotem Golde und besetzt mit Perlen und Edelsteinen.
Auch hängte er an jedes ihrer Ohren einen goldenen Ring mit einer Perle im Wert von
tausend Dinaren, und um den Hals legte er ihr eine goldene Kette, die bis zwischen die
Brüste reichte, und eine Kette aus Bernsteinkugeln, die über die Brust bis oberhalb
des Nabels herabhing. An dieser Kette hingen zehn Kugeln und neun Halbmonde, und jeder
der Halbmonde trug in der Mitte einen roten Hyazinthstein und jede Kugel einen
Ballasrubin; der Wert der Kette betrug dreitausend Dinare, und jede der Kugeln kostete
zwanzigtausend Dirhems, so daß das Gewand und der Schmuck, mit denen er sie
ausstattete, insgesamt eine ungeheure Summe wert waren. (Li, 1, 597)

Kleider machen Leute – damals wie heute. Männern verleihen sie »Ansehen«, den Frauen noch etwas mehr. Dieses »Mehr« ist heute allerdings ein anderes als das aus den Zeiten von Tausendundeine Nacht.

Der wesentliche Unterschied zwischen damals und jetzt besteht darin, dass heute schöne Kleidung getrennt von der Schönheit der Trägerin beurteilt wird. Teure und trendige Modemarken versprechen zwar, das Geld und den Stil der Kundinnen durch Image und Exklusivität zu adeln, niemals aber würde Mode heute von sich behaupten, eine unattraktive Frau in eine schöne verwandeln zu können. Die Welt der Mode besteht aus der Konkurrenz der Marken untereinander, während in den Erzählungen von Tausendundeine Nacht Mode die einzige Aufgabe hat, die Frau in eine vollkommene Schönheit zu verwandeln.

Dabei schien der Stoff, aus dem die Kleider waren, eine fast magische Wirkung auszuüben. Was erblickte der Prinz, der zur Strafe dafür, dass er die Frauen verachtet hat, nicht heiraten und keinen Thronfolger zeugen wollte, beim Aufwachen? Eine Frau, [in ein zartes haselnußbraunes Hemd mit maghrebinischer Goldstickerei gehüllt. Eine ägyptische Bordüre war auf die Schulternähte, den Saum, den Halsausschnitt und die Ärmel aufgebracht. Da waren die Verse aufgestickt: »Ermüdet weilt bei den Liebsten des Verliebten Herz, / Sein Körper wurde zur Beute für den Liebesschmerz ...«] (Ott, 630) Genauer gesagt: Der Prinz erblickte beim Erwachen ein Hemd, das bereits »wusste«, was geschehen würde und die sich anbahnende Liebesgeschichte seiner Trägerin sozusagen auf den Leib geschrieben hatte. Das exklusive Hemd sagt dem Betrachter, dass der Leib darunter Liebesgefühle hervorrufen würde und wirklich: [»Bei Gott, nicht schlecht«, murmelte er, »oh, meine Geliebte!« Mit diesen Worten drehte er sie herum, öffnete den Kragen ihres Hemdes, darunter kam das Oberteil ihrer Brust zum Vorschein und dann ihr Busen. Seine Liebe zu ihr wuchs, und er versuchte sie zu wecken.] (Ott, 635)

Schönheit und der Wunsch nach ihr wurden kunstvoll hergestellt. So wie die Gärten, die der Natur abgerungen waren, wie die kühlen Innenräume jenseits der sengenden Sonne, wie die Aromen Ambra, Moschus, Weihrauch und Aloe als »Seele« des Stofflichen.

Schönheit wurde immer wahrgenommen als ein Abglanz aus dem Paradies. Sie stellte das Jenseits des Alltäglichen dar: Reichtum, Über-

»Nur die im Orient verstehen zu liegen«, schrieb Friedrich Schlegel schon 1799 in seiner Idylle über den Müßiggang. Die schönen Liegenden auf den zahlreichen Haremsdarstellungen sind immer auch ein Gegenbild zur abendländischen Geschäftigkeit.

fluss und Zweckfreiheit. Eine Frau, die all das in ihrer Erscheinung vereinte, war unendlich begehrenswert.

[Sie hatten sie mit kostbaren Ölen und Wässerchen parfümiert, kleine, moschusgefüllte Säckchen in ihr Haar gesteckt und um sie herum mit javanesischem Aloeholz und Amber geräuchert. So schritt die Braut anmutig herein. Die Zofen und Friseusen hatten ihre Aufgabe aufs beste gelöst. Sie hatten ihr Haar gekämmt und die Strähnen einzeln eingedreht. Kleider und Schmuck hatten sie der Braut angelegt, wie sie sonst nur die Kaiser von Persien tragen. So trug sie – neben vielen anderen Gewändern – ein Kleid, das mit purem Gold verziert war. Wilde Tiere und andere Wesen mit Augen und

Schnäbeln aus funkelnden Edelsteinen und Füßen aus roten Rubinen und grünen Smaragden waren darauf dargestellt. Man hatte ihr eine wertvolle Kette um den Hals gelegt, wie sie sonst niemand besaß, mit lauter großen, rundgeschliffenen Edelsteinen, die jedem, der sie sah, das Augenlicht raubten und deren Beschreibung allein genügte, um den Verstand zu verwirren. Die Braut strahlte heller als der Vollmond, wenn er in seiner vierzehnten Nacht vollkommen gerundet ist. Kampfergetränkte Kerzen entzündete man vor ihr, und in deren Licht strahlte und leuchtete ihr Gesicht noch heller.] (Ott, 250 f.)

Die bewundernden Blicke gelten nicht der von Gott erschaffenen Frau, sondern ihrer Ausstattung, die von Menschen gemacht und von

Zofen arrangiert worden war. Ganz genau wird wahrgenommen, dass Moschussäckchen ins Haar gesteckt sind, die Frisur kunstvoll arrangiert wurde, das Kleid mit purem Gold verziert ist, die aufgenähten Edelsteine Tiermotive zeigen und die Halskette ein Unikat ist. Die Summe all dieser schönen Dinge macht die Schönheit der Braut aus.

Ob jemand schön ist oder hässlich, arm oder reich, angesehen oder verachtet – in den Erzählungen aus Tausendundeine Nacht entscheiden darüber die Kleider. Sie machen einen Schuhflicker zum Freund des Kalifen, eine Sklavin zur Paradiesmaid, eine Verschmähte zur leidenschaftlich Begehrten. Und natürlich ist es am Hof des Kalifen Brauch, als besondere Auszeichnung nicht etwa einen Orden zu verleihen, sondern ein Ehrengewand. Denn das erkennt jedermann auf der Straße schon von weitem und weiß, dass der Träger dieses Gewandes die Gunst des Herrschers erlangt hat.

Dass man den Menschen an seiner Kleidung erkennt, erzählt unter anderem *Die Geschichte von dem Fischer Chalifa*: | Alsdann nahm er sein Netz auf die Schulter und ging weiter, bis er nach Baghdad zurückkam. Wie er dort durch die Straßen schritt, sahen die Leute das Gewand des Kalifen an ihm und starrten ihm nach ... Als der Schneider den Fischer Chalifa sah, angetan mit einem Gewande, das tausend Dinare wert war und das zu den Kleidern des Kalifen gehörte, rief er: »He, Chalifa, woher hast du dies Gewand?« | (Li, 5, 528)

Wahrscheinlich lag hier der eigentliche Grund für die Freude des Kalifen am Verkleiden. Wenn ein neues Kleid eine neue Person bedeutete, dann machte es natürlich ganz besonderen Spaß, nachts durch die Straßen der Stadt zu schlendern im Wissen, dass kein Mensch den Kalifen erkennen würde, solange er die Kleidung eines Kaufmanns trug.

Schimmernde Seide, fließende Brokate, feiner Damast

Um die verzaubernde Wirkung von Kleidern und Stoffen einschätzen zu können, muss man die besonders exquisiten wenigstens einmal, wenn auch nur verbal, angesehen und befühlt haben.

Die mit echten Goldfäden gewebten und bestickten Brokatstoffe zeigten einen unnachahmlichen Glanz. Jeder Schritt und jede Körperdrehung verwandelten den goldenen Schimmer in ein glänzendes Fließen, weil bei den hochwerti-

Luxuriöse Badestelzen für den Hammam aus dem 19. Jahrhundert. Auf dem Plateauabsatz aus Ebenholz gelangte die Dame auch auf feuchtem Untergrund trockenen Fußes von einer Verwöhnstation zur nächsten.

Joseph-Marie Vien der Ältere (1716–1809) schuf dieses Bildnis einer perlen- und juwelengeschmückten Sultanin 1748. Sein Modell war der Künstler Louis Le Lorrain.

gen Brokaten die »Seele« des Goldfadens aus Seide bestand. Das heißt: um einen textilen Faden aus Seide herum wurde hauchdünnes Blattgold spiralig gewickelt. Diese besonders bieg- und anschmiegsame »Seele« ließ den Brokat viel feiner erscheinen und schöner fallen, als man das von heutigen Brokaten aus Metallfäden kennt. Chaizuran, die Mutter des Kalifen, wusste um solche textilen Zaubereien. Sie soll einmal

ein Stück Stoff für 50 000 Dinar gekauft haben. Goldfäden wurden jedoch nicht nur für Brokate verwendet. Man bestickte damit auch feine Wollstoffe oder Seide, die darüber hinaus gerne mit Perlen und Edelsteinen verziert wurden. Spezielle Webtechniken, die aus dem Fernen Osten importiert waren, erlaubten es sogar, Perlen und Edelsteine unter die Fäden zu mengen und so in den Stoff hineinzuweben.

Bei der Verarbeitung von Seide waren mehrere Techniken bekannt. Glatt gewebt wurde aus Seide Atlas – das Kalifenkleid, das der Fischer Chalifa trug, war aus Atlas –, mit eingewebten Mustern hieß der einfarbige Stoff Damast, nach seinem Herkunftsort Damaskus.

Auch feine, vorwiegend aus Baumwolle bestehende Musselinstoffe aus der Stadt Mosul wurden in Arabien schon getragen, als Europa noch ausschließlich in Wolle und Leinen ging. Die vielen Worte für Textilien, die aus dem Arabischen und Persischen in die europäischen Sprachen übernommen wurden, weisen auf die hohe Bedeutung hin, die den Stoffen in der damaligen islamischen Gesellschaft beigemessen wurde. »Mohair« zum Beispiel leitet sich ab vom arabischen Wort *mukhayyar*, »das Auserlesene«. Der Begriff »Taft« stammt von dem persischen Verb *taftan*, »spinnen«, und »Organdy«, der feine Batist aus Baumwolle, der verwandt ist mit dem transparenten, schillernden, immer aus Seide gefertigten Organza, hat seinen Namen von der Stadt Urgench in Zentralasien.

Nicht nur verschiedene Stoffe, Muster und Stickereien brachten Abwechslung in den Modealltag der Vornehmen, auch die Farben waren eine Augenweide. [Er blickte in ihr Gesicht, da strahlte ihm ein helles Licht entgegen, das über dem Kleid aus rotem Atlas noch strahlender leuchtete ... Dann zogen sie ihr das Kleid aus und legten ihr ein blaues Gewand an, in dem sie dem aufgehenden Vollmond glich ..., da war sie, wie es die feinsinnigen Leute mit folgenden Versen beschrieben: In einem blauen Kleid kam näher sie, / Blau wie der Himmel und wie Lapislazuli. / Ich sah in ihrem Kleid den Sommermond, / Der kalten Winternächten warmes Licht verlieh / ... Nun zogen sie ihr ein anderes Kleid an und ließen ihr fülliges Haar wie einen Schleier darüberfallen. Als sie ihr das vierte Brautkleid angelegt hatten, trat sie hervor wie die aufgehende Sonne. ... In ihrem fünften Brautkleid sah sie aus wie ein unberührtes junges Mädchen ... Dann zeigten sie die Braut in ihrem sechsten Festgewand, einem grünen Brautkleid ... Ihr wiegender, geschmeidiger Körper spottete den biegsamsten Zweigen, ... ja, es war, als hätte ein Dichter sie beschrieben mit folgenden Worten: ... Sie kam in einem grünen Kleid, das sie so schön ver-

hüllte, / Wie Blätter es verbergen, wenn Granatäpfel blühen. / Wir fragten dieses Mädchen: »Sag, wie nennt man dieses Kleid?« / Da sagte sie ein schönes Wort und sprach es ohne Mühen: / »Schon viele Herzen brachen wir damit, drum nennen wir's: / Den Herzensbrecher aller Herzen, die in Liebe glühen.« | (Ott, 252 ff.)

Jedes Kleid erschuf seine Trägerin neu – als Sonne, Mond, Edelstein, Weidenzweig und vieles andere. Indem die arabische Sprache mit ihrer Vorliebe und Eignung für die Poesie Kleidung und Schmuck in Worte fasste, gab sie mit jedem Vers den Anstoß zu einem neuen. Es ist fast so, als wollte das Arabische dichten und brauchte dazu den Überfluss, der bereits in der Sprache angelegt war und nach Objekten verlangte, die der Beschreibung wert waren.

Eine einzige Frau, sei sie auch noch so schön gewesen, hätte niemals ausgereicht. Deshalb brauchte sie ihre vielen Kleider, um immer anders auszusehen und sich immerzu zu verwandeln, sowie eine Fülle an Schmuck, Schals und Stickereien. Je mehr sie sich schmückte, desto mehr Schmückendes gab es über sie zu sagen.

Der Kleiderschrank des Kalifen

Ähnliches galt für den Mann, wenn auch die Verse, die ihn rühmten, weniger seine Schönheit als seine edle, vornehme Erscheinung priesen.

Harun ar-Raschid, der Kalif von Bagdad, liebte nicht nur in den Erzählungen aus Tausendundeine Nacht beides: Dichtkunst und Kleider. Es wird überliefert, dass auch der reale Herrscher von beidem niemals genug bekommen konnte. Er hinterließ in seinen Kleidertruhen 8000 Mäntel, 4000 goldbestickte Seidengewänder, 4000 Seidenkleider, die mit Zobel, Marder und anderen Pelzen verbrämt waren, 10 000 Kaftane, 2000 Hosen, 4000 Turbane, 1000 Kleider aus verschiedenen Stoffen, 1000 Kapuzenumhänge, 5000 Taschentücher, 1000 vergoldete Gürtel, 4000 Paar Schuhe, von denen die meisten mit Marder oder Zobel besetzt waren, 4000 Paar Strümpfe, 2000 Unterhosen, 4000 Turbane, 1000 Umschlagtücher, 5000 Kopftücher und 10 000 Hemden. Er hätte also etwa 30 Jahre lang täglich ein neues Hemd anziehen können, ohne ein einziges Mal waschen lassen zu müssen. Weiter gehörten zu seinem Nachlass 1000 armenische Teppiche, 4000 Wandbehänge, 5000 Polster, 5000 Kopfkissen, 1500 Seidenteppiche, 100 Seidendecken, 1000 Seidenpolster, 300 Teppiche aus Maysan, 1000 Teppiche aus Darabdjirid, 1000 Brokatkissen, 1000 gestreifte Seidenkissen, 1000 reine Seidenbehänge, 300 Brokatbehänge, 500 Teppiche, 1000 Kissen aus Tabaristan und 1000 kleine Kopfpolster.

Luxus, Übermaß, Verschwendung, Prasserei und Prahlerei – das sind Worte, die heute vorwiegend negativ besetzt sind. In der arabischen Sprache der Erzählungen aus Tausendundeine Nacht sind die vergleichbaren Worte viel schöner und wohl klingender, bezeichnen sie doch einen paradiesischen Zustand jenseits der Last des Alltags. Luxus bedeutet hier die Freiheit von Sorgen, die Möglichkeit, sich großzügig und wohltätig zu erweisen, und die spürbare Nähe zum Paradies. Selbst der Koran verlangt niemals, sinnliche Freude zurückzuweisen. »Ihr Gläubigen! Erklärt nicht die guten Dinge, die Gott Euch erlaubt hat, für verboten!« (V, 87).

Ein gläubiger Muslim war deshalb immer auch ein großzügiger. In den Erzählungen aus Tausendundeine Nacht ist von solcher Großzügigkeit und Hilfsbereitschaft der Wohlhabenden oft die Rede: [Wir begaben uns alsbald zum Kalifen und taten ihm kund, deine Not habe dich so weit getrieben, daß dir nur noch die Demütigung des Bettelns geblieben. Er befahl uns sofort, dir aus dem Schatzhause tausendmaltausend Dirhems zu bringen. Wir sprachen zu ihm: »Er wird dies Geld seinen Gläubigern geben müssen, um damit seine Schulden zu bezahlen; wie kann er dann noch für seinen Unterhalt sorgen?« Da wies er dir nochmals dreihunderttausend Dirhems an; und ein jeder von uns läßt dir aus seinem eigenen Vermögen noch tausendmaltausend Dirhems bringen, so daß du jetzt im ganzen drei Millionen und dreimalhunderttausend Dirhems hast, durch die du deine Lage und deine Verhältnisse bessern kannst.] (Li, 3, 501)

Die Abbasiden und Barmakiden herrschten nach dem Prinzip des Universalreiches, das Wohlstand für alle anstrebte. Ein Goldenes Zeitalter lang funktionierte es beinahe, weil genügend Geld und Güter vorhanden waren. Die Ausweitung des Reiches nach Mohammeds Tod hatte reiche Beute gebracht, der Handel florierte und spülte Geld in die Staatskassen. Aber all das hätte nicht ausgereicht, um die prachtvolle Hofhaltung zu finanzieren, wenn nicht das einfache Volk der Steuerzahler gewesen wäre. Vor allem den Bauern war eine Steuerlast aufgebürdet, die unmöglich auf Dauer zu tragen war.

So stellte sich der
deutsche Orientmaler
Ferdinand Max Bredt
(1868–1921) die Königin
des Harems vor: drapiert
mit Schmuck, Schleier
und silberdurchwirkten
Stoffen.

Frauen

Prinzessinnen

Doch da alle zögerten, gab sie den Befehl: »So möge denn der unter euch, dessen Adel und hoher Stand ihn zu einer solchen Auszeichnung berechtigen, vor uns reiten und uns den Weg zeigen!« Nun erwiderten alle einmütig: »O Prinzessin der Schönen, unter uns ist keiner einer solchen Ehre würdig, und niemand darf es wagen, vor dir zu reiten.« Und als sie sah, daß keiner von ihnen den Vorrang oder das Recht der Führung beanspruchte, entschuldigte sie sich, indem sie sprach: »O ihr Herren, es kommt mir nach dem Rechte nicht zu, voranzureiten; doch da ihr es befehlt, so muß ich wohl gehorchen.« Dann ritt sie an die Spitze, und hinter ihr kamen ihre Brüder, und hinter denen die anderen. (Li, 5, 194)

Prinzessinnen, seien sie noch so schön, lieblich, anmutig und wohlerzogen, sind die geborenen Herrscherinnen. Am klarsten sagt das die *Geschichte des Königs Omar Ibn en-Numan und seiner Söhne Scharkan und Dau-el Makan und dessen, was ihnen widerfuhr an Merkwürdigkeiten und seltsamen Begebenheiten*, ein arabischer Ritterroman, der erst relativ spät in die Erzählungen aus Tausendundeine Nacht aufgenommen wurde.

Hier hat die Königstochter, die mit einem Kammerherrn verheiratet ist, das Recht, ihrem Mann Befehle zu erteilen, obwohl sie nach den Gesetzen des Koran eigentlich eine Stufe unter ihm steht. Aber ganz selbstverständlich sagt Prinzessin Nuzhat ez-Zaman zu ihrem Mann: [»Wir sind jetzt nahe bei unserer Heimat, und ich möchte allein bleiben mit meinem Bruder, damit wir uns miteinander erholen und genug voneinander haben, ehe wir unsere Stadt erreichen; denn wir sind lange Zeit getrennt gewesen.« »Es sei, wie ihr wünscht!«, erwiderte der Kammerherr. ... Da sprach Nuzhat ez-Zaman zu ihrem Gemahl: »Laß den Eunuchen kommen und befiehl ihm, daß er den Heizer bringe!« ... Daraufhin ließ der Kammerherr den Eunuchen kommen.] (Li, 1, 641 f.)

Diese Passage spiegelt beispielhaft die gesellschaftliche Realität, dass Töchtern aus Fürstenhäusern ein höherer Rang eingeräumt wurde als ihren Ehemännern, die durch die Heirat in der sozialen Hierarchie zwar aufstiegen, aber ihrer Frau untergeordnet blieben: [Nun war er gewiß, daß er der Schwiegersohn des Königs Omar Ibn en-Nu'man geworden war, und so sprach er bei sich selber: »Mein Geschick wird sein, daß ich Vizekönig werde in irgendeiner Provinz.«] (Li, 1, 641)

Ihre herausragende Position erhebt eine orientalische Prinzessin aus Tausendundeine Nacht

Ausdrucksvolles und detailreiches Porträt einer »echten« Prinzessin: Zinat Afza Begum starb 1710. Indische Miniatur, um 1760, von Aqil Khan.

Die Töchter Süleyman
Paschas in Kairo.
*Eine Farblithographie
von Joseph Heicke
(1811–1861).*

so weit über ihren Mann, dass dessen eigener sozialer Status keine Rolle spielt. Der Abstand zwischen Bettler und Kaufmann ist winzig im Vergleich zu dem, den beide zur Prinzessin einnehmen. Und da es sowieso keine Rolle spielt, ob ein Bettler oder Edelmann kommt, wartet die Königstochter, anders als ihre europäischen Standesgenossinnen im Märchen oder der Wirklichkeit, niemals auf einen vorbeikommenden Königssohn, sondern wählt den Mann, der ihr gefällt – und sei es der Schneidersohn Ala ed-Din oder der Schuhflicker Maruf. Weil keiner ihrer würdig ist, ist es nicht wichtig, wie weit er auf der sozialen Leiter von ihr entfernt ist, denn sie ist es ja, die ihn zu sich erhebt.

Ein Mann, der eine Prinzessin heiratet, bekommt sozusagen eine neue Identität. Ala ed-Din, der bereits reich ist, als er seine Königstochter ehelicht, adelt mit dem sozialen Aufstieg vom Schneidersohn zum Prinzessinnengemahl sein Vermögen. Umgekehrt wird der betrügerische Schuhflicker, der nur vorgibt, reich zu sein, mit der Eheschließung auch tatsächlich reich. Ein sozialer Aufstieg ohne finanziellen Zugewinn war undenkbar.

Glaubwürdig kann eine Prinzessin wie Budur, die in fernen Ländern auf der Suche nach ihrem Geliebten ist, sogar in die Rolle des Königs schlüpfen, ohne dass jemand Verdacht schöpft – so sehr liegt einer Prinzessin das Regieren im Blut. [Nun kamen die Emire und all

die Häuptlinge und Großen des Reiches zu ihr und wünschten ihr Glück zu ihrer Herrschaft; sie küßten den Boden vor ihr und flehten den Segen des Himmels auf sie herab. Sie aber schaute sie lächelnd an, gab ihnen Ehrengewänder, verlieh den Emiren und Großen des Reiches höhere Würden und größere Lehen und beschenkte die Truppen; da gewannen sie sie lieb, und alles Volk betete für eine lange Dauer ihrer Herrschaft, indem sie glaubten, sie sei ein Mann. Sie erteilte Gebote und Verbote, sprach Recht, befreite die Gefangenen und schaffte die Gebühren ab; so saß sie in der Regierungshalle, bis die Nacht einbrach.] (Li, 2, 449)

Dass die Vorstellung des Volkes von einem gerechten Herrscher von einer Prinzessin erfüllt wird, verwundert angesichts ihrer Fähigkeiten nicht. Denn auch in Kriegszeiten stünde eine Prinzessin ihren Mann. [Und sie rief dem Jüngling zu: »Wie steht es mit dir? Ist dir dein Herz bereit zu Kampf und Schlacht und Streit?« Doch er rief ihr zu: »Ach, ich stehe so fest auf dem Kampfesfeld, wie ein Pflock in der Kleie sich hält!« ... Als Marjam hörte, wie Nur ed-Din diese Worte sprach und solche dichterischen Ergüsse verbrach, da erwehrte sich ihr Angesicht eines herzlichen Lächelns nicht. Und sie sprach: »Mein lieber Herr Nur ed-Din, bleib, wo du bist, ich will dich vor ihrem Unheil bewahren, und wären sie auch zahlreich wie der Sand am Meere!« Doch sie hielt sich sofort kampfbereit und tummelte sich auf dem Rücken ihres Renners; sie ließ die Zügel locker in der Hand und hielt ihre Lanze gegen die Lanzenspitzen der Feinde gewandt. Da stürmte der Hengst unter ihr gleich dem brausenden Winde vor, oder wie das Wasser spritzt aus einem Rohr.] (Li, 5, 743 f.)

Marjam, die fränkische Prinzessin, gewinnt den Kampf gegen Truppen, Brüder, Vater und einen Glauben, der ihr fremd geworden ist, weil die Christin inzwischen den Islam angenommen hat.

Prinzessinnen, so legen die Geschichten aus Tausendundeine Nacht nahe, können alles – und besser. Regieren und kämpfen, zaubern und entzaubern, voller Liebreiz mit eisernem Willen ihr Ziel verfolgen und in dem Moment Schleier und Vorhänge entschlossen beiseite schieben, wenn es nötig ist.

Ehefrauen

Sie sagte: »Alle Besitzer dieser Ringe haben mit mir geschlafen ... und das diesem gehörnten, dreckigen Ifrit zum Trotz, der mich in dieser Truhe eingesperrt und mit vier Schlössern eingeschlossen hat. In der Tiefe dieses wogenden, tosenden Meers, wo die Wellen aufeinanderschlagen, hält er mich gefangen und eingeschlossen, weil ich eine tugendhafte Jungfrau bleiben soll. Aber er wußte nicht, daß es das Schicksal anders wollte und nichts das Schicksal aufhalten kann. Wenn eine Frau etwas will, kann sich ihr niemand verweigern!« (Ott, 18 f.)

Die Geschichte von der Braut, die sich an dem Ifrit, der sie in der Hochzeitsnacht geraubt hat, rächt, indem sie ihn bei jeder Gelegenheit betrügt, steht ganz am Anfang der Erzählungen aus Tausendundeine Nacht. Sie ist Teil der Rahmenerzählung von den beiden Königen Schahriyar und Schahsaman, die von ihren Ehefrauen hintergangen wurden. Betrug und Rache setzen das Erzählwerk in Gang und sorgen dafür, dass der Fluss der Geschichten nicht aufhört.

Das Schicksal vieler orientalischer Frauen, die gegen ihren Willen verheiratet und um die eigenen Wünsche betrogen wurden, interessiert in Tausendundeine Nacht nur unter einem Aspekt: Was tun die Frauen, um trotzdem ans Ziel ihrer Wünsche zu gelangen? Und wie gelangen Liebhaber in die Nähe einer streng bewachten Frau? Kein Mann durfte eine ehrbare Frau ansprechen, die nur verschleiert und in Begleitung das Haus verlassen konnte. Da es keine Orte der Begegnung gab, wurden sie geschaffen. Listenreich, phantasievoll und oft durch die Vermittlung eines Dritten, meist einer älteren Frau.

Diese »tückische Alte« – oder besser: die lebenserfahrene, reife Frau – bekommt in Tausendundeine Nacht ihre Charakterrolle als Kupplerin. Sie ist das ideale Medium, weil sie mit Männern und Frauen unkontrolliert und ungestraft kommunizieren darf. Als alte Frau ist sie der Gefahr der Verführbarkeit nicht mehr

ausgesetzt und wird in ihrem Umgang nicht mehr kontrolliert. Von dieser Freiheit profitieren jetzt die Jungen, die sich aus guten Gründen der Alten anvertrauen: Sie ist erfahren im Umgang mit List und Betrug. Sie besitzt die notwendige Menschenkenntnis, um vorhersagen zu können, welche Reaktion sie mit bestimmten Handlungen hervorruft. Und sie ist eine Frau, die ihr eigenes Leben im Spiegel der jüngeren sieht. Deshalb steht sie immer auf der Seite der Liebenden – und der Dirhams, die sie für ihre Dienste erhält. Vor allem aber spielt sie die Rolle der Mittlerin, um das unendlich ergiebige Erzählthema der verbotenen Liebesfreuden in Gang zu bringen, das in Tausendundeine Nacht genüsslich ausgeschöpft wird.

[Es war einmal ein Kaufmann, der viel auf Reisen ging; der hatte eine schöne Frau, die er lieb hatte und um die er in eifersüchtiger Liebe besorgt war.] (Li, 4, 265) Schlimm, sehr schlimm ist eine solche Ausgangskonstellation für den Ehemann, dem während seiner Abwesenheit mit Sicherheit Hörner aufgesetzt werden. Nicht weniger schlimm ergeht es aber dem Ehemann, der von seiner Frau wirklich geliebt wird. Sofern sie schön und anmutig ist, wartet mit Sicherheit ein Liebhaber auf sie, der sich nicht so schnell abschütteln lässt: [Jene Frau war tugendhaft und keusch; und deshalb fand der Liebhaber keinen Zutritt zu ihr. Als ihm nun die Geduld ausging, ersann er eine List.] (Li, 4, 268 f.) Es

hilft auch nichts, wenn Ehemänner sich über die Gefahren im Klaren sind, die ihnen seitens einer schönen Ehefrau drohen: ⌊Es war einmal ein Kaufmann von Eifersucht gequält; der hatte eine schöne und anmutige Frau, und weil er so eifersüchtig um sie besorgt war, wollte er nicht mit ihr in der Stadt leben. Darum hatte er für sie draußen vor der Stadt eine einsame Burg ge-

baut, fern von allen anderen Gebäuden; die hatte hohe und feste Mauern, starke Türen und kunstvolle Schlösser. | (Li, 4, 313) Wer solche Anfänge liest, darf sich schon darauf freuen zu erfahren, auf welchem Weg diesmal der Liebhaber Zugang zu seiner Angebeteten findet.

Liebe und Betrug

Es gibt für eine Ehe keine größere Gefahr als eine schöne Ehefrau. Entweder sucht sie sich einen Liebhaber oder wird von ihm versucht – am Ende jedenfalls steht immer der Betrug. Nur wenige Frauen sind schön, tugendhaft und klug dazu wie die Gattin des Wesirs, die vom König begehrt wird. Den Herrscher darf niemand abweisen, deshalb lädt sie ihn zum Essen ein und setzt ihm 90 verschiedene Gerichte vor, die alle gleich schmecken. Auf seine verwunderte Frage nach dem Grund antwortet sie: | »Siehe, in deinem Schlosse sind 90 Odalisken, alle von verschiedener Art, aber ihr Geschmack ist der

gleiche.« | (Li, 4, 264) Der König versteht und verlässt geläutert das Haus.

Von solch rühmlichen Ausnahmen abgesehen, sind die Geschichten von Ehefrauen meist solche von Ehebrecherinnen. Vom umgekehrten Fall, dass eine Frau von ihrem Mann betrogen wird, wird so gut wie nie erzählt. Nicht, dass so etwas nicht vorgekommen wäre, es war vielmehr die Regel. Männer hatten das Recht, Nebenfrauen zu haben, und eine außereheliche Beziehung geriet nur dann zum erzählenswerten Betrug, wenn die Ehefrau Einwände hatte: | »Er ist mein Gatte; doch ich will dir erzählen, was mir mit ihm begegnet ist. Es begab sich eines Tages, daß wir miteinander in unserem Hofgarten saßen; da stand er plötzlich von meiner Seite auf und blieb eine lange Weile von mir fern. Schließlich wurde ich es müde, auf ihn zu warten, und da ich mir sagte, daß er wohl im Aborte sei, so begab ich mich zu dem stillen Örtchen, fand ihn aber nicht dort. Darauf ging ich in die Küche, und als ich dort eine Sklavin sah, fragte

Die Sultanin wählt die Favoritin für die Nacht aus, *Flämisches Gemälde, um 1700. Die imaginierte Szene aus dem Orient wurde nach europäischen Sehgewohnheiten gestaltet.*

ich sie nach ihm. Die zeigte ihn mir, wie er bei einer von den Küchenmägden lag. Nun schwor ich einen feierlichen Eid, ich wolle mit dem schmutzigsten und ekelhaftesten Manne Ehebruch treiben. Und an dem Tage, an dem der Eunuch dich festnahm, war ich schon vier Tage lang in der Stadt umhergezogen auf der Suche nach einem solchen Kerl; doch ich fand niemanden, der schmutziger und ekelhafter gewesen wäre als du.« | (Li, 3, 129)

Die Rache dieser feinen Dame bezieht sich nicht auf den Seitensprung an sich, sondern auf die soziale Fallhöhe, die damit verbunden ist. Indem sie mit dem Schlachthausreiniger schläft, vergilt sie Gleiches mit Gleichem. Sie erniedrigt sich, auf dass ihr Ehemann am eigenen Leib spürt, wie es ist, auf eine Stufe mit jemandem gestellt zu werden, der die Aborte reinigt.

Im Normalfall aber gilt: Männer betrügen nie, weil sie immer betrügen. Das ist ihr gutes Recht, aber es bekommt ihnen oft schlecht, weil sie keine Ahnung haben vom Ausmaß an List und Lust, mit dem Frauen sich holen, was ihnen verwehrt wird.

Die kühnsten Alpträume der Männer werden übertroffen, wenn eine Ehefrau nicht nur ihren Mann betrügt, sondern auch den Geliebten, wenn sie fünf Liebhaber gleichzeitig kommen lässt und sie nacheinander in Schränke sperrt, wenn sie sich heimlich mit schwarzen Sklaven trifft, den Gatten mit dem eigenen Diener betrügt, Zeugen raffiniert manipuliert – und das alles, ohne auch nur die kleinste Regung zu zeigen. Im Gegenteil: Das blitzschnelle Umkehren einer prekären Situation ist die besondere Stärke der Frauen in Tausendundeine Nacht, die den Männern damit klar machen, dass diese zwar das Sagen haben, Denken und Handeln aber in den Händen der Frauen liegen.

Das ist auch unter der Bedingung der Fall, dass Ehemänner den Betrug dulden und sogar unterstützen, weil es zu ihrem eigenen Vorteil geschieht. Natürlich soll er nur angetäuscht und keinesfalls ausgeführt werden, wie im Fall des Ehepaares, das einen Schneider umsonst für sich arbeiten lässt, weil die Frau ihm schöne Augen macht und eine andere Gegenleistung in Aussicht stellt.

Wie leicht ein solches Ränkespiel außer Kontrolle geraten kann, erfährt der weniger glückliche Badmeister erst, als es schon zu spät ist. Beim Entkleiden eines schönen Jünglings stellt er fest, dass dessen männlichstes Teil sehr unscheinbar geraten ist. Er spricht den jungen Mann darauf an, schlägt ihm vor, auszuprobieren, ob er sich damit überhaupt Frauen nähern kann und läuft auch gleich, um die eigene als Probandin zu bringen: [»Du sollst den Dinar am ehesten verdienen; uns kann daraus nichts Schlimmes erwachsen, ich werde deinen Ruf schützen. Setz dich nur eine Weile zu ihm und hab ihn zu besten und gewinne so diesen Dinar von ihm!«] (Li, 4, 290) Diese Geldgier wird sich rächen. Kaum finden die zwei in einem Kämmerchen zueinander, können sie nicht mehr voneinander lassen. Hilflos muss der Badmeister dem geräuschvollen Liebesspiel hinter der verschlossenen Tür zuhören und fleht die Frau schließlich um ihres Säuglings willen an herauszukommen. Aber sie lebt bereits nur noch für den Augenblick der Leidenschaft: [»Mein Kind will ich in seinen Tränen umkommen lassen; sonst mag es ohne Mutter als Waise aufwachsen!«] (Li, 4, 290)

Die Moral der Geschichte? Mehr noch als einen Liebhaber muss ein Ehemann das Begehren der eigenen Frau fürchten, deren Lust mindestens so groß ist wie ihre List.

Mädchen

Sie schaute durch die Öffnung eines messingenen Gitterfensters, nie haben meine Augen
eine schönere als sie geschaut, kurz, meine Worte können sie nicht beschreiben.
Als sie merkte, daß ich sie ansah, da steckte sie ihren Daumen in den Mund und
legte Mittelfinger und Zeigefinger zusammen auf ihren Busen zwischen die Brüste;
dann zog sie den Kopf zurück, schloß das Fenster und ging davon. In meinem Herzen
aber brach ein Feuer aus. (Li, 2, 28)

Wo ein Gitterfenster ist, ist auch ein Weg. Für ein Paar schwarze Augen, ein weißes Tuch, eine Hand, ein Lächeln, ein geheimes Zeichen. Wer aufschaut, ist schon verloren: [Wie ich nun zufällig meinen Blick hob, entdeckte ich ein Gitterfenster und hinter ihm eine Hand und ein Handgelenk, so schön, wie ich sie noch nie gesehen hatte. Bei diesem Anblick war ich wie von Sinnen, ich vergaß den Duft der Speisen um jener Hand und des Handgelenks willen.] (Li, 3, 321)

Dafür, dass sie hinter Gittern, Schleiern und Vorhängen verborgen werden, sind die jungen Mädchen und Damen aus Tausendundeine Nacht erstaunlich geschickt im Knüpfen von Kontakten. Das liegt unter anderem daran, dass sich diejenigen Vorrichtungen, die sie von der Außenwelt abschirmen sollen, auch hervorragend eignen als Einladungen hinein in die Privatsphäre.

Fenster und Stoffe stellen eine Grenze her und heben sie im gleichen Moment wieder auf: Das Fenster ist für Blicke heraus und hinein gemacht, der Schleier lässt sich kurz lüften, der Vorhang einen Spaltbreit beiseite schieben. Jede Bewegung bedeutet: Ich habe dich gesehen, sieh' her zu mir! Und weil immer die Möglichkeit besteht, dass diese beweglichen Mauern ein wenig ins Wanken geraten, ziehen sie Männerblicke magisch an. Wenn es ein Begehren gibt, dann liegt dort das Versprechen auf Erfüllung.

Folgerichtig dienen 1001 Nacht lang diese Schutzmechanismen dem Ausbruch von »mond-gleichen Maiden« aus ihren goldenen Käfigen. Wenn sie auch noch so gut »verwahrt« sind – sie wissen ganz genau, was zu tun und zu lassen ist, um einen Mann um den Verstand zu bringen: [»Kaum hatte ich eine Weile gesessen«, erzählt einer, »so tat sich gegenüber der Stelle, an der ich war, ein Fenster auf, und aus ihm schaute eine junge Dame, schön wie der volle Mond, wenn er am schönsten ist, noch nie in meinem Leben sah ich ihresgleichen. Sie hatte Blumen auf dem Fensterbrett und die begoß sie; dann wandte sie sich nach rechts und nach links, schloß das Fenster und ging hinweg. In meinem Herzen aber brannte plötzliches Feuer; meine Seele war von ihr gefangen.«] (Li, 1, 344) In seinem Kummer wendet sich der vom Blitz der Liebe Getroffene an eine alte Frau, die ihm Hilfe verspricht, aber auch davor warnt, dass das junge Mädchen nicht irgendwer ist, sondern [die Tochter des Kadis von Baghdad, der sie in strenger Abgeschlossenheit hält] (Li, 1, 345).

Dieser Mann, der beim Blick durchs Fenster einen Gegenblick erhascht, teilt sein Schicksal der Liebe mit vielen. [Als er den Kopf hob, erblickte er in der Dachluke des Hauses gegenüber eine Frau, so schön wie der aufgehende Vollmond. Sie stand dort und beobachtete die Leute. Sobald er sie gesehen hatte, brach in seinem Herzen Feuer aus. Er saß den Rest des Tages mit hochgerecktem Kopf da und starrte auf das Fenster. ... Als er am dritten Tag an seinem Platz saß und die Frau ihn anblickte, gelang es ihm,

Fenster wie dieses in Marrakesch besitzen eine geradezu magische Wirkung. Sie ziehen Blicke an, schicken erwidernde zurück und augenblicklich beginnt eine neue Liebesgeschichte aus Tausendundeine Nacht.

ihrem Blick standzuhalten und sie lange anzuschauen. Sie lachte ihm ins Gesicht, und er lachte ihr ebenfalls zu. Dann verschwand sie und schickte ihre Dienerin zu ihm ...] (Ott, 383 f.)

Wie intensiv sich die Kontaktaufnahme der jungen Damen gestaltet, hängt von ihrem Temperament und ihrem tatsächlichen Vorhaben ab. Die stumme Sprache der Liebe hat viele Codes, die nur entziffert werden müssen, wie es die junge Aziza für ihren Vetter tut. Das Zitat ganz oben übersetzt sie so: [»Daß sie den Daumen in den Mund steckte, bedeutet, du seist bei ihr so viel wert wie ihre Seele im Vergleich zu ihrem

Leibe, und sie sei fest entschlossen, sich mit dir zu vereinen ... Dadurch aber, daß sie die beiden Finger auf ihren Busen zwischen die Brüste legte, will sie dir sagen: Komm nach zwei Tagen hierher, auf dass mein Leid bei deinem Anblick weiche!«] (Li, 2, 31)

Es gibt aber auch junge Mädchen, die den geraden Weg bevorzugen: [Nun entdeckte ich plötzlich etwas, das aus einem jener Häuser herunterhing. Ich betastete es, um zu erfahren, was es sei, und da erkannte ich, daß es ein großer Korb war, der vier Henkel hatte und mit Brokat gefüttert war. Nun sprach ich bei mir selber:

»Das muß einen besonderen Grund haben«, und ich wußte nicht recht, was ich tun sollte. Aber die Trunkenheit verleitete mich dazu, daß ich mich hineinsetzte; und plötzlich zogen mich die Leute des Hauses hinauf ... und ehe ich mich dessen versah, wurden plötzlich von der einen Seite des Raumes die Vorhänge weggezogen und Mädchen schritten einher, die Wachskerzen und Räucherfäßchen aus sumatranischem Aloeholz trugen; unter ihnen war eine Maid, die dem aufgehenden Vollmonde glich.] (Li, 3, 115 f.)

Den Korb hat die Tochter des Wesirs aus dem Fenster gehängt. Ob diese freche Geste ihr erlaubt ist, weil sie von höherem Stand ist als die anderen? Ob ihr herausforderndes Wesen unterstreichen soll? Ob ihr mehr als anderen erlaubt ist, weil sie auch im Haus von vielen Sklavinnen geschützt ist? Was sie sich herausnehmen können und welches Zeichen welche Botschaft bedeutet, wissen wohl nur die Mädchen und ihre potentiellen Liebhaber. Denn manchmal genügt schon das Lüften des Schleiers, um weitgehende Versprechungen zu machen: [Da

wandte sie mir ihr Gesicht zu, lüftete den Schleier, und ich warf einen Blick auf sie, dem zur Strafe gleich ein Seufzer folgte, denn nun war ich nicht mehr Herr meines Verstandes. Dann ließ sie das Gitter vor ihren Augen wieder herab, nahm den Stoff und wandte sich mit den Worten: »Erlaube, mein Herr – ach, du wirst mir fehlen!« zum Gehen.] (Ott, 314 f.)

Der kontrollierte Flirt

Dass die »holden Maiden« offensive Verführerinnen sind, steht nur scheinbar im Gegensatz zu ihrer strengen Bewachung. Denn in Wahrheit werden sie nicht von Gitterfenstern, Schleiern und Vorhängen geschützt, sondern vom religiösen Recht des Islam. So steht es auch in der *Geschichte der Liebe von Abu Isa zu Kurrat el-Ain*: [Die Huris (Jungfrauen im Paradies, d.V.) und edelen Frauen fürchten kein übel Gerede, / Gleichwie die Gazellen von Mekka, das unverletzliche Wild. / Nach ihren schmeichelnden Worten hielte man sie für Dirnen; / Doch schüt-

Ausfahrt der Haremsdamen unter strenger Bewachung. *Der Holzschnitt (Ende 19. Jahrhundert) zeigt eine europäische Szene in orientalischem Gewand.*

zet sie der Islam, daß ihnen kein häßlich Wort gilt. | (Li, 3, 572)

Tatsächlich schützte das islamische Recht Frauen und auch Männer vor Verführungen, indem es bestimmte Liebesverhältnisse nicht als private, sondern öffentliche Angelegenheiten behandelte. Da die Unzucht als Delikt im Koran benannt und mit einem bestimmten Strafmaß belegt ist – nach Sure 24,2 sollen beide, der Mann und die Frau, öffentlich hundert Peitschenhiebe erhalten – bedeutete eine Liebesbeziehung unter Umständen einen Rechtsbruch, der Strafe nach sich zog.

In seinem Buch über das islamische Recht weist Mathias Rohe darauf hin, dass sich bei diesem Delikt im Lauf der Zeit unterschiedliche Ansichten und Rechtsfolgen herausgebildet haben. Die Kombination von Koranstellen und Hadithen, also mündlichen Überlieferungen von Aussagen des Propheten, führte dazu, dass zwischen der Unzucht unverheirateter und verheirateter Personen unterschieden wurde. Ein strafmündiger Verheirateter musste mit dem Tod durch Steinigung rechnen. Ein solches Urteil wurde jedoch, so Rohe, seit der Frühzeit des Islam nicht mehr gefällt. Ein Richter, der im späten 17. Jahrhundert eine von vier Zeugen belastete Ehebrecherin steinigen ließ, wurde sofort abgesetzt. Als Beispiel einer anderen Strafpraxis zitiert Rohe einen Bericht aus dem Aleppo des 17. Jahrhunderts, nach dem »Huren und Ehebrecher« zusammengebunden auf einen Esel gesetzt wurden. Man drückte der Frau den Schwanz des Esels in die Hand, häufte die Eingeweide von Schafen auf beider Köpfe und führte sie so durch die Stadt.

Bevor es allerdings zu einer Anklage kam, mussten vier Zeugen bestätigen, dass der Vorwurf gerechtfertigt war. Ohne Zeugen gab es auch keine Klage. Diese wichtige Rolle der Zeugen erklärt, warum in den Erzählungen aus Tausendundeine Nacht die widerrechtlich Liebenden so unbedingt auf Verschwiegenheit achteten. In der Öffentlichkeit durfte es kein Anzeichen eines sich anbahnenden Verhältnisses geben. Deshalb brauchten Verliebte alte Frauen als Kupplerinnen, benutzten eine heimliche Sprache der Liebe, deren Zeichen nur Eingeweihte verstanden, und achteten auf kleinste Signale des Einverständnisses, die nur von denen wahrgenommen wurden, die gemeint waren. Denn der schlimmste Feind der Liebe war nicht, wie im Abendland, der Betrug, sondern der Verrat.

Von Rechts wegen geregelt waren nicht nur die Beziehungen zwischen freien Männern und Frauen, sondern auch die zwischen einem Mann und einer Sklavin. Rigoros geahndet wurden Liebesbeziehungen zu einer Sklavin, die dem Mann nicht gehörte. Vom Ausmaß der Furcht erzählt die ergreifende Geschichte von *Ghanim Ibn Aijub, dem verstörten Sklaven der Liebe*, der sich in eine Odaliske des Kalifen verliebt und von ihr wiedergeliebt wird.

Die Androhung von Strafe und öffentlicher Ächtung war weit wirkungsvoller als jeder Versuch seitens der Familie oder des Ehemannes, Töchter und Frauen vor Verführungen zu beschützen. Unter dem mächtigen Schutz des islamischen Rechts konnten Mädchen hemmungslos flirten, ohne sich bedrängt zu fühlen, und alle Tricks und Raffinessen, die sie als spätere Ehefrauen brauchten, unbeschadet am lebenden Objekt studieren.

Männern blieb nichts anderes übrig, als sich der Ohnmacht ihrer Liebe zu fügen oder aufbegehrend in eine jener prekären Situationen zu schlittern, von denen die Geschichten aus Tausendundeine Nacht so genüsslich berichten.

Sklavinnen

Es ist mir berichtet worden, o glücklicher König, daß die Sklavin, als ihr Blick auf Ali Schar
fiel, ihn anschaute mit einem Blick, der ließ tausend Seufzer in ihr zurück. Ihr Herz
ward von ihm gefangengenommen; denn er war wunderbar schön und lieblicher als des
Nordwindes Wehn. Und so sprach sie zu dem Makler: »Ich will keinem anderen verkauft
werden als diesem ...« Darauf sagte ihr Besitzer zu ihm: »Verkaufe sie dem, den sie will!«
Nun trat der Makler zu Ali Schar, küßte ihm die Hände und sprach zu ihm: »Mein Gebieter,
kaufe diese Sklavin; denn sie hat dich erwählt!« Und er nannte ihm alle ihre Eigenschaften
und Kenntnisse und fügte noch hinzu: »Glück dir, wenn du sie kaufst!« (Li, 3, 215ff.)

In der *Geschichte von Ali Schar und Zumurrud* wählt die Sklavin nicht nur ihren Herren aus, sondern bestimmt auch selbst ihren
Kaufpreis – [»mein Gebieter, so kaufe mich
denn um neunhundert!«] – und zahlt für sich
zuletzt aus eigener Tasche: [Als sie erfuhr, daß
er nichts besaß, sagte sie zu ihm: »Nimm mich
an der Hand in eine Seitengasse, als ob du mich
untersuchen wolltest!« Das tat er, und da zog sie
aus ihrem Busen einen Beutel mit tausend Dinaren hervor und sprach: »Wäge davon neunhundert als Kaufpreis für mich ab.«] (Li, 3, 218)

Dafür, dass Sklavinnen unfreie Frauen sind,
treten sie in Tausendundeine Nacht erstaunlich
selbstbewusst und entschieden auf. Zumurrud

ist eine von vielen, die mit hohen Ansprü-
chen an ihren künftigen Herren auf dem
Sklavenmarkt erscheinen und genau wissen,
wie viel sie ihrem Käufer wert sind.

Sie können ihre Schönheit, Klugheit und
Ausbildung selbst einschätzen und haben gelernt, sich mit den Augen der Männer zu
betrachten, die offensichtlich alle denselben
Frauentypus bevorzugen, wie ihn Zumurrud
oder die Sklavin Marjam darstellen. [Sie war
wie reines Silber, weicher als Seide und zarter
als der Fettschwanz des Schafes, sichtbarer als
ein Panier und schöner als unter Kamelen das
rote Tier; fünf Fuß hoch war ihre Gestalt, ihre
Brüste waren fest geballt; die Brauen geschweift

Ein Kauf für den
Harem, *Giulio Rosati
(1858–1917). Schamvoll
bedeckt die unbekleide-
te Schöne die Augen,
während der Käufer sie
taxiert – eine Geste,
in der die bürgerliche
Moralvorstellung des
19. Jahrhunderts zum
Ausdruck kommt.*

Tanzen, Singen und Musizieren sind in Tausendundeine Nacht nichts Überflüssiges, sondern lebensnotwendig: [Sobald sie sang, da konnten die Tauben wieder hören, / Und »Danke!« rief ein jeder, der vorher stumm gewesen.] (Ott, 539)

Selbstbewusste Frauen

Schöne Sklavinnen, so lässt sich daraus schließen, werden als Mätressen gehandelt und schätzen diese Dienste weit höher ein als Hausarbeit. Wegen dieser intimen Nähe zu ihrem Herrn achtet Marjam besonders auf das Aussehen ihres Zukünftigen und lehnt auch den nächsten Kaufmann ab: [»Mit grauem Barte schließ ich wahrlich keinen Bund! Stopft man im Leben schon mir Watte in den Mund?«] (Li, 5, 661) Den dritten fragt sie geradeaus: [»Gibt es in deinem Hause Kissen, die mit Abfällen von Hermelinpelzen gestopft sind?« »Jawohl, du Herrin der Schönen«, antwortete er ihr, »ich habe zehn Kissen im Hause, die mit Abfällen von Hermelinpelzen gestopft sind. Doch sage mir um Allahs Willen, was willst du mit diesen Kissen tun?« Sie fuhr fort: »Ich will warten, bis du schläfst, und sie dir dann auf Mund und Nase drücken, bis du erstickst.«] (Li, 5, 664 f.) Damit ist auch der verprellt, der ihr zu kurz geraten ist, mit zu großer Nase und zu langem Bart. Schließlich kommt noch einer, den sie bucklig nennt, ein weiterer, der ihr triefäugig erscheint, und einer mit so langem Bart, dass er einem Widder gleicht, [dem der Schwanz aus dem Hals wächst]. (Li, 5, 666)

Sie alle weist Marjam ab, und der Spott, den sie über die Männer ergießt, erinnert an die Prinzessin im Märchen von König Drosselbart. Aber während diese abendländische Schöne für ihren Hochmut so lange büßen muss, bis sie begriffen hat, dass ein Mann ein Mann ist, gleich wie er aussieht, und sie nicht das Recht hat, sich über ihn lustig zu machen, wird eine orientalische Sklavin, die das gleiche tut, weder bestraft noch ermahnt. Nein, sie bekommt am Ende dieser Schmähreden schließlich den Mann, den sie sich aussucht.

Als Gegenleistung wird sie für ihren Herrn kochen, das Essen servieren, ihn beim Wein unterhalten, die Laute spielen, mit ihm tändeln und ihn schließlich ihre Schönheit genießen lassen. Während er schläft, fertigt sie kostbare Handarbeiten wie Gürtel oder silber- und golddurchwirkte Vorhänge an, die der Mann am folgenden Tag auf dem Basar verkauft, um mit dem Erlös den gemeinsamen Lebensunterhalt zu bestreiten.

gleich den Bogen, von denen die Pfeile schnellen, ihre Augen gleich den Augen der Gazellen; die Wangen schienen Anemonen zu sein, der Rumpf war zart und fein; der Leib voll kleiner Falten, der Nabel konnte eine Unze von Behennußöl enthalten; und ihre Schenkel waren weich, zwei Kissen aus Straußendaunen gleich; doch dazwischen lag, was keine Zunge zu schildern vermag.] (Li, 5, 673)

Um eine solche Sklavin beginnt schnell ein reger Handel unter den Kaufleuten, und der Preis steigt innerhalb kurzer Zeit von 100 Dinaren auf 950. Der Makler fragt ihren Besitzer, ob er den Zuschlag geben soll und erhält zur Antwort: [»Ist sie damit einverstanden? Ich möchte auf ihre Wünsche Rücksicht nehmen ...« »Frage sie, und wenn sie einwilligt, so verkaufe sie dem, den sie wünscht; doch wenn sie nein sagt, so verkaufe sie nicht!«] (Li, 5, 659)

Das folgende »Nein« der Schönen wird von der Geschichte genüsslich in die Länge gezogen, obwohl – oder weil – ihre Einwände in Männerohren wenig schmeichelhaft geklungen haben werden. Dem ersten Interessenten, einem alten Kaufmann, rezitiert sie aus dem Stegreif Verse über seinen »Stab des Elends« und sagt klar und deutlich, zu welchen Diensten sie sich berufen fühlt: [»Und dann würde ich zu einer bloßen Dienstmagd; aber es schickt sich nicht für mich, daß ich mich mit niederem Dienst beschmutze.«] (Li, 5, 660)

Den Erzählungen aus Tausendundeine Nacht zufolge bekam man für 1000 Dinare eine beeindruckend schöne Sklavin, die eine Auswahl an Versen im Gedächtnis hatte, in der Lage war, den Koran auf sieben verschiedene Weisen vorzutragen, die heilige Überlieferung nach den richtigen Texten herzusagen wusste und die sieben Schriftarten beherrschte (Li, 3, 217).

Was konnte dann eine Sklavin bieten, die 10 000 Dinare kostete? Die Antwort steht in der *Geschichte von der Sklavin Tawaddud.* Diese war ein 14-jähriges Mädchen, dessen überragende Schönheit mit ähnlichen Worten beschrieben wird wie die der Sklavinnen Zumurrud und Marjam. Sie alle haben [nicht ihresgleichen an Schönheit und Vollkommenheit und an des Wuchses Ebenmäßigkeit] (Li, 3, 628). Im Unterschied zu den beiden anderen, die ihren Preis selbst auf 1000 Dinare taxieren, setzt Tawaddud für sich aber einen weit höheren Preis an: [»Mein Gebieter, führe mich zum Beherrscher der Gläubigen Harun ar-Raschid, dem fünften Kalifen aus dem Geschlechte der Abbasiden, und verlange von ihm als Preis für mich zehntausend Dinare!« ... Und sie fügte noch hinzu: »Hüte dich, mein Gebieter, mich für einen geringeren Preis zu verkaufen, als ich dir gesagt habe; denn der ist noch niedrig für meinesgleichen.«] (Li, 3, 630 f.)

Obwohl ihr Herr ihren Wert nicht kennt, weil er zu ungebildet ist, bringt er sie wunschgemäß zum Kalifen. Dieser weiß, was er für 10 000 Dinare erwarten kann, und fragt als Erstes nach den Wissenschaften, die sie beherrscht. [Sie erwiderte: »Mein Gebieter, ich kenne die Grammatik, die Dichtkunst, die Rechtswissenschaft, die Auslegung der Heiligen Schrift und die Sprachkunde; ferner bin ich bewandert in der Tonkunst, der Pflichtenlehre, der Rechenkunst in allen ihren Zweigen, der Erdmessung und den Geschichten der Alten. Ich kenne auch den erhabenen Koran und habe ihn nach den sieben, den zehn und den vierzehn Lesarten gelesen. Ich weiß die Zahl der Suren und der Verse und der Abschnitte, auch die seiner Halbteile, Viertel, Achtel und Zehntel; und ebenso weiß ich, wie viele Niederwerfungen zum Gebet und wie viele Buchstaben in ihm vorkommen, welche Stellen aufgehoben werden und wodurch das geschieht, welche Su-

ren in Mekka, welche in Medina offenbart wurden und welches die Anlässe der Offenbarungen waren. Ferner kenne ich die heilige Tradition nach ihrem Inhalte und auch ihre Überlieferung durch die Gewährsmänner; ich weiß, was von ihr auf den Propheten zurückgeht und was nicht so sicher beglaubigt ist. Ich habe mich umgesehen in den exakten Wissenschaften, in der Geometrie, in der Philosophie, der Heilkunde, der Logik, der Synonymik und der Metonymik. Ja, ich habe viel Wissen in mir aufgespeichert, und ich liebe die Dichtkunst leidenschaftlich. Ich schlage die Laute und weiß genau, wann zum Spiel gesungen wird und wann die Saiten erklingen und ruhen müssen. Wenn ich singe und tanze, verführe ich die Herzen; doch bin ich geschmückt und mit Spezereien gesalbt, so bringe ich tödliche Liebesschmerzen. Kurz, ich habe einen solchen Gipfel der Vollkommenheit erreicht, daß nur die Meister der Wissenschaften ihn würdigen können.«] (Li, 3, 631 f.)

Tawaddud behauptet von sich selbst, ein Universalgenie zu sein und stellt das bei den nun folgenden Prüfungen unter Beweis. Sie weiß mehr als alle Spezialisten der verschiedenen

Jean Jules Antoine Lecomte du Noüy (1842–1923), L'esclave blanche (»Die weiße Sklavin«), 1888. Die selbstbewusste Sklavin, wie sie auch in Tausendundeine Nacht beschrieben wird, in der Pose der Herrin: müßig, lasziv, von dunkelhäutigen Dienerinnen umgeben.

Wissenschaftsdisziplinen, sodass der Kalif, der dem verbalen Schlagabtausch mit Entzücken gefolgt ist, ihrem Herrn das Zehnfache des genannten Preises auszahlen lässt. Der Besitzer erhält 100 000 Dinare, aber auch Tawaddud selbst darf sich eine Gnade vom Kalifen erbitten. Und was kann sich eine so perfekte Sklavin anderes wünschen, als ihrem Herrn, der sie gerade verkauft hat, zurückgegeben zu werden? Die Bitte wird erfüllt, darüber hinaus bekommt sie 5000 Dinare geschenkt. Ihr Besitzer dagegen behält nicht nur die 100 000 Dinare, sondern wird vom Kalifen zu seinem Tischgenossen auf Lebenszeit ernannt.

Ob der Kalif seine Freude haben wird an dem Gesellschafter, der seiner Sklavin nicht im Entferntesten das Wasser reichen kann, sei dahingestellt.

Schön und klug

Sklavinnen für 10 000 und mehr Dinare wurden erzogen und ausgebildet für die Großen des Reiches. In der *Geschichte von der Sklavin Anis al-Dschalis und Nuraddin Ibn Chakan* sagt der König zu seinem Wesir: [»Ich will eine Sklavin haben, wie es keine schönere, bessere und klügere in unserer Zeit gibt. Sie soll vollkommen sein in ihrer Schönheit und ungetrübt in ihrer Vollkommenheit!« – »O König der Zeit«, gaben die Minister und obersten Berater zu bedenken, »eine solche Sklavin kostet mindestens zehntausend Dinar.« Da brüllte der Sultan seinen Schatzmeister an: »Gib dem Fadl Ibn Chakan zehntausend Dinar!«] (Ott, 497) Nach langem Suchen findet der Wesir endlich eine Sklavin, die diese Forderungen erfüllt, und fragt den Händler nach dem Preis. [»Mein Herr«, antwortete der, »sie hätte bereits mit Leichtigkeit zehntausend Dinar einbringen können. Aber ihr Besitzer schwört, daß die Summe von zehntausend Dinar nicht einmal den Preis für die vielen Küken, die sie verspeist, und den Wein, den sie getrunken hat, erbringt, auch nicht für die Kleider, die ihr Lehrmeister als Lohn bekommen hat. Sie hat Kalligraphie, Rhetorik, arabische Philologie, Koranauslegung, Grammatik, Medizin und Juristerei studiert und kann alle Musikinstrumente spielen.«] (Ott, 498 f.)

Alle »teuren« Sklavinnen mussten schön sein, das war die Grundvoraussetzung. Danach stieg der Preis mit dem Grad ihrer Ausbildung. Die besten und teuersten waren die »Wissenschaftlerinnen« unter ihnen, die Jura, Mathematik, Medizin, Theologie und Sprachwissenschaften studiert hatten.

Das wiederum lässt Rückschlüsse auf die Funktion dieser jungen Frauen zu und die Art der Gesellschaft, die ihre Besitzer wünschten. Die vielseitig gebildete und vollendet erzogene Sklavin feierte im 8. und 9. Jahrhundert an den Höfen der Großen des Landes glänzende Erfolge. Ihre repräsentative Funktion nahm in dem Maß zu, wie die freie Frau aus der Öffentlichkeit ausgeschlossen wurde. Nicht die Ehefrau und nicht die Tochter, sondern die Sklavin war die Unterhalterin an der Seite ihres Herrn, sie durfte sich auf den Abendgesellschaften zeigen und bewundern lassen, sie führte die klugen und anregenden Gespräche, die von diesen Abenden in Erinnerung blieben, während die freie und ehrbare Frau im heimischen Harem blieb und sich vor der Öffentlichkeit hinter Vorhängen und Schleiern verbergen musste.

Sklavinnen waren Kostbarkeiten und wurden als solche gehandelt: In der *Geschichte von Mohammed el-Amin und Dscha'far Ibn Musa*, beide verwandt mit dem Kalifen, entführt der eine die Sklavin des anderen und lässt als Gegenleistung das Boot des vormaligen Besitzers mit Silbergeld und Goldstücken, Juwelen und Rubinen sowie prächtigen Gewändern füllen, dazu 1000 Beuteln mit je 1000 Dirhems und 1000 Perlen, von denen jede 20 000 Dirhems wert war, und vielen andern Kostbarkeiten, [bis die Bootsleute um Hilfe schrien] (Li, 3, 499).

Trotz dieser ungeheuren Wertschätzung soll das letzte Wort eine andere haben, die nicht mit Gold aufzuwiegen ist. Die klügste, beste, vielseitigste und treueste Sklavin in den Erzählungen aus Tausendundeine Nacht heißt Mardschana. Sie kann alles gleichzeitig: einen Haushalt führen und Verbrecher überlisten, schauspielern und ihren Herrn versorgen, Fleischbrühe kochen und nebenbei 40 Räuber töten, Erotik versprühen und tanzend einem Mörder zuvorkommen. In allen 1001 Nächten gibt es keine, die ihr das Wasser reichen könnte.

Haremsdamen

Im Palaste des Beherrschers der Gläubigen el-Mutawakkil ala-llah waren vierhundert Nebenfrauen, darunter zweihundert Griechinnen und zweihundert Einheimische von unfreien Eltern und Abessinierinnen. Und dazu schenkte ihm Ubaid Ibn Tahir noch vierhundert andere Mädchen, zweihundert weiße und zweihundert Abessinierinnen und einheimische Mulattinnen. Unter diesen letzteren befand sich eine Sklavin aus Basra, des Namens Mahbuba. (Li, 3, 339)

800 Frauen für einen Mann: Solche Textstellen aus Tausendundeine Nacht weckten das Begehren wohl aller europäischen Männer. Der Harem wurde zur abendländischen Zentralphantasie von männlicher Potenz und weiblicher Willfährigkeit, Lüsternheit und Sinnlichkeit, von Müßiggang und Überfluss. Europäische Männer schwelgten in Vorstellungen, die sich von der Realität umso weiter entfernten, je weniger überprüfbar sie waren, denn ihnen blieb der Zutritt verwehrt.

»Haram« bedeutet »verboten«, und der Harem war Inbegriff einer absolut verbotenen Welt. Die Privatgemächer des Herrschers, in denen seine Frauen, Sklavinnen und Kinder lebten, manchmal auch die Schwestern und die Mutter des Machthabers, durften von keinem Mann außer ihm selbst betreten werden. Dieser »weibliche Raum« war streng von der Außenwelt abgeschlossen.

Doch Verbote rufen seit jeher Phantasien der Übertretung hervor. In den Erzählungen aus Tausendundeine Nacht und auch in europäischen Märchen wie etwa in dem von Dornröschen ist das Motiv der verschlossenen Tür die Garantie dafür, dass sie geöffnet wird. In Bezug auf den Harem drang mit dem imaginären Öffnen der Tür eine Bilderflut ein, die sich zu Männerphantasien von einem erotischen Schlaraffenland verdichteten.

Woher kam diese Bilderflut? Sie wurde zunächst gespeist aus Versatzstücken der Wirklichkeit: Die schiere Größe mancher Harems war ohne Zweifel atemberaubend: Während Harun ar-Raschid mit etwa 200 Frauen noch einen recht kleinen Harem unterhielt, lebten im Istanbuler Topkapi-Palast mehr als 2000 Frauen auf 15 000 Quadratmetern unter der Herrschaft der Sultansmutter.

Alle für einen, einer für alle. In diesem Motto steckte für den Abendländer wahre Herrschergröße, die um so dominanter erschien, als die vielen Frauen von Eunuchen bedient und be-

Roxelane und der Sultan, *Gemälde von Anton Hickel (1750–1798). Der mächtigste und von christlichen Herrschern gefürchtetste Mann des 16. Jahrhunderts war der osmanische Sultan Suleiman II., dessen Leidenschaft für die fröhliche, rothaarige Roxelane ein Leben lang anhielt.*

Geschosswohnungsbau im Inneren: Manche Herrscher hielten sich einen derart großen Harem, dass die Gemächer der Damen nur Platz fanden, wenn sie auf mehreren Ebenen übereinander lagen.

Raphael Ambros (1854–1895), Der Haremswächter. Eunuchen bedienten und beaufsichtigten die Haremsdamen. Weil in islamischen Gesellschaften die Kastration abgelehnt wurde, kaufte man solche Haremswächter meist auf Sklavenmärkten.

wacht wurden. Als krasse Gegenfigur zum omnipotenten Herrscher wurde der kastrierte Mann einerseits als negativer Verstärker des Harembesitzers wahrgenommen, andererseits als Phantasie der Strafe: War die Haremsdame der libidinöse Inhalt der Männerphantasie, so personifizierte der Eunuch die Männerängste, die ebenfalls mit diesem verbotenen Ort verbunden waren. Haremsdamen und Eunuchen bedeuteten in der europäischen Phantasie immer zwei Seiten einer Medaille, die »Begehren« und »Furcht« hießen.

Die Furcht bezog sich unter einem doppelten Aspekt auf den Eunuchen: Da die Kastration in islamischen Ländern abgelehnt wurde und auch die Geschichten aus Tausendundeine Nacht von ihr nur unter dem Aspekt der Strafe erzählen, stammten die meisten Eunuchen aus nichtislamischen Völkern und Kulturen. Viele von ihnen wurden auf Sklavenmärkten eingekauft. Der »kastrierte Negersklave« als zweifach entmannter Mann, der weder Herr über sich selbst noch Herr seiner Wünsche war, stellte eines der grausamsten vorstellbaren exotischen Bilder dar.

»Orient« erleben. Höhepunkte solcher Schauen waren »150 Beduinen auf echtem Wüstensand«, gezeigt während der Ägyptischen Ausstellung in Hamburg, Frankfurt und Berlin im Jahr 1890 sowie die »Vorführung eines ächt arabischen Harems«, der 1896 in Tunesien eingekauft und dann im Berliner Passage-Panopticum einem begeisterten Publikum präsentiert wurde.

Künstler, vor allem die »Orientalisten«, fanden im Motiv der Haremsdame die Möglichkeit, erotische Träume auf die Leinwand zu projizieren. Jean-Léon Gérôme, Théodore Chassériau und Gustave Moreau entwickelten aus europäischen

Jean Auguste Dominique Ingres (1780–1867), Das Türkische Bad (1862). Was europäische Männer immer haben wollten, aber nie bekamen: Haremsdamen, wie Ingres sie malte. Ohne Hülle, aber in Fülle.

Nicht zufällig hat die europäische Unterhaltungskultur bis ins 20. Jahrhundert hinein diesen Schrecken durch Gelächter oder Verharmlosung zu bannen versucht. In dem Stummfilm *Sumurun* von Ernst Lubitsch mit Pola Negri in der Hauptrolle werden feiste, träge Eunuchen von den Haremsdamen mit Äpfeln beworfen, in *Harem Sacrum* von 1965 dringt Elvis Presley singend in einen Harem ein, und die 1960er Jahre zeigen Angélique und den Sultan in einem erotischen Kontext, der die Macht und Gefahr von sexuellem Besitzanspruch hinter dem Schleier der Harmlosigkeit verbirgt.

Nur als gefahrloser Ort konnte der Harem zur lustvollen Phantasie werden und teilt so das Schicksal des gesamten Orients in der europäischen Wahrnehmung. Das »Morgenland« wurde erst nach dem Machtzerfall des Osmanischen Reiches im 17. Jahrhundert mit angenehmen Vorstellungen besetzt; erst zögerlich, doch dann immer forcierter. Ab dem 18. Jahrhundert war der Orient zum abendländischen Phantasie- und Faszinationsraum geworden. Der einst Furcht erregende Feind hatte sich in ein positives Wunschbild verwandelt, der Eunuch wurde zum niedlichen Mohrenpagen, die Haremsdame präsentierte sich in griechisch-römischer Pose, die Topographie geriet zur Kulisse.

Im 19. Jahrhundert erreichte die »Verkitschung« des Orients ihren Höhepunkt. Auf den beliebten Völkerschauen, die der Hamburger Tierhändler Carl Hagenbeck inszenierte, konnten die Besucher gegen ein Eintrittsgeld von 50 Pfennig den

Der Übersetzer im Harem

In der Mitte des 19. Jahrhunderts hielt sich Richard Burton, der Übersetzer von Tausendundeine Nacht, im Orient auf. Er sprach neben vielen anderen Sprachen perfekt Arabisch, kleidete sich meist in der Landestracht und genoss es sichtlich, sich unter Arabern wie ein Fisch im Wasser zu bewegen. Stolz erging er sich in Andeutungen, er habe sogar verbotene Einblicke in die Haremswelt gewagt und sich unsterblich verliebt. Damit nicht genug – Burton plante eine Entführung. Beim Versuch, die Dame seines Herzens zu rauben, verwechselte er in der Dunkelheit allerdings die Schlafgemächer, und als auf dem bereitgestellten Boot der Schleier fiel, erkannte er, dass er sich statt seiner Geliebten einer bereits sehr betagten Dame bemächtigt hatte.

Richard Burton als Scheich Adbullah. Der britische Offizier und „Skandal-Übersetzer" von Tausendundeine Nacht war ein exzellenter Arabienkenner und leidenschaftlicher Kostümierungskünstler.

Jean-Baptiste Vanmour (1671–1737) lebte ab 1699 in Konstantinopel. Hier entstand das Bild Türkisches Wöchnerinnenzimmer, *in dem sich die zeittypische Freude an der Darstellung exotischer Accessoires spiegelt.*

Vorstellungen, die auf antike Vorbilder zurückgingen, das Bild der verführerisch-lasziven orientalischen Frau ohne jeden Bezug zur Wirklichkeit.

Auch Reisen in den Orient wurden immer beliebter, der »ächte« Harem blieb jedoch verbotenes Terrain. Die einzigen, die den Traum mit der Wirklichkeit hätten vergleichen können, waren Frauen, die allein oder in Begleitung ihrer Männer in den Orient reisten. Es gibt zahlreiche Reiseberichte von solchen Frauen, die aber offenbar wenig Interesse daran hatten, das abendländisch-männliche Bild zu korrigieren. Obwohl sie als Frauen die Gelegenheit hatten, diese der Weiblichkeit vorbehaltenen Räume aufzusuchen und solche Möglichkeiten auch gerne wahrnahmen, blieben ihre Schilderungen andeutungsreich, wenn nicht aufreizend vage und allgemein. »Es giebt mir eine unglaubliche Satisfaction«, schrieb Ida Hahn-Hahn am

23. September 1843 ihrem Bruder, »daß ich Dir heut einmal von einem Ort erzählen kann, der Deinem Fuß ebenso unzugänglich ist, wie dem meinen jene zahlreichen sind, bei denen es heißt: ›Ma non le donne‹; – umso mehr, da auf diesem Ort viel interessantere Geheimnisse der Schönheit, der Liebe, der Leidenschaft zu vermuthen sind, als auf jenen.«

Schwesterliche Reizworte statt weiblicher Reize: So wie Ida Hahn kosteten viele in den Orient reisende Frauen ihr Privileg aus, ausnahmsweise mehr sehen zu dürfen als ein Mann und sich durch Besuche von Harems und Hammams ein »Herrschaftswissen« anzueignen, das sie sorgsam als das ihre bewahren wollten. Es war ihr Spiel um die Macht – wer möchte es ihnen verdenken …

So blieb der Harem eine unerlöste abendländische Männerphantasie: ein Ort, so unerreichbar wie das Paradies, nur viel, viel schöner.

Der arme Schuhflicker Maruf gibt sich zu Unrecht als reicher Mann aus. Kurz bevor er als Betrüger entlarvt wird, flieht er, findet einen Schatz samt dienstbarem Geist, kehrt reich in die Stadt zurück, wird ihr neuer König und lebt fortan in Luxus und Glück.

Schicksal und Glück

Das Los des Menschen

*Den einen nennen die Leute Sa'd, den anderen Sa'di. Sa'di war der Ansicht, daß
ohne Reichtum niemand in dieser Welt glücklich und unabhängig sein könne, und ferner,
daß ohne schwere Mühe und Arbeit und ohne Wachsamkeit und Weisheit es obendrein
unmöglich sei, reich zu werden. Sa'd aber war anderer Meinung und behauptete,
Wohlstand werde dem Menschen nur zuteil durch den Spruch des Schicksals und das Gebot
des Glückes und Geschickes. Sa'd war ein armer Mann, aber Sa'di hatte viel Geld
und Gut; doch zwischen ihnen entstand eine feste Freundschaft und eine herzliche Neigung
zueinander. Sie pflegten auch nie über etwas zu streiten, außer allein über dies:
nämlich darüber, daß Sa'di sich nur auf Überlegung und Vorbedacht verließ, Sa'd aber
auf das Verhängnis und des Menschen Los. (Li, 6, 274)*

In der *Geschichte von Chawadscha Hasan el-Habbal* beschließen die beiden Freunde Sa'di und Sa'd, ihre unterschiedlichen Theorien über die Entstehung des Reichtums im Experiment zu überprüfen und auf diese Weise herauszufinden, wer von ihnen Recht hat. Sie besuchen den armen Handwerker Chawadscha, der Seile dreht, um sich und seine Familie notdürftig versorgen zu können. Sa'di, der die Meinung vertritt, dass Reichtum das Ergebnis von Arbeit, Disziplin und Wissen ist, schenkt Chawadscha als Startkapital 200 Goldstücke mit der Aufforderung, sich ein besseres Leben zu erarbeiten.

Der venezianische Holzschnitt von 1513 zeigt arabische Astrologen mit ihren Messgeräten. In Tausendundeine Nacht sind auch Magie, Zauberei und das Vorhersagen der Zukunft erlernbare »Wissenschaften«.

Margaret Murray-Cookesley (1850–1927), Die Befragung des Orakels. *Ein Bild aus dem spirituellen Reich des Symbolismus, der sich u. a. auch von orientalischer bzw. orientalisch inspirierter Kunst beeinflussen ließ.*

Aber Chawadscha scheint vom Pech verfolgt zu sein. Er verliert das Geld ohne eigenes Verschulden, bekommt eine zweite Chance, aber auch dieses Geld kommt ihm abhanden. Es liegt auf der Hand, dass Sa'di glaubt, er habe das Geld verprasst, statt es sinnvoll anzulegen. Aus seiner Sicht hat das Experiment gezeigt, dass Reichtum nicht geschenkt, sondern nur aktiv erworben werden kann: [»Mir scheint, ich habe vierhundert Goldstücke nutzlos ausgegeben, indem ich sie dir schenkte.«] (Li, 6, 286) Doch der arme, gutherzige Sa'd gibt Chawadscha noch eine winzige dritte Chance und reicht ihm eine Münze, die er gerade auf der Straße gefunden hat. [»Siehst du dies Stückchen Blei? Nimm es, und durch die Gunst des Geschicks sollst du erfahren, welchen Segen es dir bringen wird.«] (Li, 6, 286)

Und wirklich wird diese kleine Münze durch die wunderbare Gunst des Schicksals zum Grundstock eines riesigen Vermögens. Sa'd hatte also Recht, als er behauptete: [»Weder Verstand noch Fleiß nützen einem irgend etwas, sondern allein das Schicksal macht es einem möglich, Reichtümer zu erwerben und zu bewahren. Elend und Mangel sind nur Zufälle, Überlegung ist nichts. Gar mancher Arme ist wohlhabend geworden durch die Gunst des Geschicks, und viele Reiche sind trotz ihrem Wissen und Wohlstand in Elend und an den Bettelstab geraten.«] (Li, 6, 275)

Ob ein Mensch Glück oder Unglück hat, liegt nicht in seiner Hand. Der Gold- und Pechregen wird über der Welt ausgeschüttet, und niemand kann vorausberechnen, wohin er fällt und wen er trifft.

In den Geschichten aus Tausendundeine Nacht sehen Astrologen zwar die Zukunft in den Sternen, doch ändern können sie sie nicht. Das Kind, dem sie eine glänzende Laufbahn voraussagen, gepaart mit persönlichem Glück, muss nur eine einzige unglückliche Sternenkonstellation in seinem 15. Lebensjahr überstehen. Der Vater, der seinen Sohn vor diesem angekündigten Schicksalsschlag beschützen will, beschließt, der Junge müsse zur fraglichen Zeit vom Erdboden verschwinden. Er lässt einen unterirdischen Raum bauen – und was passiert? Jemand beobachtet, wie Nahrungsmittel in die Höhle geschafft werden. Dieser Jemand ist völlig harmlos und gutmütig, aber sehr neugierig. Er geht nachsehen, steigt zum Verlies hinunter, klopft an, findet Einlass, man unterhält sich, isst miteinan-

Das Geld liegt auf der Straße, man muss es nur finden. Der Fotograf hatte Glück: 1999 begegnete ihm dieser Straßenhändler in Karatschi, Pakistan.

der – und da rutscht das Messer aus ... Das Schicksal ist unabänderlich und dem Menschen ab dem Tag seiner Geburt auf die Stirn geschrieben. Es ist sinnlos, einen anderen Weg einschlagen zu wollen als den vorherbestimmten.

Die Unbilden des Lebens werden in den Erzählungen aus Tausendundeine Nacht zwar versreich beklagt, aber bald darauf als unabänderlich hingenommen. Denn alles, was geschieht, ist im Buch des Schicksals niedergeschrieben und von Gott unterzeichnet.

Es ist eine unentrinnbare Welt, in der die Protagonisten aus Tausendundeine Nacht zu handeln versuchen. Was sie auch unternehmen – immer kommt etwas dazwischen. Aber dieses »Dazwischen« ist das eigentlich Spannende. Es ist gewiss, dass das Schicksal den Weg des Helden oder der Heldin kreuzen wird. Das Interessante dabei ist die Frage: Wann wird es geschehen, auf welche Weise, und wohin wird es führen? Denn die Pläne der Vorsehung sind immer verheißungsvoller und wunderbarer als die des Menschen. Von ihnen handelt Tausendundeine Nacht – Geschichten, die sich für ihre Figuren vor allem unter dem Aspekt interessieren, dass sie Handlungsträger sind. Wichtig ist nicht, was der Mensch ist oder tut, sondern was mit ihm geschieht.

Diese orientalische Philosophie des »Laissez-faire« hat sicherlich beigetragen zur Faszination des Abendlandes, wo der Mensch seit der Reformation und Aufklärung die Verantwortung tragen musste, seines eigenen Glückes Schmied zu sein. Wie entlastend schien dagegen die Vorstellung eines passiven Lebens, in dem die Dinge ohne eigenes Zutun ihren vorgesehenen Lauf nehmen, wo es gleichgültig ist, ob man den Tag arbeitend oder auf dem Diwan verbringt, weil der Lohn nicht davon abhängt, wie faul oder fleißig man ist.

Natürlich haben die Menschen zu allen Zeiten gearbeitet, weil ja niemand wusste, wann Gott seine Barmherzigkeit zeigen würde und ob die Kinder bis dahin vielleicht verhungert wären. Aber die großen Ereignisse, die dem Leben eine echte Wendung gaben, die lagen allein in der Hand Gottes. Armut oder Reichtum, Glück oder Unglück, Gesundheit oder Krankheit haben Tausendundeine Nacht lang nicht das Geringste mit dem Charakter, der Konstitution oder den Fähigkeiten des Menschen zu tun.

Daher rührt die »Ungerechtigkeit« mancher Geschichten wie der von *Abu Mohammed dem Faulpelz*, zu dem der Kalif Harun ar-Raschid seine Kaufleute schickt, weil nur dieser Faulpelz einen so großen Edelstein besitzt, wie die Kalifengattin Zubaida ihn sich wünscht. Als die Gesandten eintreffen und Mohammed inmitten eines unglaublichen Luxus antreffen, wollen sie wissen, woher er rührt, und Mohammed erzählt: In seiner Jugend war er so faul, dass er nicht einmal alleine aufstand. Eines Tages wurde er von seiner Mutter aus dem Bett geholt, um einen Bekannten zu verabschieden, der eine Seereise nach China unternahm. Für ein paar von der Mutter ersparte Dirhems sollte der Kaufmann aus dem fernen Land etwas mitbringen – und dieses Mitbringsel erwies sich als Quell allen Luxus.

Ohne Hast leben zu dürfen und sich dabei im Glück sonnen – das war fast eine Art Gegenprogramm zur europäischen Arbeitsethik, das in der Geschichte von dem *Schuhflicker Maruf* vorgestellt wird.

Vor seiner Frau Fatima, dem Scheusal, flüchtet er in eine weit entfernte Stadt und gibt sich als reicher Kaufmann aus, der vor seiner Karawane herreist. Bis zu ihrem vermeintlichen Eintreffen leiht er sich Geld, das er alsbald zurückzuzahlen verspricht, gibt es großzügig aus, leiht sich neues und vertröstet alle Schuldner auf seine schwer beladene Karawane, die bald eintreffen wird. Die Leute warten und werden mit der Zeit so unruhig, dass sie beim König Rat suchen, der selbst ein Opfer des Schuhflickers wird. Allein der Wesir durchschaut den Schwindler und warnt vergebens. Er wird des Neides und der Missgunst bezichtigt, weil der Schuhflicker inzwischen sogar die Tochter des Königs geheiratet hat, die eigentlich dem Wesir versprochen war. Doch eines Tages sind die Schatzkammern des Königs leer, die nicht existente Karawane immer noch unterwegs im Nirgendwo, und Maruf muss fliehen.

Bis hierher hätte die Geschichte für den abendländischen Leser eine nachvollziehbare Moral. Doch sie geht weiter: Auf der Flucht findet Maruf einen Schatz und einen dienstbaren Geist dazu, der ihm eine noch viel prächtigere Karawane zusammenstellt, als der Schuhflicker sie angekündigt hatte. Inmitten dieses Prunkzuges kehrt er als Ehrenmann zurück in die Stadt, die er betrogen hat. Der Wesir aber, der als einziger die Wahrheit ahnte und seinen Herren in treuer Loyalität warnte, wird hingerichtet, während der Schwindler und die Seinen das herrlichste Leben führen, »indem die Zeiten ihnen Freude machten und alle Wonnen ihnen lachten«. Dies ist das orientalische Ende der Geschichte, die bei all denen ein kleines Gefühl der Empörung zurücklässt, die von Kindesbeinen an gelernt haben, dass Lügen kurze Beine haben und Wahrheit und Gerechtigkeit untrennbar miteinander verbunden sind.

Schicksal und Glück, abendländisch interpretiert

»Aber du musst vor allem begreifen, junger Mann, dass die Dschinn die Hüter des gesamten Glücks im Universum sind. Sie sind die Wächter jener Angelegenheit, die man sich üblicherweise unter einer Chance vorstellt. Kurz gesagt: Die Chance als Quelle von Erfolg oder Misserfolg existiert als eine Macht im Universum, die ausschließlich von den Dschinn gesteuert werden kann ... Es ist nicht immer gut, wenn die Menschen das bekommen, was sie sich wünschen. Wie Mr und Mrs Barstool herausgefunden haben. Es kann sein, dass wir ihnen helfen wollen, aber manchmal – sogar meistens, um ehrlich zu sein – ist es besser, wenn sie sich ihren Wunsch durch eigene Anstrengung selbst erfüllen. Dann schätzen sie mehr, was sie bekommen haben.« (P. B. Kerr, Die Kinder des Dschinn. Das Akhenaten-Abenteuer, S. 111 ff.)

P. B. Kerr erzählt wunderbar spannend von einem Geschwisterpaar, das aus einer Mischehe zwischen einer Dschinn-Frau und einem ganz normalen Vater stammt und eines Tages Onkel Nimrod näher kennen lernt ...

*Dass eine Reise mit dem fliegenden Teppich
so ungemein bequem und komfortabel ist,
liegt an der Einbildungskraft der Maler und
Illustratoren, die meist mit dem Teppich das
halbe Wohnzimmer auf Reisen schicken –
zumindest die Sessel und Sofas, die auf ihm
stehen.*

Zauberhaftes

Der fliegende Teppich, das Elfenbeinrohr und der Zauberapfel

»Werter Herr, glaubst du, ich setze den Preis dieses Teppichs zu hoch an? Mein Herr
hat mir befohlen, ihn nicht für weniger als vierzigtausend Zechinen zu verkaufen!«
Da fuhr der Prinz fort: »Er muß doch irgendeine wunderbare Eigenschaft besitzen;
sonst würdest du nicht eine so ungeheure Summe verlangen!« »Es ist wahr, werter Herr«,
erwiderte der Makler, »seine Eigenschaften sind einzigartig und wundersam.
Wer auf diesem Teppich sitzt und in Gedanken den Wunsch ausspricht, in die Höhe
gehoben und an anderer Stätte niedergesetzt zu werden, der wird im Augenblicke
dorthin getragen, mag die Stätte in der Nähe sein oder auch viele Tagesreisen entfernt und
schwer zu erreichen.« (Li, 3, 12 f.)

»Märchen aus Tausendundeine Nacht« wird die Erzählsammlung aus dem Orient oft genannt, weil sich die bunt bebilderten, gerne für die Kinderbibliothek ausgewählten Geschichten und ihre Helden im Gedächtnis der Leser am tiefsten eingeprägt haben: Ali Baba und die vierzig Räuber, Ala ed-Din und die Wunderlampe, Sindbad der Seefahrer, der fliegende Teppich aus der *Geschichte von dem Prinzen Ahmed und der Fee Peri Banu* oder das fliegende Ebenholzpferd, die Dämonen, Geister, Zauberer, Meer- und Vogelfrauen und die unvorstellbaren Schätze, die sich mittels magischer Zeichen und Rituale offenbaren. Sie alle gehören zur Welt der Märchen oder, allgemeiner, zur Welt des Wunderbaren.

Es ist eine Welt, in der die Gesetze der Realität keine Gültigkeit haben. Wollte man erklären, was hier geschieht, müssten Naturgesetze neu erfunden werden. Das Wunderbare ist unbekannt, nie gesehen, es gehört in weit entfernte Welten oder in eine noch unfassbare Zukunft. Manches, was einst so erstaunlich wunderbar

war, dass es in eine scheinbar utopische Zukunft verwies, ist heute wirklich oder zumindest denkbar geworden.

[»Das ist ein leichtes Ding«, rief Prinz Husain, »mein Teppich wird uns im Augenblick an das Lager unserer Herzliebsten tragen. Setzt euch sofort mit mir auf ihn nieder, denn er hat Raum genug für uns drei; wir werden unverzüglich dorthin getragen werden, unsere Diener aber mögen uns folgen!« Da setzten die drei Prinzen sich auf den fliegenden Teppich, jeder sprach in Gedanken den Wunsch aus, bei dem Lager der Prinzessin Nur en-Nahar zu sein, und im Augenblick befanden sie sich in ihrem Gemache.] (Li, 3, 28)

Der fliegende Teppich ist Inbegriff der Faszination, die von Tausendundeine Nacht ausgeht, weil er ein Zeichen ist für die orientalische Kultur und Lebensart, die – aus europäischer Sicht – Phantastisches und Wunderbares einschließt.

Dazu gehört die Legende, König Salomo habe einen fliegenden Teppich besessen. Dieses Motiv ist in der Tradition der Salomongeschichten

Auf dem Orientteppich, der über dem Diwan ausgebreitet lag, reisten Professor Dr. Sigmund Freuds Patienten ins Reich der Träume und unbewussten Wünsche.

ebenso beliebt wie bekannt und wird auch in den Erzählungen aus Tausendundeine Nacht aufgegriffen. In der *Geschichte von der Messingstadt* heißt es: [Als Salomo, der Prophet Allahs, das hören mußte ... flog er mit seinen Heeren der Menschen und Geister auf dem Zauberteppich davon, während die Raubvögel ihm zu Häupten schwebten und die wilden Tiere unter dem Teppich dahineilten. Und alsbald landete er am Gestade jenes Königs, umringte seine Insel und erfüllte die ganze Erde mit seinen Heerscharen.] (Li, 4, 228 f.)

Der fliegende Teppich vereint die Wirklichkeit des Orients mit den Phantasien über ihn. Sein weicher Flor wird zur Projektionsfläche von Wünschen. Allein oder zu zweit auf einem kostbaren weichen Lager liegen, dem Irdischen enthoben, über allem schwebend, kraft eines einzigen Gedankens in der Lage, sich über Naturgesetze zu erheben, in Bewegungslosigkeit verharren und trotzdem blitzschnell vorankommen, im Besitz übernatürlicher Kräfte sein – das sind Wünsche, die jeder Mensch kennt: das Schulkind, das morgens nicht aufstehen will und sich ein Bett auf Rollen wünscht, das es in die Schule bringt; der Schriftsteller, der seinen angezogenen Körper auf die Straße schickt, während er selbst im Bett liegen bleibt; der Romantiker, der sich mit seiner Liebsten in eine Sternennacht träumt; der Physiker, der sich als Herr über die Naturgesetze imaginiert; der Faulpelz, der wünscht, dass sich die Dinge von selbst erledigen. Sie alle stellen Archetypen menschlichen Wünschens dar, die der fliegende Teppich in einem Bild wiedergibt, das gleichzeitig orientalisch wie universal ist.

Im Wissen darum bediente sich auch der größte Experte des Wünschens, der Wiener Arzt und Psychoanalytiker Sigmund Freud, des Orientteppichs, um seine Patienten zum Aussprechen ihrer Wünsche zu bewegen. Die berühmte Couch – Freud selbst bezeichnete sein wertvollstes Möbel stets mit dem persischen Wort »Diwan« – war mit einem Orientteppich bedeckt, auf den sich die Patienten legten, um Zugang zu ihren geheimsten Wünschen zu erhalten. Von hier aus traten sie ihre Reise in die Höhen und Tiefen des Unbewussten an, zurück in die Kindheit oder andere Orte von Bedeutung, wie es in der Erzählung aus Tausendundeine Nacht heißt: [Wer ... in Gedanken den Wunsch ausspricht, in die Höhe gehoben und an anderer Stätte niedergesetzt zu werden, der wird im Augenblicke dorthin getragen, mag die Stätte in der Nähe sein oder auch viele Tagesreisen entfernt und schwer zu erreichen.] (Li, 3, 13)

Ob Diwan oder Teppich – was zum Versinken in weichen Polstern oder gar zum Liegen einlädt, birgt gleichermaßen Gefahren wie Reize. Es verleiht der wünschenden Seele Macht und schwächt die Kontrolle und das Bewusstsein des Körpers, der in wohliger Passivität verharrt.

Einfuhrverbot für fliegende Teppiche

Dass mit dem fliegenden Teppich mehr Wünsche verknüpft sind als der, schnell und bequem zu reisen, legt neben Freuds Motiv der Teppichwahl auch ein denkwürdiges Verbot nahe. Ausgerechnet in der von Zauberern bevölkerten Welt Harry Potters gilt ein striktes Einfuhrverbot für fliegende Teppiche, für das Arthur Weasley verantwortlich ist, der als Beauftragter des Zaubereiministeriums im Dauerkonflikt mit dem Teppichhändler Ali Bashir liegt. Für Arthur Weasley, der dafür zu sorgen hat, dass mit Gegenständen aus der Menschenwelt – sogenannten »Muggelartefakten« – kein Missbrauch getrieben wird, ist der Sachverhalt eindeutig. Teppiche sind Menschenwerk, fliegende Teppiche ergo verhextes Menschenwerk und deshalb zu verbieten. Der Teppichhändler Ali Bashir sieht die Dinge aus einer ganz anderen Perspektive. Ihn interessiert allein die Marktlücke, die seine fliegenden Teppiche als komfortable Familienfahrzeuge ausfüllen könnten. Erstaunlich ist nun, dass zwei weitere Angestellte des Zaubereiministeriums eher auf Ali Bashirs Seite stehen als auf Mr. Weasleys. Beschwichtigend meint der eine, fliegende Teppiche würden in Großbritannien die Besen ohnehin nie verdrängen können. Und der andere schwärmt gar von dem alten Perser seines Vaters, auf dem zwölf Personen Platz hatten.

Dass Arthur Weasley bei seinem kompromisslosen »Nein« bleibt, obwohl die Vorschriften offensichtlich Spielraum für Auslegungen lassen, hat tiefer liegende Gründe: Immerhin ist er nicht nur Ministeriumsmitarbeiter, sondern auch Vater von sieben Internatsschülern und fürchtet den Disziplin- wie Kontrollverlust, den fliegende Teppiche mit sich bringen. Schülergruppen, womöglich gar gemischte, die sich lasziv auf einem Teppich räkeln und dabei im Wortsinn aller Kontrolle enthoben sind – das ist ein Albtraum für das Selbstverständnis jedes englischen Internates.

Großbritannien und Hogwarts blieben dank Arthur Weasleys Intervention zwar frei von fliegenden Teppichen, aber in Harvard galt das Verbot nicht. Im Dezember 2007 berichteten sowohl der *Berliner Tagesspiegel* wie auch der *Spiegel*, dass der in Harvard lehrende indische Mathematiker Lakshminarayanan Mahadevan die Funktionsweise von fliegenden Teppichen erforscht habe.

Mahadevan und sein Team untersuchten anfangs etwas ganz anderes. Sie wollten wissen, wie sich Folien in Flüssigkeiten bewegen, und beobachteten, dass sie, in Schwingungen versetzt, Auftrieb bekommen und sich vorwärts bewegen können. Das Gleiche müsste auch in der Luft funktionieren, folgerte das Team. Gelänge es, eine Folie in sehr schnelle Schwingungen zu versetzen, könnte sie in der Luft schweben, weil ständig ein Druck nach unten ausgeübt würde. Nach diesem Prinzip könnten auch Teppiche zum Fliegen gebracht werden. Forschungsmagazine wie *Science*, *Physical Review Letters* und *Nature* berichteten über die Entdeckung. »Es ist keine reine Phantasie mehr«, schrieb *Nature*-Autor Philip Ball.

Das Wunderbare, wie anfangs gesagt, steht im Widerspruch zu den bekannten Naturgesetzen.

Um es zu erklären und in die reale Welt zu integrieren, müssten neue Naturgesetze formuliert oder neue Techniken erfunden werden. Für den fliegenden Teppich sind die Weichen in die Realität gestellt. Noch ist die Technik nicht ausgereift, aber theoretisch fliegt der Teppich – in völliger Übereinstimmung mit den Naturgesetzen.

Ein frühes »Google Earth«

In der *Geschichte von dem Prinzen Ahmed und der Fee Peri Banu* ist der fliegende Teppich nur eines von drei Wunderdingen, die von drei Prinzen nach Hause gebracht werden sollen. Der älteste der Brüder, Prinz Husain, hat den Teppich in Indien gefunden. Der zweitälteste, Prinz Ali, ist nach Schiras in Iran gereist. Auf dem Basar fällt ihm ein Mann auf, der für ein Rohr aus Elfenbein einen ungeheuer hohen Preis verlangt und ihn auch rechtfertigt: [»Schau dir dies Elfenbein gut an: ich will dir seine Eigenschaften erklären! Du siehst, daß es an beiden Enden mit einem Stück Glas versehen ist; wenn du nun das eine Ende davon an dein Auge legst, so kannst du alles sehen, was du nur wünschest, und es wird nah bei dir erscheinen, mag es auch viele hundert Meilen von dir entfernt sein.« Der Prinz gab zur Antwort: »Das geht über alles Verständnis hinaus; ich kann es auch noch nicht für wahr halten, bis ich es erprobt und mich davon überzeugt habe, daß es sich so verhält, wie du sagst.« Darauf legte der Makler das kleine Rohr in Prinz Alis Hand, und indem er ihm zeigte, wie er es handhaben müsse, sprach er: »Was du nur immer wahrzunehmen wünschest, wird sich dir zeigen, wenn du durch dies Elfenbein schaust.« Prinz Ali wünschte stillschweigend seinen Vater zu sehen, und sowie er das Rohr dicht vor sein Auge hielt, sah er ihn frisch und froh auf seinem Throne sitzen, wie er dem Volk seines Landes Recht sprach.] (Li, 3, 21)

Das Beispiel des Elfenbeinrohres zeigt sehr schön, wie wandelbar das Wunderbare ist. Als die Geschichte von Prinz Ahmed erzählt und aufgeschrieben wurde, gehörte das Elfenbeinrohr – wie auch der fliegende Teppich – zu den Dingen, die unerklärlich waren, weil sie über das Wissen der damaligen Zeit hinausgingen: [Der Prinz war über die Maßen erstaunt, wie er dies seltsame und wunderbare Schauspiel sah, und er sprach bei sich selber: »Wenn ich auch die ganze Welt zehn Jahre lang oder noch länger in all ihren Ecken und Winkeln durchsuche, werde ich doch nie ein so selten und kostbar Ding wie dies Elfenbeinrohr finden.« | (Li, 3, 22)

Ganz ähnlich wie Prinz Ahmed reagierte im Jahr 1608 Prinz Moritz von Oranien auf die neue Erfindung, die ihm der Brillenschleifer Johannes Lipperhey präsentierte. Sein Interesse war jedoch weniger vom Wunsch nach einem lieben Vater oder der schönen Prinzessin geleitet, sondern hatte handfeste militärische Gründe. Der Brillenschleifer Lipperhey erklärte, – so wie der Verkäufer des Elfenbeinrohrs aus Tausendundeine Nacht – dass man mit seinen Gläsern »Dinge, die drei oder vier Meilen entfernt sind«, sehen könne, »als wären sie nur 100 Schritte vor uns«. Vom Turm in Den Haag aus sehe man »die Uhr von Delft und die Fenster der Kirche zu Leiden, obwohl diese doch 1½ und 3½ Wegstunden entfernt« seien.

Das »Wunderding«, das in den Erzählungen aus Tausendundeine Nacht die Welt um ein geheimnisvolles, rätselhaftes Accessoire bereichert hatte, machte eben diese Welt im frühen 17. Jahrhundert kleiner und geheimnisloser. Freund und Feind rückten zusammen, schauten sich in die Karten, und sogar der Himmel entpuppte sich auf Erden als Enttäuschung. Beim Blick durchs Fernrohr sah man nichts vom erhofften »Äther«. Stattdessen die Berge und Täler des Mondes sowie eine befleckte Sonne – um die herum sich die Erde bewegte! Das Fernrohr ermöglichte die bittere Einsicht, dass der Mensch nicht im Zentrum des Weltgeschehens steht.

Galileo Galilei, der zu den frühen Gelehrten zählt, die unabhängig voneinander ihre ersten Entdeckungen durch das Fernrohr machten, wurde für diese Erkenntnis vor die Inquisition gebracht. Aber es half nichts: Das Wunderding hatte die Welt und den Menschen entzaubert, auch wenn es eine Weile dauerte, bevor es offiziell bekannt gegeben werden durfte: Erst im Jahr 1992 gab der Vatikan zu, sich damals geirrt zu haben und rehabilitierte Galileo Galilei post mortem.

Der erfüllte Menschheitstraum

Wie steht es nun mit dem dritten Wunderding in den Erzählungen aus Tausendundeine Nacht? Der jüngste der drei Prinzen ist nach Samarkand gereist und begegnet dort einem Makler, der einen Apfel zu einem so hohen Preis anbietet, dass sich wieder die Frage nach seinen geheimen Kräften und Eigenschaften stellt, die der Verkäufer bereitwillig beantwortet: | Wenn irgendein Mensch an einer Krankheit leidet, mag sie auch noch so schwer sein, ja noch mehr, wenn er schon dem Tode nahe ist, und wenn er dann nur an diesem Apfel riecht, so wird er sich alsbald erholen, er wird gesund und geheilt von jeglicher Krankheit, die ihn plagte. | (Li, 3, 23 f.)

Ein Apfel – mit oder ohne Zauberkraft – ist immer mehr als nur ein Apfel. In westlichen Mythen und Märchen führt sein verlockender Anblick und Duft regelmäßig Katastrophen herbei. Ohne ihn gäbe es weder den Sündenfall noch den Trojanischen Krieg oder ein (fast) totes Schneewittchen. Viel Böses geschieht in seinem Namen: malum.

Im östlichen Kulturkreis bedeutet der Apfel das genaue Gegenteil. Seit mythischen Zeiten gilt er hier als Symbol reinen Glücks und erfolgreichen Strebens. Nicht zufällig hat jener alte Mann aus der Geschichte von Prinz Ahmed seine | Mischung von unendlich vielen Arzneien aus Kräutern und Mineralien | (Li, 3, 24) in die Form eines Apfels gebracht. Der Zauberapfel erfüllt, was der ganz normale Apfel vom Baum versprochen hat: Glück. Das Glück, von jeder Krankheit geheilt werden zu können, als Lohn für erfolgreiches Streben und Forschen.

Dass der alte Menschheitstraum von einer Welt ohne Krankheit und Siechtum wahr wird, konnte man sich zu Zeiten von Tausendundeine Nacht nur als Wunder vorstellen. Somit sind die wundersamsten und seltsamsten Dinge der damaligen Welt im Lauf der Jahrhunderte denkbar oder wahr gewordene Techniken, Instrumente und Substanzen. Wunder waren sie nur deshalb, weil sie ihrer Zeit weit voraus waren.

Das Ebenholzpferd

*Den ganzen Tag über stieg das Pferd hinab; denn als es aufgestiegen war, hatte es
sich weit von der Erde entfernt. Dabei wandte der Prinz den Kopf des Pferdes beim Abstieg,
wie es ihm beliebte; bald flog er abwärts, bald stieg er wieder auf, ganz wie er wollte.
Und als er mit dem Pferde alles erreicht hatte, was er wünschte, da näherte er sich mit ihm
der Oberfläche der Erde, und er schaute nach, was für Länder und Städte dort waren,
die er noch nicht kannte. (Li, 3, 353)*

Die Geschichte vom Ebenholzpferd ist eine merkwürdige Parallelgeschichte zu der von *Prinz Ahmed und der Fee Peri Banu.* Beide Texte sind erst mit der Übersetzung von Galland in die Sammlung aus Tausendundeine Nacht gekommen. Arabische Handschriften der beiden märchenhaften Erzählungen stammen aus der Zeit nach Galland, könnten demnach auch Rückübersetzungen aus dem Französischen sein.

Während in der Geschichte von Prinz Ahmed der fliegende Teppich bis auf König Salomo zurückgeht, der als ein Prophet Gottes verehrt wird, stellt das Ebenholzpferd die Verbindung zu Mohammed her, der auf seinem fliegenden Pferd Buraq in den siebten Himmel aufstieg, in dem die Engel wohnen. Aus eben diesem Himmel war Jahre vorher der Erzengel Gabriel niedergefahren mit einer Schriftrolle und dem Befehl, diese Rolle zu entziffern. »Lies!« hatte er zu Mohammed gesagt, »lies im Namen deines Herrn, der alles erschaffen hat!« Und Mohammed, der Nomade, der nicht lesen konnte, wurde erleuchtet und kehrte auf Buraq zu den Engeln zurück, um ihren Botschaften und Kommentaren zu lauschen.

Das berühmte Pferd und der legendäre Teppich werden jeweils gemeinsam mit zwei anderen wunderbaren Dingen vorgestellt. Zum fliegenden Teppich gehören das Elfenbeinrohr und der Zauberapfel. Das Ebenholzpferd ist ebenfalls eines von drei Geschenken, die drei weise Männer einem König überreichen. Mit je-

der Gabe bewirbt sich einer der Männer um eine der drei Töchter des Königs. Der Erste bringt einen goldenen Pfau. [»Wisse«], sagt er, [»der Nutzen dieses Pfaus besteht darin, daß er jedes Mal, wenn eine Stunde der Nacht oder des Tages vergangen ist, mit seinen Flügeln schlägt und ruft.«] (Li, 3, 350) Der Zweite hat ein Horn aus Messing bei sich, das er mit folgenden Worten präsentiert: [»Wisse, wenn dies Horn auf das Stadttor gelegt wird, so ist es wie ein Wächter. Sooft ein Feind in die Stadt eindringt, ertönt das Horn wider ihn; dann wird er erkannt und ergriffen.«] (Li, 3, 351) Zuletzt spricht der Mann mit dem Pferd aus Elfenbein und Ebenholz: [»Mein Gebieter, wisse, der Nutzen dieses Pferdes besteht darin, daß es einen jeden Menschen, der auf ihm reitet, in jedes Land bringt, wohin er nur will.«] (Li, 3, 351)

Der König prüft nun, ob die Geschenke auch halten, was sie versprechen. Für die Pfauenuhr bekommt der erste Mann eine Königstochter. Auch der automatische Wächter ist eine Prinzessin wert. Nun meldet sich der dritte der weisen Männer: [»O größter König unserer Zeit, gewähre auch mir die Gunst, die du meinen Gefährten erwiesen hast!«] Doch der König erwiderte: »Zuerst muß ich das, was du mir gebracht hast, erproben.« In dem Augenblicke trat der Sohn des Königs vor und sprach: »Vater, ich möchte dies Pferd besteigen und erproben und seine Kraft prüfen.« »Mein lieber Sohn«, antwortete der König, »erprobe es, wie du willst!« Da bestieg der

rechts: Die Himmelfahrt des Propheten Mohammed, *Miniatur aus dem 16. Jahrhundert. Mohammed, umhüllt von der Flamme der Erleuchtung, sitzt auf dem fliegenden Pferd Buraq. Ihm voran schwebt der Erzengel Gabriel.*

In der Geschichte vom Ebenholzpferd *landet der Prinz mit dem fliegenden Pferd in der Nacht leise auf der Dachterrasse eines prächtigen Schlosses, in dem alle – zumindest fast alle – schlafen. Farbdruck nach einem Aquarell von Edmund Dulac (1882–1953).*

Landemechanismus? Und warum wünscht sich der Prinz, der voller Angst bemerkt, dass er immer höher in die Luft getragen wird, nicht einfach in das Land seines Vaters zurück? Darin besteht ja der Nutzen des Pferdes: dass es jeden dahin bringt, wohin er will.

Statt den Wunsch, zurückzukehren, einfach auszusprechen, macht sich der Prinz an der Pferdeapparatur zu schaffen: | Darauf begann er alle Glieder des Pferdes genau zu betrachten, und während er so Umschau hielt, erblickte er etwas, das einem Hahnenkopfe gleichsah, auf dem rechten Bug des Pferdes, und ebenso auch auf dem linken Bug … Und er drehte den Knopf, der auf dem rechten Bug war; aber nun stieg das Pferd nur noch schneller mit ihm in den Luftraum empor. Sofort wandte er sich von ihm ab und blickte nach dem linken Bug; er schaute jenen anderen Knopf an und drehte ihn, und alsbald wandelten sich die Bewegungen des Pferdes. | (Li, 3, 352)

Was der Prinz mit dem Ebenholzpferd anstellt, war so nicht vorgesehen. Er greift ein in das Funktionieren der Wunschmaschine. Damit

Prinz das Pferd und drückte ihm seine Fersen in die Flanken, aber das Tier rührte sich nicht vom Fleck. Drum rief er: »O du Weiser, wo ist denn die Schnelligkeit des Pferdes, die du von ihm behauptest?« Der Weise trat zu dem Prinzen heran, zeigte ihm die Schraube für den Aufstieg und sprach zu ihm: »Dreh diesen Wirbel!« Als der Prinz das getan hatte, siehe, da bewegte das Pferd sich und flog mit dem Prinzen zu den Wolken des Himmels empor, und es flog immer weiter, bis es den Augen entschwand. | (Li, 3, 351 f.)

Die Geschichte vom Ebenholzpferd beginnt mit zwei Rätseln: Warum zeigt der weise Mann dem Prinzen nur den einen Wirbel, der das Pferd zum Fliegen bringt und verschweigt den

Zauberpferd. *Miniatur-
malerei aus Südindien,
frühes 17. Jahrhundert.
Der Pferdekörper ist be-
malt mit menschlichen
Körpern und Fragmenten
von Frauengesichtern,
die an Picassos Werke
erinnern.*

wird aus dem »User« ein »Programmierer«. | Da-
rüber ergrimmte der Weise gewaltig, und er be-
reute, was er getan hatte; denn nun wußte er,
daß der Prinz das Geheimnis des Pferdes und die
Art seines Fluges ergründet hatte. | (Li, 3, 366)

Indem er das Zauberpferd nicht, wie vorgesehen, gebraucht, sondern es beherrscht, begibt
sich der Prinz in Gefahren, die allen drohen, die
sich als Herren über ihre Wünsche fühlen.

Hier entfalten die Geschichten aus Tausendundeine Nacht ein Problembewusstsein, das in
der europäischen Literatur erst viele Jahrhunderte später als großes Thema der Romantik
entfaltet wird. Edgar Allan Poe, Mary Shelley,
E.T.A. Hoffmann und auch die Märchen sam-
melnden Brüder Grimm haben aufgeschrieben,
was zu geschehen pflegt, wenn Mensch und
Maschine aufeinandertreffen: Der Automat ent-
fremdet den Menschen sich selbst, da er nichts
anderes ist als »das Phantom unseres eigenen
Ichs, dessen innige Verwandtschaft und dessen
tiefe Einwirkung auf unser Gemüt uns in die
Hölle wirft oder in den Himmel verzückt«, wie
E.T.A. Hoffmann in seiner Novelle *Der Sand-
mann* schreibt.

Automatische Reaktionen

Auch der Prinz schwelgt in Allmachtsphanta-
sien, sobald er die Funktionsweise des Pferdes
beherrscht: | Sowie der Prinz dessen gewahr

wurde und nun die richtigen Kräfte des Pferdes
erkannte, ward sein Herz von hoher Freude erfüllt, und er dankte Allah dem Erhabenen für
die Gnade, die Er ihm erwiesen hatte, als Er ihn
vor dem Verderben behütete ... bald flog er abwärts, bald stieg er wieder auf, ganz wie er wollte. Und als er mit dem Pferde alles erreicht hatte,
was er sich wünschte, da näherte er sich mit ihm
der Oberfläche der Erde. | (Li, 3, 352 f.) Er ent-
deckt eine schöne Stadt und landet auf einer
Dachterrasse, die zum Palast einer Prinzessin gehört. Im Hochgefühl seiner Macht übertritt er
das Verbot, sich der Prinzessin zu nähern, und
beleidigt ihren Vater: | »Wahrlich, ich wundere
mich über dich und die Kürze deines Verstandes! Sag, kannst du dir für deine Tochter einen
besseren Gemahl wünschen als mich? Hast du je
einen gesehen, der mich überträfe an Herzens-
festigkeit, an Würde und Herrscherherrlich-
keit?« | (Li, 3, 359)

Da ist es, das Phantom des eigenen Ichs, dessen Größe und Bedeutung sich nur dem Pferd
verdankt, das auf der Dachterrasse steht, jeder-
zeit bereit zum Losfliegen. Mit dieser Sicherheit
im Rücken geht der Prinz noch einen Schritt
weiter und fordert den König auf: | »Führe mor-
gen früh dein Heer, deine Krieger und deine Diener wider mich heraus; doch nenne mir zuvor
ihre Zahl!« Da antwortete ihm der König: »Es
sind ihrer vierzigtausend Ritter, ohne die Diener, die ich habe, und deren Gefolge, die jenen

an Zahl gleich sind.« Der Prinz aber fuhr fort: »Wenn der Tag anbricht, so führe sie wider mich heraus und sprich zu ihnen: ›Dieser Mann bewirbt sich bei mir um meine Tochter unter der Bedingung, daß er allein wider euch auf den Plan tritt, und er behauptet, er könne euch alle besiegen und überwältigen, und ihr könntet ihn nicht überwinden‹.«⌋ (Li, 3, 360)

Wer allein gegen 80 000 Männer kämpfen und gewinnen will, kann nicht recht bei Verstand sein. Und richtig: hinter dem Wahnsinn des Prinzen steht das fliegende Pferd, mit dem er sich vor dem anrückenden Heer in Sicherheit bringt und zu seinem Vater zurückkehrt, der die Gefahr, in der sein Sohn schwebt, zu bannen versucht: ⌊»Ich möchte dir raten, daß du nach diesem Erlebnis dich diesem Pferde nicht mehr nahst und es von heute ab nie wieder besteigest; denn du kennst seine Eigenschaften doch vielleicht nicht ganz und könntest dich über sie irren.«⌋ (Li, 3, 366) Wie Recht doch der Vater hat und wie unvernünftig der Sohn bleibt, der aus Liebe zur Prinzessin zurückkehrt in die wunderschöne Stadt San'a und die Königstochter nach Herrscherart einfach entführt.

Wer das fliegende Pferd besitzt, hat auch die Prinzessin. Diese schmerzliche Erfahrung muss der Prinz machen, als er beide zurücklässt, um den prächtigen Einzug in seine Heimatstadt vorzubereiten. Der abgewiesene Magier, der mit diesem Pferd ursprünglich selbst eine Königstochter freien wollte – dass es wahrscheinlich ein und dieselbe ist, würde hier das Phantom des »Ich« doch zu sehr ins Zentrum rücken – ist zur Stelle und entführt seinerseits Pferd und Frau.

Einige Abenteuer später ist der Kampf der Kontrahenten um die schöne Jungfrau vorbei. Man hat den Magier in ein Gefängnis gesperrt, wo er – fern von seinem Pferd – endlich zu Einsicht und Selbsterkenntnis kommt: ⌊»Weh mir, daß ich mich wider mich selbst und wider den Prinzen versündigt und daß ich so an der armen Jungfrau gehandelt habe! Ich habe sie nicht in Ruhe gelassen, aber ich habe auch meinen Wunsch bei ihr nicht erreicht. All das kommt davon, daß ich so unüberlegt war; ich habe für mich erstrebt, was ich nicht verdiente und was sich für meinesgleichen nicht ziemte.«⌋ (Li, 3, 378)

Marc Chagall (1887–1985) malte Interpretationen zu Büchern, die ihn beeindruckten. Dazu gehörten die Erzählungen aus Tausendundeine Nacht. Zu vier Geschichten daraus fertigte Chagall 26 Lithographien an, unter anderem die vom Ebenholzpferd.

Der Verzicht des alten Mannes auf weitere Intrigen führt letzten Endes Prinz und Prinzessin wieder zusammen. Dass sie ⌊in des Lebens schönster Herrlichkeit, in aller Freude und Zufriedenheit⌋ (Li, 3, 385) gemeinsam glücklich werden, verdanken sie mehr als allem anderen dem besonnenen König. ⌊Sein Vater aber zerbrach das Ebenholzpferd und machte seinen Bewegungen ein Ende.⌋ (Li, 3, 384)

Wie der fliegende Teppich führt auch das Ebenholzpferd in die Abgründe der wünschenden Seele. Der Unterscheid zwischen den beiden Zauberdingen besteht darin, dass der fliegende Teppich die Wünsche sozusagen nur »entrollt«, die im »Ich« bereits schlummern. Das Ebenholzpferd dagegen ist ein Automat, der sich mit dem Menschen verkoppelt und ihn in einen Cyborg verwandelt, dessen »Ich« ein Phantom ist. So geschah es mit dem alten, hässlichen Magier, der sich selbst überschätzte und um eine Prinzessin freite. So erging es dem Prinzen, als er vermeintlich die Herrschaft über das Pferd gewonnen hatte und glaubte, 80 000 Soldaten herausfordern zu können. Aber der alte König hat die Gefahr erkannt und gebannt. Deshalb gebührt ihm der Ehrentitel, die wunderbarste Figur dieser Geschichte zu sein.

Sesam öffne dich!

Der Räuberhauptmann schritt den anderen voran, ging mit ihnen zu einer Felswand
und blieb vor einer kleinen Stahltür an einer Stelle stehen, die so dicht mit Gestrüpp
bewachsen war, daß man die Tür nicht sehen konnte; so viel Dorngebüsch befand sich dort.
Auch Ali Baba hatte sie bisher übersehen; nie hatte er sie geschaut oder bemerkt.
Als nun die Räuber vor der Stahltür standen, rief ihr Hauptmann, so laut er konnte:
»Sesam, öffne dein Tor!« Und in demselben Augenblick, in dem er diese Worte gesprochen
hatte, öffnete sich die Tür. (Li, 2, 794 f.)

Je nach Übersetzung heißt der magische Spruch, der die Felsentür öffnet, »Sesam, öffne dich!« oder »Sesam, öffne dein Tor«. Unabhängig vom genauen Wortlaut stellt sich die Frage, welche Verbindung zwischen zwei so ungleichen Worten und Dingen wie Stahltür und Sesam bestehen könnte.

Nach der *Enzyklopädie des Märchens* wird das Sesam-öffne-dich-Motiv als buddhistische Anekdote bereits um 1050 n. Chr. in japanischen Erzählungen erwähnt, die nach ihrer typischen Eingangsformel »Konjaku«, auf Deutsch »es war einmal ...«, benannt sind. Das Motiv taucht danach in China auf, breitet sich im gesamten pazifischen Raum und schließlich über die ganze Welt aus. In Schwarzafrika kommt eine ähnliche Wendung in Tierfabeln vor. Bei den Massai zum Beispiel ruft der Hase vor der Höhle der Löwin: »Fels, tu dich auf!« und »Fels, schließe dich!« In einer Zulu-Variante entkommt ein Mädchen aus der mit einem Zauberwort verschlossenen Höhle und streut, um die Verfolger abzuhalten, Sesamkörner hinter sich aus, von denen es heißt, sie seien das »Markenzeichen« und »Souvenir« von Tausendundeine Nacht.

Littmann weist in einer Anmerkung zu seiner Ali-Baba-Übersetzung darauf hin, dass die Sesam-Pflanze bereits in babylonisch-assyrischen Beschwörungsformeln, die zum Lösen eines Zaubers dienen sollen, genannt wird und im arabischen Raum die Sesampressen als Wohn-stätten von Geistern gelten. Eingebunden in die Beschwörungsformel erhält »Sesam« die Bedeutung eines magischen Wortes. »Öffne dein Tor« würde dann heißen: »Öffne das Tor, für das du wirksam bist.«

Die Magie, die auch in Ali Babas Geschichte mit diesem Ausruf verbunden ist, wird nur über das gesprochene Wort erfahrbar. Das arabische »Sumsum« (Sesam) klingt mit seinen zwei glei-

In Tausendundeine Nacht sind Höhlen oft Ein- oder Durchgänge zu einer verborgenen Welt, die von Feen und anderen Zauberwesen bewohnt ist.

Von den winzigen Sesamsamen, aus denen hochwertiges Öl gewonnen wird, geht keinerlei Gefahr aus. Magische Kraft hat nur das Wort Sesam, arabisch: Sumsum.

chen Silben wie ein lautmalerischer Singsang mit dem betörend gleichmäßigen Rhythmus, der für jede Form der ritualisierten Anrufung nötig ist.

Im deutschen Sprachgebrauch gibt es eine vergleichbare Formel, die ebenfalls in einen märchen- und zauberhaften Kontext gehört. Es handelt sich um den Ausdruck »Simsalabim«, der gewöhnlich einem Zauber vorausgeschickt wird.

Mit hoher Wahrscheinlichkeit leitet sich auch diese Kunstformel vom Arabischen ab. »Im Namen Gottes, des Allbarmherzigen«, auf Arabisch: »Bismillahi krahmani krahim« Damit beginnt man im Islam jede Tätigkeit, um ihr Gelingen zu beschwören. In abendländischen Ohren verdichtete sich die lange Anrufung zu »Simsalabim«, der verbalen Einleitung eines Zaubers.

Aber warum wird die arabisch formulierte Bitte um Gottes Segen vor jeder Arbeit umgedeutet zum Auftakt zauberischer Handlungen? Auch das geht auf missverstandene europäisch-muslimische Kontakte zurück. Bis ins späte Mittelalter war die islamische Welt in Bezug auf Wissenschaft und Technik der europäischen haushoch überlegen. Muslime kannten und bewerkstelligten Dinge, die den damals rückständigen Europäern wie Zauberei vorkamen. Folgerichtig kopierte man nicht nur ihr »Bismillahi krahmani krahim«, sondern auch den Zeitpunkt und die Art seines Gebrauchs. Wenn beispielsweise ein muslimischer Arzt seine Behandlung mit dem Segenswunsch begann, wurde daraus ein mit »Simsalabim« eingeleiteter Zauber.

Im Gegensatz dazu ist das »Sesam, öffne dich« keine Zauberformel, sondern ganz im Gegenteil ein öffnender, von Zauber entbindender Spruch: | Die Sache verhielt sich nämlich so: diese Stätte (das Tor und evtl. die Schatzkammer dahinter, d.V.) war von den Geistern, den Marids, hergerichtet, verzaubert und durch einen starken Talisman gebunden. Doch die Worte »Sesam, öffne dein Tor!« waren die geheime Formel, die dazu bestimmt war, den Talisman zu lösen und die Tür zu öffnen. | (Li, 2, 796)

Ein Talisman ist nicht zu verwechseln mit einem Glücksbringer. Anders als ein Hufeisen, Schornsteinfeger oder vierblättriges Kleeblatt, die allgemein als Glücksbringer gelten, besteht eine enge Bindung zwischen einem bestimmten

Ort oder Gegenstand und seinem Talisman, der so lange schützt, verbirgt oder verschließt, bis ein bestimmter Spruch oder eine genau definierte Handlung ihn davon entbindet. Solche Worte oder Wendungen sind individualisiert und wirken nur in Verbindung mit »ihrem« Talismann. Das »Sesam-öffne-dich« bringt diesen Zusammenhang sehr klar zum Ausdruck, weil die Formel tatsächlich, und nicht nur im übertragenen Sinn, der Schlüssel ist, der das Schloss aufschließt. Zur Felsentür passt nur dieser einzige Wortschlüssel.

Die *Enzyklopädie des Märchens* vermerkt in diesem Zusammenhang zwei weitere Theorien, nach der Sesamöl zum Schmieren von Schlüssellöchern gedient habe bzw. als Abführmittel verabreicht worden sei und seine »öffnende Wirkung« dann in den Bereich der Märchenformel übergegangen sei. Beiden Theorien widerspreche aber die alleinige Verwendung von Sesamöl als hochwertigem Nahrungsmittel.

Wie auch immer: Die gesprochene Formel ist der Schlüssel zum Schloss und das Zusammenspiel zwischen Talismanen und Bann sprechenden oder brechenden Sprüchen faszinierte nicht nur Zauberer und Räuber, sondern auch Techniker. Heutige Sicherheitseinrichtungen funktionieren überwiegend nach dem Sesam-öffne-dich-Prinzip. Personalisierung heißt das Zauberwort. Ob per Codewort oder Stimmerkennung, Fingerabdruck oder Augenscan – der Safe geht nur auf, wenn zusammenkommt, was zusammengehört.

Die Zauberei

»Ich beschwöre dich bei Gott, mein Kind«, wandte sich der König an seine Tochter, »sag mir, woher du weißt, daß er verzaubert ist!« »Lieber Vater«, erwiderte sie, »als ich noch klein war, ist eine alte Frau, eine Hexe und Zauberin, häufig bei mir gewesen. Sie hat mich das Zauberhandwerk gelehrt, ich habe alles auswendig gelernt und mir gemerkt, bis ich siebzig Zauberkünste beherrschte. Die kleinste dieser Künste ist so stark, daß ich damit, noch bevor dieser Augenblick vergeht, alle Steine deiner Stadt hinter den Berg Kaf und hinter den Ozean, der die Welt umschließt, versetzen könnte!« (Ott, 158 f.)

Zaubern will gelernt sein. Dass es so selbstverständlich lernbar ist, gibt all denen Recht, die von »Märchen aus Tausendundeine Nacht« sprechen. Denn die Zauberei ist im Gegensatz zu wunderbaren Erscheinungen wie etwa dem fliegenden Teppich ein ganz und gar übernatürliches, niemals rational erklärbares Geschehen, das derart fraglos nur im Märchen auftaucht. Dornröschens hundertjähriger Schlaf oder der zu Rotkäppchen sprechende Wolf lösen keinerlei Überraschung aus. So verhält es sich auch mit der Zauberei in den Erzählungen aus Tausendundeine Nacht. Niemand wundert sich darüber, überraschend und sonderbar ist vielmehr der Verlauf der Geschichte, der zur Ver- und Entzauberung führt.

Während in europäischen Märchen Zauberei fast ausschließlich von guten Feen oder bösen Hexen ausgeübt wird, gibt es in den orientalischen Erzählungen weit mehr Sachverständige: Dschinn, Hexen, Magier, Alchemisten, Astrologen und Geomanten, die aus Figuren im Sand lesen können, was allen anderen verborgen bleibt; aber auch Prinzessinnen und andere edle Jungfrauen sind der Zauberei mächtig, sofern sie dieses »Fach« studiert haben.

Die Möglichkeit, sich übernatürliche Kräfte als Wissen anzueignen, unterscheidet die orientalischen Märchen fundamental von den europäischen. Denn im abendländischen Kulturkreis schafft das Verzaubern, Verwandeln und Ver-

hexen archetypische Bilder für seelische Wahrheiten und Erfahrungen. In der islamischen Welt dagegen ist die Zauberei in der Schöpfung angelegt und von Gott selbst beglaubigt. In Sure 2, 102 des Koran heißt es: »Aber nicht Salomo war ungläubig, sondern die Satane waren ungläubig; sie lehrten die Menschen die Zauberei.« Die Warnung ist gleichzeitig Bestätigung von allerhöchster Stelle: Zauberei ist in der Welt und kann – als logische Schlussfolgerung – nur durch Gegenzauber entkräftet werden. Dies ist der Grund, warum besonders viele junge, wohl erzogene Damen das Handwerk des Zauberns so gut beherrschen: Sie sind die Guten, die versuchen, den Schaden zu beheben, der von denen angerichtet wurde, die sich von Satan und seinen Helfern ausbilden ließen. Wenn es zum Kampf kommt zwischen Zauber und Gegenzauber, kämpft immer der Teufel gegen das Buch.

[Der König staunte. »Großer Gott!«, sagte er. »Du, mein einziges Kind, besitzt solche Fähigkeiten, ohne daß ich davon wußte? Bei deinem Leben beschwöre ich dich: Erlöse ihn, damit ich ihn zum Wesir ernennen und dir zum Mann geben kann!« – »Mit Vergnügen!«, erwiderte sie, griff zu einem Messer aus Eisen ..., auf dem allerlei Namen in hebräischer Schrift eingraviert waren. Sie zog mitten im Palast einen Kreis, auf dessen Linie sie in Kufi-Schrift Namen und magische Talismane ritzte. Dazu murmelte sie Zau-

| Die beiden kämpften miteinander, bis die Flammen sie völlig einschlossen und der ganze Palast von Rauch erfüllt war. Wir drohten schon zu ersticken und sahen unserem Verderben ins Auge.|
(Ott, 161)

Behälter für ein Amulett mit Zierinschrift. Filigranarbeit aus Gold. Aleppo (Syrien), 14. Jahrhundert. Ein Amulett besitzt magische Kräfte, die seinem Besitzer Macht über Dinge, Zustände oder Personen verleihen.

bersprüche und Beschwörungsformeln. Eine kurze Weile verging. Dann sahen wir die Welt um uns herum dunkel werden, und die Luft wurde schwarz vor unseren Augen. Wir glaubten, der Himmel würde über uns einstürzen. Regungslos standen wir da. Da kam der Ifrit zu uns herabgeflogen, und zwar in Gestalt eines Löwen, so groß wie ein Kalb. Wir gerieten in Angst und Schrecken und fürchteten uns vor ihm. »Scher dich davon, du Hund!«, rief das Mädchen. »Du treuloses Weib, du hast mich betrogen! Du hast den Eid gebrochen!«, schimpfte der Ifrit. »Haben wir einander nicht geschworen, uns in Ruhe zu lassen?« – »Verfluchter Kerl!«, erwiderte das Mädchen. »Glaubst du etwa, daß ich mich auf deine Schwüre verlasse?« – »Dann nimm, was du verdient hast!«, brüllte der Ifrit, riß sein Maul auf und stürzte sich auf das Mädchen. Doch sie war schneller. Sie zupfte sich eines ihrer Haare vom Kopf, schwenkte es hin und her und bewegte ihre Lippen zu einem unverständlichen Spruch.] (Ott, 159 f.)

Die Königstochter, die 70 Zauberkünste auswendig kennt, kann letzten Endes den Dämon besiegen: [»Jedesmal, wenn er einen neuen Trick aus seinen Zauberkünsten angewendet hat, habe ich ihn unwirksam gemacht und selber eine andere, stärkere Zauberkunst gegen ihn gebraucht.«] (Ott, 162) Mit anderen Worten: Die Prinzessin besiegt den Dämon aufgrund ihres theoretischen Wissens, das mehr zählt als praktische Erfahrung: [»Ich bin ja den Kampf gegen Dschinnen nicht gewöhnt.«] (Ott, 162)

Theoretisches Wissen stammt meist aus Büchern. Woher die Bücher ihr Wissen beziehen, bleibt jedoch im Dunkeln. In der *Geschichte von Dschaudar und seinen Brüdern* heißt es: [Als unser Vater starb, hinterließ er uns vielerlei. Da teilten wir die Schätze und die Reichtümer und die Talismane, bis wir zu den Büchern kamen. Doch als wir die teilten, erhob sich ein Streit zwischen uns wegen eines Buches, das da hieß »Die Legenden der Alten«; seinesgleichen gibt es nirgends, auch könnte niemand seinen Wert bezahlen, ja es läßt sich nicht einmal mit Edelsteinen aufwiegen, denn in ihm sind alle Schätze genannt, und alles geheime Wissen ist ihm bekannt. Unser Vater pflegte es zu gebrauchen, und wir wußten einen kleinen Teil davon auswendig; nun wollte ein jeder von uns es besitzen, um alles zu erfahren, was darinnen stand. Während wir damals miteinander stritten, war der Scheich unseres Vaters bei uns, er, der unseren Vater erzogen und in Zauber und Magie unterwiesen hatte; der war el-Kahin el-Abtan geheißen. Und er sprach zu uns: »Holt das Buch!«] (Li, 4, 382 f.)

Was es über die Zauberei zu wissen gibt, ist in den Legenden der Alten enthalten. Wer zaubern will, muss lesen und lernen können. Die Praxis ergibt sich aus dem Bedarf, der in den Erzählungen aus Tausendundeine Nacht hoch ist. Es wird gezaubert auf Teufel komm raus und nicht immer geht es darum, das Gute gegen das Böse zu verteidigen.

Zauber und Magie sind ebenso gefragt, wenn es um Schatzsuchen, Intrigen, Liebe, Eifersucht und Untreue geht – also Menschliches, Allzumenschliches.

Vor kurzem hat ein Mensch aus heutiger Zeit ein neues Zaubermotiv entdeckt, das in der Geisterwelt den alten Antagonismus zwischen Gut und Böse ersetzt: Homöostase. Mit dieser wissenschaftlichen Theorie erklärt der englische Autor P.B. Kerr in *Die Kinder des Dschinn*, wie und warum Zauber und Gegenzauber sich bedingen: Das Geistervolk ist keine homogene Gruppe, sondern eine Gattung unterschiedlichster Wesen, die sich aus freiem Willen Gott anschließen oder sich von ihm abwenden, den Menschen zugeneigt oder ab-geneigt sind, Werte anerkennen oder negieren. Damit diese antagonistischen Interessen die Welt der Dschinn nicht in zu große Spannung versetzen, wird von allen der Zustand der Homöostase, eines sich selbst regulierenden Systems, angestrebt.

Kerrs Bücher unternehmen den Versuch, durch eine »naturwissenschaftliche« Erklärung Zauberei zu modernisieren und die Dschinn zu plausiblen Figuren in der heutigen Welt zu machen. Ein Versuch, der geradewegs zurückführt zu den Wurzeln der Erzählungen aus Tausendundeine Nacht, wo man schon immer wusste, dass Wissenschaft und Zauberei zusammengehören.

Fabelwesen

*»Ich beschwöre dich bei Gott, sage mir, wie ihr euch unter Wasser fortbewegt, ohne
zu ertrinken oder zu sterben!« – »Verehrter König«, antwortete sie, nachdem sie die Worte
des Königs gehört hatte, »wir wandeln im Wasser ebenso wie ihr an Land.
Das Wasser schadet uns nicht ... Es berührt weder unsere Kleider noch unsere Körper ...«
– »Du mußt wissen, o König«, fuhr sie fort, »daß wir, wenn wir uns unter Wasser bewegen
und die Augen öffnen, den hellen Tag, die Sonne, den Himmel und alles, was auf der
Erde ist, sehen können. Nachts sehen wir den Mond und die Sterne, und das schadet uns
nicht. Im Meer leben viele verschiedene Arten von Geschöpfen in unterschiedlichsten
Gestalten, genau wie auf dem Land, ja sogar noch vielfältiger.« (Ott, 561 f.)*

Die Welt von Tausendundeine Nacht ist bevölkert von Geistern, Feen, Zauberern, Hexen, Magiern, Engeln, Meerfrauen und -männern, Vogelfrauen, sprechenden Schlangen und dem gigantischen Vogel Roch. Abd er-Rahman el-Maghribi berichtet in einer Erzählung aus Tausendundeine Nacht, dass die Länge des Flügels eines frisch geschlüpften Roch hundert Klafter beträgt (ca. 180 Meter) und dass diejenigen niemals grauhaarig werden, die das Fleisch des Kükens essen (Li, 3, 541 ff.). Neben dem Roch gibt es noch andere Riesenwesen, von denen vor allem Sindbad berichtet, aber es existieren so gut wie keine der typischen Fabelgestalten, wie sie in der übrigen Welt imaginiert werden: weder Phantasiegeschöpfe wie Einhörner, Phönixe oder Seeungeheuer noch Mischwesen zwischen verschiedenen Tieren, wie es die Greife oder der Pegasus sind. Auch Hybriden kommen nicht vor, jene Kreuzungen aus Mensch und Tier, von denen die Sphingen, Harpyien, Kentauren, Meerjungfrauen und Wassermänner am bekanntesten sind.

Warum fehlen in den Erzählungen aus Tausendundeine Nacht, die dem Zauberhaften und Wunderbaren so viel begeisterte Erzählzeit einräumen, gerade solche Wesen, die für die Menschen immer besonders attraktiv waren? Man kannte sie aus den griechischen Sagen und dem Alexanderroman, aus indischen Er-

zählungen und der eigenen Kunst und Literatur.

Die Antwort liegt in der »Natur« der Fabelwesen. Sie überschreiten schon in ihrer äußeren Erscheinung Grenzen: zwischen Mensch und Tier oder Tier und Tier. Und genau dadurch definieren sie diese Grenzen.

Auch die Grenze zwischen Leben und Tod wird von Fabeltieren bewacht: Der dreiköpfige Kerberos lässt keine Menschenseele aus dem Hades entkommen – es sei denn, sie ließe sich von einer Vogelfrau, einer Harpyie mitnehmen, die mit den Seelen der Toten in den Hades geflogen kam.

Als Wächter der Differenz hatten all diese Fabelwesen immer auch eine symbolische Bedeutung. Ihre dämonische, verführerische Energie forderte den Menschen dazu heraus, im Überschreiten seiner Grenzen die eigenen zu erkennen und zu bleiben, was er sein oder werden sollte: Eins mit sich.

Aber in den Erzählungen aus Tausendundeine Nacht ist kein Raum für symbolische Bedeutungen, denn hier gibt es keine Grenzen. Man kann von hier aus in den Himmel gelangen und tief in die Erde hinein, vom Land überwechseln ins Meer, von den Wohnorten der Menschen zu denen der Geister gelangen, die Grenzen der Welt erreichen, aber genauso gut über sie hinaus-

Das persische Amulett in Form eines Fisches vermittelt einen Eindruck von der Vielgestaltigkeit der Meeresbewohner, die u. a. in der Geschichte von Dschullanar vom Meer und ihrem Sohn König Badr beschrieben wird.

Blatt 5 aus Marc Chagalls Four Tales from the Arabian Nights *visualisiert Lektüreeindrücke der* Geschichte von Dschullanar vom Meer und ihrem Sohn König Badr.

gehen. In einer solchen Welt, in denen es keine Grenzen gibt, sind Fabelwesen bedeutungslos.

Halbheiten mögen die Erzählungen aus Tausendundeine Nacht nicht. Es ist immer Platz für beides. Die Meerfrauen und Meermänner sind nicht halb Mensch und halb Fisch, sondern Menschen aus dem Wasser, deren Dasein ebenso selbstverständlich ist wie das der Menschen auf dem Land: [Der König erblickte eine hochgewachsene Sklavin, lang wie eine Lanze und in einen goldbestickten Seidenmantel eingehüllt ... Sieben Locken, die ihr bis auf die Fesseln herabfielen, zog sie hinter sich her, lang wie Pferdeschwänze und schwarz wie die Nacht. Ihr Auge war mit Kajal umschminkt, die Wange glatt, der Hintern rund und schwer und die Taille schlank. Als der König ihre Schönheit und Anmut sah, verwirrte sich sein Verstand ... »Ich werde dir meinen Namen verraten«, erwiderte sie. »Mein Name ist Dschullanar vom Meer. Mein Vater war einer der Meereskönige.«] (Ott, 533 ff.)
Auch Abdallah der Meermann entspricht so gar nicht den geläufigen Vorstellungen von Wassermännern oder Tritonen mit Fischschwanz, muschel- und algenbehangenem Bart sowie dem Dreizack in der Hand: [Dort nahm er (der Fischer, d.V.) das Netz und warf es von neuem aus. Nachdem er eine ganze Weile gewartet hatte, zog er daran und fühlte, daß es schwer war, und er mühte sich so lange damit ab, bis ihm das

Blut aus den Händen rieselte. Als er es schließlich am Lande hatte, entdeckte er darin ein menschliches Wesen ... Deshalb floh er vor ihm und schrie: »Gnade! Gnade! O Dämon Salomos!« Doch jenes Menschenwesen rief ihm aus dem Netze zu: »Komm her, Fischer, und flieh nicht vor mir; denn ich bin ein Mensch wie du! Befreie mich, auf daß du himmlischen Lohn dafür empfangest!« Wie der Fischer seine Worte vernahm, beruhigte sich sein Herz, und er trat zu ihm hin und fragte ihn: »Bist du denn nicht ein Dämon aus der Geisterwelt?« »Nein«, erwiderte jener, »ich bin ein Mensch, der an Allah und Seinen Gesandten glaubt.«] (Li, 6, 191)

Weil der Meermann wie der Landbewohner ein Mensch ist, heißen beide auch gleich: Abdallah. Sie begegnen sich, weil der eine gerade ein wenig umherwandelt, als der andere sein Netz über ihn wirft. Sonst gibt es keine nennenswerten Unterschiede. Sie sprechen die gleiche Sprache, haben beide den gleichen Glauben und gehen ähnlichen Geschäften nach. So ergibt es sich, dass sich zwischen ihnen ein Handel entspinnt, wie er unter Menschen eben üblich ist. Der eine hat, was dem anderen fehlt und umgekehrt. Der Landmann erhält täglich einen Korb voller Perlen, Korallen und Edelsteinen, während der Meermann im Tausch das Obst bekommt, das es im Meer nicht gibt.

Ähnlich verhält es sich mit den Vogelfrauen. Auch sie sind keine Mischwesen wie die grauenvollen Harpyien aus der antiken Literatur, sondern beides: Frau und Vogel. Die Frau trägt ein Federkleid. Wenn sie es ablegt, ist sie ganz Frau. Wenn sie es anzieht, ganz Vogel. [Während er nun dasaß, schwebten plötzlich aus der Luft drei große Vögel herbei, die wie Tauben aussahen. Diese Vögel ließen sich neben dem Teiche nieder und spielten eine Weile. Darauf legten sie das Federkleid, das sie trugen, ab und wurden zu drei Mädchen, so schön wie Monde, die in der Welt nicht ihresgleichen hatten.] (Li, 4, 19)

Die Meermänner, Meer- und Vogelfrauen, die bestehenden Ehen zwischen Menschen, Feen und Geistern, die Möglichkeit, von einer Gestalt in die andere zu schlüpfen, zeigen: Die Welt von Tausendundeine Nacht ist keine des »Entweder – Oder«. Sie ist groß genug für jedes »Sowohl – als auch«.

Francois Henri Mulard (1769–1850),
Napoleon Bonaparte verleiht
dem Militärchef den Säbel *(1808).*
Das Gemälde bezieht sich auf
die Einnahme Alexandrias durch
die Franzosen am 2. Juli 1798.

Tausendundeine Nacht
in Europa

Europäische Ängste und Wünsche

Tausendundeine Nacht ist eine orientalische Geschichtensammlung, die in Europa berühmt und von hier aus in den Rang von Weltliteratur erhoben wurde. War Europa auf Tausendundeine Nacht vorbereitet? Was wussten die Menschen über den Orient, als die erste Übersetzung ab 1704 erschien? Welche Bilder und Vorstellungen hatten sie von dieser fremden Welt?

Dieses Kapitel skizziert einige Begegnungen zwischen Orient und Okzident, die wahrnehmungsprägend waren, und legt dabei den Schwerpunkt auf das Wechselspiel von Faszination und Abwehr, mit dem Europa auf den Kontakt mit der arabischen, später dann türkischen Kultur reagierte.

Die genannten Beispiele sind jedoch nur Teilaspekte aus der Geschichte des europäischen und vor allem deutschen Orientalismus. Für eine differenzierte und ausführlichere Betrachtung kann hier nur auf Literatur verwiesen werden, die weiterführende Fragen stellt, wie es zum Beispiel Andrea Polaschegg in ihrem Beitrag zu den Orient-Diskursen in der deutschen Literatur tat. »Warum«, fragt sie, »gibt es überhaupt einen deutschen Orientalismus in Vergangenheit und Gegenwart und nicht vielmehr keinen, und warum gibt es ihn in seiner jeweiligen Gestalt und nicht vielmehr in einer anderen?« Fragen, die als Einladung angesehen werden können, sich über die folgende »Rahmengeschichte« hinaus mit dem Thema zu befassen.

Die Erfahrungen des Abendlandes mit dem Osten, den die Römer »oriens« nannten, waren von Beginn an durch zwei folgenreiche Ereignisse geprägt: zum einen von der vergeblichen Belagerung Konstantinopels, der Hauptstadt des oströmischen Reiches, durch die Araber im Jahr 670, zum anderen von der Invasion islamischer Truppen auf der iberischen Halbinsel im Jahr 711. Diese Einklammerung Europas war der Höhepunkt – und vorläufige Schlusspunkt – einer in beispielloser Geschwindigkeit vollzogenen Ausdehnung des Arabischen Reiches, einer Expansion, die sich nur mit Alexanders Feldzügen ca. tausend Jahre früher Richtung Osten vergleichen lassen.

Seit Mohammeds Tod 632 hatte sich Arabien im Osten über Persien bis nach Indien und im

Mohammed und Abu Bekr in der Höhle. *Türkische Miniatur, 17. Jahrhundert. Abu Bekr war Mohammeds Freund, Schwiegervater und einer der vier »rechtgeleiteten« Kalifen, die unmittelbar auf den Propheten folgten.*

Westen über Palästina und Ägypten bis nach Nordwestafrika ausgebreitet, um dann auf Sizilien und das europäische Festland überzusetzen. Von der Botschaft des Propheten beflügelt und geeint durch den Glauben an den Koran erschien der Orient plötzlich im Westen, das Morgenland umzingelte das Abendland und brachte innerhalb weniger Jahre nahezu ganz Spanien unter seine Kontrolle.

Woher rührte diese Überlegenheit eines Volkes, das hundert Jahre vorher noch vorwiegend aus Nomadenstämmen bestand und sich auf das Gebiet der arabischen Halbinsel beschränkte? Die Antwort findet sich in der klugen Besatzungspolitik des islamischen Reiches. Aus anfänglichen Plünderern und Eroberern wurden zusehends Wissenschaftler, Erfinder, Bibliotheksstifter und Universitätsgründer. Ob Architektur, Mathematik, Medizin, Astronomie oder Philosophie – sämtliches Wissen aus den unterworfenen Gebieten wurde von den neuen Herren gesammelt, aufgeschrieben, übersetzt, verglichen und in den Universitäten Isfahan, Kairo, Mekka, Fes und vor allem im Zentrum der Gelehrsamkeit, dem in Bagdad errichteten Haus der Gelehrsamkeit, weiterentwickelt.

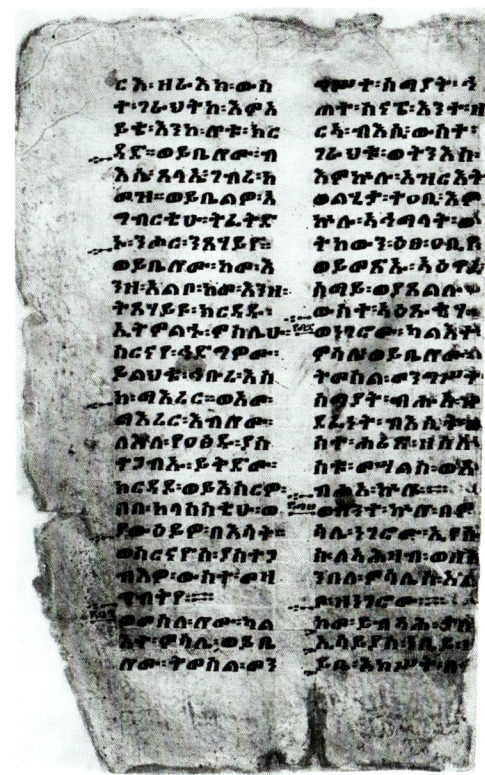

»Ex oriente lux«

Von der wirtschaftlichen, wissenschaftlichen und kulturellen Überlegenheit des Orients profitierte Europa vor allem durch den Handel, die Kreuzzüge und das aufblühende Kalifat auf der iberischen Halbinsel.

Die Liste der kulturellen Missionierung des Abendlandes durch den Orient ist lang und vielfältig: Der Kompass machte die Schifffahrt sicherer und effizienter, die genaue Beobachtung des Sonnensystems führte zu besseren Kenntnissen über die eigene Position in der Welt, zu größerer kalendarischer Genauigkeit und präziserer Navigation. Die Verbesserung der medizinischen Betreuung machte arabische Ärzte zu gesuchten Spezialisten, und mit dem Schach- und Damespiel bekamen die Europäer eine Ahnung von der geistigen Kombinationskunst orientalischer Spielkultur. Allem voran aber waren es zwei von den Arabern eingeführte Neuerungen, die Europa folgenreich veränderten: die Zahlen und das Papier.

Mit den in Europa bis ins 12. Jahrhundert verwendeten römischen Zahlen konnte man einfache Additionen und Subtraktionen vornehmen,

aber keine schwierigeren Rechenaufgaben durchführen. Durch die Übernahme der arabischen Zahlen und vor allem der bis dahin unbekannten Ziffer Null waren nun nicht nur komplexe Rechenoperationen möglich, das arabische Zahlensystem mit seiner so einfachen wie genialen Systematik eröffnete gänzlich neue Möglichkeiten bei der Berechnung der Welt. Es sorgte zudem für einen Aufschwung im Fernhandel, bei dem die Geschäfte nun ungleich effizienter und eleganter berechnet und abgewickelt werden konnten. Wenn wir heute ein mathematisches Lösungsverfahren angeben, tun wir dies noch immer im Namen des Mathematikers Al-Chwarizmi und seines Lehrbuchs *Al-Gabr*, aus denen in lateinischer Übersetzung der Autor Algoritmi und der Titel *Algebra* wurden.

Etwa zur gleichen Zeit, als die arabischen Zahlen das Abendland mit neuen Rechensymbolen versorgten, brachten Jakobuspilger aus Spanien ein bislang unbekanntes Material mit, auf das man diese Rechensymbole schreiben konnte: Papier.

Bis zum 12. Jahrhundert war das abendländische Wissen von Mönchen auf Pergament geschrieben und in den Klöstern verwahrt worden. Durch das ungleich billigere Papier erhielten Zahlen und Buchstaben nun einen neuen medialen Träger, der in Herstellung, Handhabung und Verbreitung dem Pergament deutlich überlegen war.

Das Aufkommen des Papiers als Wissensträger und die Übernahme des arabischen Zahlensystems bedeuteten für Europa kulturelle Quantensprünge, vergleichbar wohl nur mit der Erfindung des Buchdrucks durch Gutenberg. Unvergleichbar aber war die Herrschaftspraxis der arabischen Eroberer in den besetzten Gebieten. Als Musterbeispiel darf auch hier wieder die maurische Herrschaft in Spanien gelten, die weitgehend darauf verzichtete, die »ungläubigen« Christen und Juden gewaltsam zu missionieren, und stattdessen freie Religionsausübung gestattete. Das Toleranzangebot war klar: Wer die arabische Herrschaft und deren Kultur akzeptierte – was bei Letzterer nicht schwer fiel –, genoss relative Freiheit in allen Glaubensdingen und großzügige Förderung in wirtschaftlicher Hinsicht.

Kluge Eroberer

Ein Beispiel für die arabische Eroberungspolitik gibt die Anweisung des Kalifen Omar um etwa 720 an seinen General Abu Ubaida:

»Lass das Land, welches Allah dir als Beute gewährt hat, in den Händen seiner Bewohner und erlege ihnen eine Steuer auf. Sie sollen das Land bebauen, denn sie verstehen mehr davon und sind uns darin überlegen. Keiner, weder du noch andere Muslime dürfen sie als Beute betrachten, weil zwischen uns Frieden geschlossen wurde und du von ihnen Steuer erhebst. Allah hat uns das im Koran klar gesagt: ›Bekämpft diejenigen, die nicht an Allah und den Jüngsten Tag glauben und die nicht verbieten, was Allah und sein Prophet verboten haben …, bis sie die Steuer in Demut entrichten und sich unterwerfen.‹ … Auferlege ihnen also die Steuer, aber mache sie nicht zu Sklaven, und verbiete den Muslimen, sie zu unterdrücken, ihnen Schaden zuzufügen oder ihren Besitz zu verzehren.« (Lewis, S. 279)

Mohammed, umhüllt von der Flamme der Erleuchtung und begleitet von einem Erzengel und drei Kalifen, die seine Nachfolger wurden. Miniatur aus dem 17. Jahrhundert.

Angriff auf Konstantinopel im Jahr 717. *Byzantinische Buchmalerei aus der 2. Hälfte des 13. Jahrhunderts. Der Vorstoß der Araber auf die byzantinische Hauptstadt blieb erfolglos. Damit begann die Geschichte von Byzanz/Konstantinopel als Barriere der islamischen Expansion.*

Toleranz, wie sie die islamische Herrschaft praktizierte, setzt das Bewusstsein von Unterschieden, ihre Duldung und das Wissen von ihrer Produktivität voraus. Die Gegenseite, das christlich-mittelalterliche Europa, entschied sich obrigkeitlich für Dämonisierung statt Duldung, für Konfrontation statt Dialog.

Die Päpste attackierten den als »Antichrist« personifizierten Islam, der während der Kreuzzüge zum Passepartout des Bösen wurde. Ignoriert wurde dabei, dass gerade die aus religiöser Überzeugung und machtpolitischem Interesse inszenierten Kreuzzüge für die Verbreitung der arabischen Kultur in Europa sorgten. Nun erfuhren die Europäer, dass auch andere gesellschaftliche Ordnungen möglich waren als ihre starre und undurchlässige Ständegesellschaft. Und dass es andere Modelle politischer Herrschaft

gab als die zwei sich gegenseitig lähmenden Reiche von Kaiser und Papst im abendländischen Hochmittelalter. »Jeder Schritt zur Vervollkommnung«, wird der deutsche Dichter Johann Gottfried Herder später zu dieser kulturellen und politischen Überlegenheit des Orients feststellen, »geschah unbewusst nach arabischem Muster.«

Dennoch blieb die europäische Wahrnehmung geprägt von der kirchlichen Ideologie, die nicht müde wurde, die »Verruchtheit« des Islam zu propagieren: Wenn schon der Religionsgründer der Vielweiberei frönte, wenn er die gerade erst neunjährige Aischa zu seiner Lieblingsfrau erkor, – welche Abgründe mussten sich dann erst in den Harems als den Orten erotischer Unsagbarkeiten und den Hammams, den Badehäusern, auftun, von denen allein im maurischen Granada mehrere Hundert zur vermeintlich lasziven Entspannung einluden.

Nur wenige widerstanden dieser Dämonisierung des Islam und seiner Kultur. Die Fernhandelskaufleute etwa, die vom Kulturaustausch in hohem Maße profitierten, oder die Gebildeten, die nicht der kirchlichen Ideologie erlagen, wie zum Beispiel der mittelalterliche Dichter Wolfram von Eschenbach. In seinem bekannten Versepos *Parzifal* trifft der europäische Ritter Parzifal im Zweikampf auf einen »Mann aus dem Orient«. Es ist, wie sich später herausstellt, sein Halbbruder Feirefiz. Der Orientale übertrifft in seinem ritterlichen Auftreten und tugendhaften Verhalten nicht nur die Ritter der Gralsrunde, seine Toleranzbotschaft liest sich zudem als frühes Plädoyer für die gegenseitige Akzeptanz der Religionen, eine Forderung, wie sie in Deutschland erst wieder in Lessings *Nathan der Weise* aufgenommen wird.

Bei Feirefiz hat sich die weiße Hautfarbe des Vaters nicht mit der schwarzen der Mutter gemischt. Nach der zeitgenössischen Vorstellung Wolfram von Eschenbachs – und damit stand er gewiss nicht alleine – bringt die Verbindung eines Hell- mit einer Dunkelhäutigen ein schwarz-weiß gesprenkeltes Kind hervor. Für den Dichter personifizierte dieses Kind die ideale Mischung aus morgen- und abendländischen Tugenden. Für die Mehrzahl der Anderen aber blieb der Orient vornehmlich bedrohlich und fremd, Feindesland und Phantasieraum.

fährdet war der Aufstieg der Türken nur von dem noch tiefer aus dem Osten vordringenden Reiterheer Dschingis Khans, dessen Reich allerdings unter seinen Nachfolgern wieder zerfiel. Damit war der Weg frei für eine osmanische Expansionsphase, in der die Türken weiter nach Westen rückten und an deren Ende die für Europa traumatische Einnahme Konstantinopels im Jahr 1453 durch Sultan Mehmed II. stand.

Von nun an prägten für mehr als vier Jahrhunderte vorrangig die Türken und nicht mehr die Araber das europäische Bild vom Orient.

Mit dem Verlust Konstantinopels und dem Tod Konstantins XI., des letzten Kaisers des oströmischen Reiches, war die christliche Herrschaft im Osten zu Ende, und das Osmanische Reich bildete bis in die Neuzeit eine dauernde militärische Bedrohung für Mitteleuropa.

Obwohl das ambivalente europäische Rezeptionsmuster von Furcht und Faszination, das schon die Begegnung mit der arabischen Kultur im frühen Mittelalter prägte, bestehen blieb, wurden lebhafte Handelsbeziehungen mit dem Osmanischen Reich unterhalten. Wer es sich leisten konnte, kaufte die seit Mitte des 17. Jahrhunderts aus dem Osten nach Holland importierten Tulpenzwiebeln, von denen eine der Sorte »Semper Augustus« 4600 Gulden und eine neue Kutsche mit zwei Apfelschimmeln wert

Mohammed II. beim Einzug in Konstantinopel nach der Eroberung 1453. Gemälde aus dem 19. Jahrhundert. Seit der Machtübernahme durch den türkischen Sultan Mohammed II. wurde die Stadt auch Istanbul genannt.

Daran änderte sich auch nichts, als die arabische Herrschaft durch innere Querelen und äußere Bedrohung zunehmend an Macht verlor.

1055 eroberte die türkische Dynastie der Seldschuken, gleichfalls Muslime, Bagdad und verdrängte die Araber als Hegemonialmacht. Ge-

Brunnen im Löwenhof der Alhambra (Granada). Schon im 14. Jahrhundert regulierte ein hydraulisches System Wasserdruck und Wasserstand. Die zwölf Löwen stehen für alle zwölf Tierkreiszeichen und damit für die Gesamtheit der Zeit: die Ewigkeit.

Der »Türkische Saal« im Schachenschloss, das 1869–1872 im Auftrag König Ludwigs II. errichtet wurde, ist ein prunkvolles Beispiel für den Orient als Phantasieraum. Hier spielten der Bayerische König und sein Personal »orientalischer Herrscher«.

war. Wer nicht so viel Geld für orientalisches Flair ausgeben wollte, konnte von den Türken Flieder erwerben. Mit dem »Türkentrank« Kaffee, der Schokolade und den Zigaretten überließ der Orient den Europäern Genussmittel, die bis ins 20. Jahrhundert das Image des leicht Verruchten und Müßiggängerischen sowie der bitter-süßen Verführung besaßen.

Der Aufstieg des Osmanischen Reiches zur Großmacht bedeutete nicht nur für die Europäer eine Zeitspanne dauernder Bewunderung und Bedrohung. Die Herrschaft der Türken drängte auch den Einfluss ihrer arabischen Glaubensbrüder auf Vorderasien und Nordafrika zusehends zurück. Von dieser Schwächung profitierten die südwesteuropäischen Dynastien, denen es seit Beginn des 15. Jahrhunderts gelang, die maurischen Besatzer zunehmend von der iberischen Halbinsel zu vertreiben. Den Arabern verblieb schließlich nur noch Granada, das nach siebenjähriger Belagerung durch die kastilischen Truppen 1492 kapitulieren musste. Viele der Mauren und Juden wurden nach Nordafrika vertrieben, die wenigen, die blieben, wurden umgebracht, von der neu eingesetzten Inquisition gefoltert oder zur Taufe gezwungen.

Die Zeiten ändern sich

Im gleichen Jahr, in dem die Spanier Granada zurückeroberten, segelte der in spanischen Diensten stehende genuesische Seefahrer Christoph Kolumbus nach Amerika. 1492 markiert also einen in vielfacher Hinsicht bedeutsamen historischen Einschnitt. Zum einen das Verschwinden des »arabischen Orients« aus dem europäischen Bewusstsein, zum anderen den Höhepunkt der osmanischen Macht, des »türkischen Orients«, im osteuropäischen und vorderasiatischen Bereich und schließlich, ausgehend von der Entdeckung des amerikanischen Kontinents, den kontinuierlichen Aufstieg der europäischen Großmächte zu weltweit agierenden Kolonialherren.

Ab dem 16. Jahrhundert verlief die Entwicklung von Orient und Okzident diametral. Trotz der Dauergefährdung durch die Türkenkriege und ungeachtet des Rückschlags durch den Dreißigjährigen Krieg überholte das Abendland, allen voran die Seefahrernationen England, Holland und Spanien, macht- und entwicklungspolitisch das Morgenland. Angesichts des weltweiten Seehandels verloren kontinentale Handelswege wie die Seidenstraße immer mehr an

Der innere Orient

Beispiele für diese Orientalisierung des Lebens gibt es zuhauf und sie beschränken sich nicht auf Orte, die wie die Oper – 1782 wurde Mozarts »Entführung aus dem Serail« uraufgeführt – oder die höfische Gesellschaft seit je die Kostümierung liebten. »Da kleidet sich etwa im Jahr 1821 der gesamte preußische Hofstaat in prachtvolle orientalische Gewänder, inszeniert sich vor aufwendig gestalteter Kulisse und den Augen der Berliner Untertanen als indo-persische Hochzeitsgesellschaft nach literarischer Vorlage und schafft auf diese Weise ein monarchisches Bildarsenal morgenländischer Provenienz, das in den darauf folgenden Jahren vielfach ästhetisch multipliziert wird, um dann in Vergessenheit abzusinken«, schreibt Andrea Polaschegg.

Zwischen höfischem und bürgerlichem Leben drückte Johann Wolfgang von Goethe seine Verehrung für den persischen Dichter Hafis im west-östlichen Diwan aus und brachte damit den Orient Dichtern und Denkern näher. In der Mode und Inneneinrichtung hatte sich der orientalische Stil bereits seit Napoleons Ägyptenfeldzug 1798/99 etabliert: »Quer ins Zimmer hing sehr gerne eine polierte Stange mit einem riesigen Kelim, als wäre hier Mast und Segel und das Zimmer kreuze arabisch auf dem Welt-

Der Maurische Kiosk war der Beitrag Preußens für die Pariser Weltausstellung von 1867. Später erwarb ihn König Ludwig II. (1845–1886) für die Parkanlagen von Schloss Linderhof und ergänzte die Inneneinrichtung unter anderem durch den Pfauenthron.

Charles-Andre van Loo (1705–1765), Haremsdame, Kaffee trinkend, um 1752. Madame Pompadour (1721–1764), die berühmte Mätresse Ludwigs XV., hatte das Bild in ihrem Schlafgemach hängen.

Bedeutung. Von den Einschränkungen der Kirche zunehmend befreit, mehrten sich in Europa Wissenschaften, Erfindungen und Entdeckungen. Leonardo da Vinci, Isaac Newton, Francis Bacon, René Descartes, Immanuel Kant und viele andere schufen die Voraussetzungen für eine naturwissenschaftliche Revolution, für technische Innovationen, für politische Entwürfe und für neue Methoden zur Vermessung der Welt und des Menschen.

Je machtvoller sich der abendländische Zugriff auf die Welt gestaltete, desto mehr wurde der Orient »verinnerlicht« und als Phantasiewelt wahrgenommen.

Hatten die früheren Begegnungen zwischen Orient und Okzident im Abendland Angst und Faszination hervorgerufen, verschwand mit Beginn des 18. Jahrhunderts die Angst. An ihre Stelle trat die Idealisierung und Verklärung des abgewehrten Widersachers und die Übernahme vermeintlich orientalischer Lebensweisen bis ins 20. Jahrhundert hinein. Europa war bereit für Tausendundeine Nacht.

Pierre-Auguste Renoir (1841–1919), Harems-interieur auf dem Mont-martre, 1872. Renoirs Odalisken sind identisch mit den käuflichen Mäd-chen von Montmartre. Der Betrachter ent-scheidet, ob er eine orientalische Schönheit oder Pariser Dame aus dem Milieu sehen will.

meer«, spottete der Philosoph Ernst Bloch über die anhaltende Orient-Begeisterung. »Ein Ha-remshimmel hatte fast über der ganzen Zim-mereinrichtung des neunzehnten Jahrhunderts gestanden.« Kioske im maurischen Stil verschö-nerten Parkanlagen wie die von Schloss Linder-hof, türkische Säle wie im Schachenschloss erfreuten sich größter Beliebtheit, und der Ma-ler Delacroix war überzeugt, dass die wahre Antike bei den Arabern zu suchen sei.

In der bildenden Kunst sollen unter den un-zähligen Orient- und vor allem Haremsdarstel-lungen des 18. und 19. Jahrhunderts zwei beson-ders hervorgehoben werden:

Zum einen ist es das Gemälde »Haremsdame, Kaffee trinkend« (S. 146 unten), das Madame Pom-padour, die berühmteste Mätresse Ludwigs XV., in ihrem Schlafgemach hängen hatte. Madame Pompadour, 1721 geboren, war vielleicht die ide-ale Leserin und Interpretin der Erzählungen aus Tausendundeine Nacht. Als erster Bürgerlichen gelang es ihr, offiziell als Mätresse, Liebhaberin und Ratgeberin des Königs anerkannt zu werden – ein im Orient häufiger, in Europa jedoch bis-lang beispielloser Vorgang. Folgerichtig zeigt das Bild, das die Mätresse beim Einschlafen und Auf-wachen vor Augen hatte, kein standardisiertes Portrait der katholischen Vorfahren, sondern eine selbstbewusste islamische Sultanin, für die Macht und Genuss eins sind.

Das zweite Bild stammt von Pierre-Auguste Renoir und trägt den Titel »Haremsinterieur auf dem Montmartre« (s. oben). Renoir geht es nur vordergründig um die freizügige Darstellung von Odalisken. Er zeigt vielmehr, dass diese be-gehrenswertesten aller Frauen identisch sind mit den käuflichen Mädchen von nebenan. Der Blick des Betrachters entscheidet, ob er eine ori-entalische Schönheit oder eine Kokette vom Montmartre sieht. Der Orient ist schon bei Re-noir bewusst inszenierte Illusion.

Was also lag näher, als die Illusion zu verwan-deln in eine verklärte Wirklichkeit, wie es der Tunisreisende Gustave Flaubert in seinem Ro-man *Salammbo* geschrieben hat: »Flucht aus der Décadence, aus der spießbürgerlichen Prüderie in die prickelnde Sinnlichkeit, in die rauschhaf-te Schein-Wirklichkeit.«

So schillernd und vielfältig sich der Orient den europäischen Phantasien öffnete, so bunt war die Palette derer, die sich auf die Reise in das märchenhafte Morgenland machten. Lady Mary Wortley Montagu, die Frau des englischen Botschafters in Konstantinopel, ist wohl die be-kannteste der vielen orientreisenden Frauen. Ihre Briefe aus dem Osmanischen Reich wurden in England zum Bestseller.

Lady Mary Montagu (1689–1762) begleitete ihren Mann, als er 1716 als Botschafter nach Istanbul geschickt wur-de. Berühmt geworden sind ihre Briefe, in denen sie von ihren Erfahrungen in einem islamischen Land berichtet.

Auch Sir Richard Francis Burton zählte dazu. Burton war ein Tausendsassa: britischer Offizier, Dolmetscher von nahezu einem Dutzend Sprachen, herausragender Arabienkenner, Indien- und Afrikaforscher, chamäleongleicher Kostümierungskünstler, dem es gelang, sich als arabischer Arzt verkleidet Zugang zum islamischen Hauptheiligtum in Mekka zu verschaffen – und nicht zuletzt polemischer Übersetzer von Tausendundeine Nacht.

Die Faszination für den Orient und im Besonderen die schwärmerische Begeisterung für alles Osmanische hatte 1683 mit dem Abzug der Türken aus Wien begonnen. Zwischen 25 000 und 40 000 Zelte, so die unterschiedlichen Quellen, ließen der Sultan und seine Soldaten bei ihrer Flucht vor Wien zurück. Diese Zeltstadt hatte nichts gemein mit den einfachen Unterkünften europäischer Landsknechte, vielmehr war dieses Lager ein Arsenal voller Kunst und Kostbarkeiten, das den plündernden Wienern einen authentischen Einblick in die orientalische Alltagskultur gewährte.

Das Ende der Turkomanie markiert wieder ein militärisches Ereignis: der vom europäischen Bildungsbürgertum gefeierte und unterstützte Aufstand der junggriechischen Bewegung gegen das Osmanische Reich in den 1820er Jahren. Die erkämpfte Unabhängigkeit Griechenlands ließ das Osmanische Reich zum »kranken Mann am Bosporus« degenerieren.

Etwa gleichzeitig mit dem Verlust an politischem Einfluss wuchs die wirtschaftliche Bedeutung des Orients als Erdöllieferant. Im Zeitalter des Imperialismus war der Orient vor allem unter ökonomischen und strategischen Gesichtspunkten für die Kolonialmächte von Bedeutung. Die Forschungsreisenden des 19. Jahrhunderts wichen Vermessungsingenieuren, die

Fürstliche Reisegesellschaft vor den Pyramiden von Giseh. Von links: Fürstin Mary Pless, die Herzogin von Westminster, Fürst Hans Heinrich XV. Pless und Herzog Jacopo de Alba. Photographie, um 1905.

Die Bagdadbahn. Hier der teilweise von den Türken zerstörte Bahnhof in Samarrah am 8. Dezember 1917. Mit dem Bau der 3200 Kilometer langen Eisenbahnlinie zwischen Konya (Türkei) und Bagdad war 1903 begonnen worden.

Ohne Umsteigen vom Abend- ins Morgenland – der Orientexpress machte es möglich. Um 1895, als der Holzschnitt vom Salonwagen entstand, betrug die Reisezeit von Paris nach Konstantinopel/Istanbul 69,5 Stunden bei zurückgelegten 3186 Kilometern.

gegenüberliegende Seite, rechts außen: Im Ersten Weltkrieg war es dem englischen Offizier Thomas Edward Lawrence (1888–1935), bekannt als »Lawrence von Arabien«, gelungen, die untereinander zerstrittenen arabischen Stämme zu einen und siegreich gegen den gemeinsamen Gegner zu führen.

Tourist mit Reisekamera auf einem Kamel vor den Pyramiden. Plakat, 1898. Im 19. Jahrhundert war der Orient nicht mehr »Feindesland«, sondern faszinierendes Reiseziel.

Der Emir Usama Ibn Munqidh über fränkische Heilkunst

»Sie führten mir einen Ritter vor, der einen Abszeß am Bein hatte, und eine Frau, die an Auszehrung litt. Dem Ritter machte ich ein erweichendes Pflaster und der Abszeß öffnete und besserte sich, der Frau verschrieb ich eine Diät und führte ihrer Säftemischung Feuchtigkeit zu.

Da kam ein fränkischer Arzt daher und sagte: ›Der weiß doch überhaupt nicht, wie sie zu behandeln sind‹, wandte sich an den Ritter und fragte ihn: ›Was willst Du lieber: Mit einem Bein leben oder mit beiden Beinen tot sein?‹ Da sagte er: ›Holt mir einen kräftigen Ritter und ein scharfes Beil!‹ Er schlug ... einmal zu und da das Bein nicht abgetrennt war, ein zweites Mal: das Mark des Beins spritzte weg und der Ritter starb sofort. Hierauf untersuchte er die Frau und sagte: ›Die da hat einen Dämon im Kopf, der sich in sie verliebt hat. Schert ihr die Haare.‹ Sie schoren sie, und sie aß wieder von ihren gewohnten Speisen, Knoblauch und Senf, wodurch sich die Auszehrung verschlimmerte. ›Der Teufel steckt in ihrem Kopf‹, urteilte er, nahm ein Rasiermesser und schnitt ihr kreuzförmig über den Kopf, entfernte die Haut in der Mitte, bis der Schädelknochen freilag, und rieb ihn mit Salz ein: Die Frau starb augenblicklich. Da fragte ich: ›Habt ihr mich noch nötig?‹ Sie verneinten und ich ging weg, nachdem ich von ihrer Heilkunst gelernt hatte, was ich vorher nicht wusste.« (Hunke, S. 110 f.)

Arabischer Arzt bei der Zubereitung einer Medizin. *Buchmalerei aus dem 13. Jahrhundert. Arabische Ärzte hatten die Grundlagen der Heilkunst, dargelegt vor allem von Hippokrates und Galenos, weiterentwickelt und galten als die besten Ärzte der mittelalterlichen Welt.*

für multikontinentale Projekte arbeiteten. Kairo-Kapstadt – diese britische Formel für ein durchgängiges westafrikanisches Kolonialgebiet erwiderte Deutschland mit dem Anschluss des deutschen Schienennetzes an die Bagdad-Bahn. Ohne umzusteigen von Berlin nach Bagdad – das bedeutete fast schon Präsenz vor Ort.

In den beiden Weltkriegen des 20. Jahrhunderts wurden die ausgebeuteten und gedemütigten Kolonien wieder mögliche und nützliche Bündnispartner. Dem Bündnis Deutschlands im Ersten Weltkrieg mit dem Osmanischen Reich stand eine arabisch-britische Allianz gegenüber. Sie war von dem englischen Offizier Thomas Edward Lawrence mitentscheidend initiiert worden und ihm gelang es auch, die unter osmanischer Herrschaft stehenden und miteinander zerstrittenen arabischen Stämme zu einen und siegreich gegen den gemeinsamen Gegner zu führen. Die Einigung war dem Engländer, der zu »Lawrence von Arabien« wurde, vor allem deshalb gelungen, weil er den Arabern einen souveränen Staat zusicherte. Doch weder die Engländer noch die Franzosen hielten sich nach dem gewonnenen Krieg an diese Zusage, und Lawrence zog sich enttäuscht aus der Politik zurück.

Auch diese europäische Konstruktion des »Orients« zerfiel wieder, wie schon manch andere in den knapp eineinhalb Jahrtausenden vorher, in zwei Teile: in eine Ressource ökonomischer Ausbeutung und in eine Quelle kitschiger Klischees.

Tausendundeine Nacht heute

Abschied in Wort und Bild

»Nun aber genug!«, sagte der König, »das kann und will ich nun nicht länger mehr ertragen. Du hast mir schon einen schlimmen Kopfschmerz bereitet mit deinen Lügen. Auch bricht, so sehe ich, der Tag schon an. Wie lange waren wir verheiratet? – mein Gewissen beginnt, mir wieder beschwerlich zu fallen. Und dann noch diese Sache mit dem Dromedar – hältst du mich denn für einen baren Narren? Alles in allem – du stehst am besten denn doch gleich auf und läßt dich erdrosseln.«
(Poe, Die tausendundzweite Erzählung der Schahrazad)

Bei Poe hat Schahrazad als Erzählerin versagt. Nachdem sie Tausendundeine Nacht lang um ihr Leben erzählt hat, wird ihr die Fortsetzung der Sindbad-Geschichte zum Verhängnis. Mit jedem Abenteuer wird es dem König langweiliger und die Zeichen seines Unmuts häufen sich: [»Hem!« sagte der König.] [»Hem!« sagte der König abermals]. [»Ho!« sagte der König]. [»Papperlapapp« sagte der König]. [»Na, na!« sagte der König]. [»Puh!« sagte der König]. [»Bah!« sagte der König]. [»Dummes Zeug!« sagte der König]. Und so weiter.

Offensichtlich misslingt dieser Erzählakt. Wer die Geschichten aus Tausendundeine Nacht kennt, weiß, dass misslungene Geschichten den Tod bedeuten, weil Leben und Erzählen eins sind. Für die Richtigkeit dieser Aussage steht Schahrazad mit ihrem Leben ein: Solange sie erzählen darf, darf sie auf der Welt bleiben, weil ihre Existenz eine Berechtigung hat. Das Erzählen verleiht der Wesirstochter ihre Identität – und auch dem König, weil sich seine Menschwerdung im Hören und Begreifen vollzieht. Es ist eine »education sentimentale«, die ihn zum gerechten, liebevollen Herrscher erzieht.

Kann, so fragt der amerikanische Schriftsteller Edgar Allan Poe, diese Einheit von Leben und Erzählen über die Zeitspanne von Tausendund-

eine Nacht hinaus funktionieren? Haben Erzählungen auch im 19. Jahrhundert noch identitätsstiftende Macht? Nein, heißt die Antwort, denn die Welt der Moderne ist eine andere geworden. Das Wunderbare und Schicksalhafte, das in Tausendundeine Nacht immer auf den Menschen bezogen war, ist der Naturwissenschaft und Technik gewichen, die ohne mensch-

Der amerikanische Schriftsteller Edgar Allen Poe (1809–1849) besaß eine Vorliebe für dunkle, unheimliche und abgründige Geschichten. Er schrieb Die tausendundzweite Erzählung der Schehrezad *als Groteske.*

Paul Klee (1879–1940), In der Einöde, 1914. Das Bild gehört zu einer Reihe von Werken, die nach Klees Tunesien-Reise entstanden sind. In ihrer Abstraktheit lassen sie kaum noch einen Bezug zur Landschaft erkennen.

liche Referenz funktionieren. Diese technisierte, wissenschaftlich durchdrungene Welt lässt sich nicht mehr als Geschichte erzählen und hat deshalb auch keine identitätsstiftende Kraft mehr. Wenn Sindbad von Dampfschiffen berichtet, einem automatischen Schachspiel, Babbages Rechenmaschine, dem Telegraphen, Daguerrotypien und Ähnlichem, bekommt der König Kopfweh vor Langeweile. Die entzauberte Welt kann und will den Menschen nicht mehr über Erzählungen in ihren Bann ziehen. Stattdessen wird sie neue Redeordnungen begründen, die den Einzelnen unter das Joch einer objektiven

Paul Klee, Tunesische Skizze, 1914. In seinem Tagebuch notiert Klee seine vielleicht wichtigste Erfahrung der Tunesien-Reise: »Ich und die Farbe sind eins«. (Zitiat aus: Auf der Suche nach dem Orient, S. 180)

Wahrheit zwingen, ihn normieren und disziplinieren. Statt der unendlich bunten Welt von Tausendundeine Nacht mit ihrer unbegrenzten Anzahl an Wahrheiten, Möglichkeiten, Wundern und Schicksalen bleibt dem Menschen jetzt nur noch die Wahrheit eines Wissens, die ihren Bezug nicht mehr im Subjektiven, sondern im Objektiven hat. In der modernen Fortsetzung der *Geschichte von Sindbad dem Seefahrer* ist an die Stelle des »Erzählmenschen« die »Erzählmaschine« getreten, die den Tod des Subjekts herbeiredet.

Ein Jahrhundert nach Poe wird Joseph Roth ihm beipflichten. *Die Geschichte von der 1002. Nacht* ist nicht nur im Titel eng an Poe angelehnt. Die Erzählwelt des Orients wird von Roth konfrontiert mit der Medienwelt des Okzidents.

In den »Erzählmaschinen« der modernen Presse, die Trivialitäten produzieren, werden die Subjekte zerrieben, ihre Geschichten unmöglich gemacht.

Die beiden ausgewählten Texte stehen beispielhaft für den Abschied vom »Faszinationsraum Orient«. Hatten Johann Wolfgang von Goethe, Friedrich Rückert oder Wilhelm Hauff – um wiederum nur exemplarische Namen zu nennen – den Orient als Sehnsuchtsbild in Worte gefasst, verschließt sich nun dieser »innere Orient« dem Ausdruck.

Die alte Erzählwelt ist untergegangen. Hat sie die Bilderwelt mitgenommen, die den Orient in den Augen des Abendlandes als geheimnisvollen, wunderbaren, sinnlichen Ort erschaffen hat?

Das Orientbild wandelt sich

Der Erste, der einen neuen bildlichen Ausdruck für den Orient gesucht und gefunden hat, war Paul Klee. Auf seinen Reisen nach Tunesien im Jahr 1914 und Ägypten 1928/29 entstanden Bilder, die nichts mehr gemeinsam hatten mit der Orientmalerei, wie sie bis dato geläufig war.

Die traditionelle, gegenständliche Malweise eines Giovanni Antonio Guardi, Jean-Etienne Liotard, Jean-Léon Gérôme, Gustave Moreau oder Eugène Delacroix hatte zur Entstehung des europäischen Orientbildes beigetragen. Ihre Werke

erschufen ganze Vorstellungswelten: Wüste, Karawane, Oase, Harem, Bazar. Diese Wortbilder, die heute noch Werbebotschaften für Orientreisende sind, haben sie mit ihren Pinseln auf die Leinwand gebannt, haben Wünsche und Ängste in die Ferne verschoben und damit zur Ambivalenz des europäischen Exotismus beigetragen.

Paul Klees orientalische Reisen markieren einen Wendepunkt. Es ist weniger die inhaltliche Auseinandersetzung mit der traditionellen Orientmalerei, die Klee zur Suche nach neuem Ausdruck bewegt, sondern der Kontakt mit der orientalischen Kunst der Kalligraphie, des Ornaments, der Architektur, der Teppichmuster und dekorativen Flächengliederung. Der Orient, vereinfacht gesagt, offenbarte Klee Farbe, Licht, Textur, Geometrie und Linearität.

Er veränderte den Künstler und umgekehrt: Die Bilder Paul Klees bedeuten das Ende der herkömmlichen Orientmalerei.

Literatur und Kunst nahmen auf ihre Art Abschied vom Orient. Sie reflektierten, dass die moderne, technisierte und verwissenschaftlichte westliche Welt ihr östliches Alter Ego nicht mehr in naiven Orientphantasien finden konnte. Poe ließ solche Phantasien in sich zusammenfallen; Klee suchte den »neuen« Orient und fand ihn in seiner Kunst.

Für die breite Bevölkerung des Abendlandes wurde der Orient aber erst nach dem Zweiten Weltkrieg ein anderer. Die Gründung des Staates Israel machte das einstige Märchenland im Gedächtnis aller zum Mahnmal an den Holocaust. Diejenigen, die hier siedelten, hatten die Verfolgung durch die Nationalsozialisten überlebt, sie waren den Vernichtungslagern entkommen und brachten die Erinnerung an Millionen ermordeter Juden mit. Israel ist aus abendländischer Sicht – neben vielem anderen – bis heute ein Ort des Gedenkens an die Schuld, die Deutschland als Teil des Abendlandes auf sich geladen hat. Allein aus diesem Grund war der Orient nicht mehr denkbar als quirlig-buntes, sinnlich-laszives Gegenbild zum Okzident.

Auch wenn es aus deutscher Sicht schwer auszusprechen ist: Mit dem neu gegründeten Staat Israel kamen nicht nur die Schatten der Vergangenheit, sondern neuer Krieg und Terror. Für all das Leid, das hierher gebracht wurde und von hier wieder ausging, war das Wort »Orient« der falsche Begriff. Die Assoziationen, die sich Jahrhunderte lang wie eine Patina an dieses Wort angelagert hatten, wirkten wie blanker Hohn angesichts der Realität in Nahost. Niemand sprach mehr vom »Orient«. Mit dem Wort verschwand auch die alte Ambivalenz aus Sehnsucht und Schrecken, die aus der Sicht des fernen Abendlandes so reizvoll gewesen war. Was der Orient einst war, löste sich auf in die politisch-geographischen Begriffe Naher Osten, Mittlerer und Ferner Osten, Maghreb und Arabische Halbinsel.

Der neue Traum vom Orient

»Dubai ist wie Tausendundeine Nacht im 21. Jahrhundert«, verspricht der Veranstalter einer Erlebnisreise in die »Boomtown« am Persischen Golf, und er hat durchaus Recht, denn die Parallelen zwischen einer Stadt aus Tausendundeine Nacht und dem heutigen Dubai liegen auf der Hand. Die *Geschichte von Abdallah Ibn Abi Kilaba und der Säulenstadt Iram* liest sich wie eine Vorschau auf Dubai:

Der Herrscher Schaddad ruft alle Untergebenen zusammen und spricht: [»Ich entnehme den alten Büchern und Chroniken eine Beschreibung des Paradieses, das sich im Jenseits befindet; und ich wünsche, mir seinesgleichen schon in dieser

Das Burj Al Arab, das Wahrzeichen Dubais, gehört zu den weltweit luxuriösesten und teuersten Hotels der Welt. Weil es mit einer Höhe von 321 Meter einen Schatten auf den Strand von Dubai geworfen hätte, wurde es auf einer künstlichen Insel errichtet.

Welt zu erbauen. Ziehet also nach der schönsten und weitesten Flur der Erde und baut mir dort eine Stadt aus Gold und Silber, streut Chrysolithe, Hyazinthen und Perlen als Kies hin und stützet die Gewölbe jener Stadt mit Säulen aus Chrysolith, füllet sie mit Schlössern, baut Söller auf den Schlössern, pflanzet zu ihren Füßen auf den Straßen und Wegen alle Arten von Bäumen mit vielerlei roten Früchten und lasset unter ihnen Bäche in Kanälen aus Gold und Silber fließen! ... So ziehet aus zu den Stätten, an denen Chrysolithe, Hyazinthen, Perlen, Gold und Silber gefunden werden, beutet sie aus, bringet alles aus der ganzen Welt zusammen, was in ihnen verborgen ist, laßt keine Mühe ungetan! Und ferner nehmet alles, was an Schätzen dieser Art in den Händen der Menschen ist, für mich mit.« ... Darauf berief Schaddad die Baumeister und Künstler, Werkmeister und Arbeiter aus allen Landen und Gegenden; die zerstreuten sich über die Wüsten und Steppen, Fluren und Gefilde, bis sie zu einem unbewohnten Gebiete kamen, in dem sich eine weite, freie Fläche befand, ohne Hügel und Berge. | (Li, 3, 108 ff.)

In einem solchen kleinen Scheichtum am Rand der Wüste entstand jenseits von Einkommenssteuern, Gewerkschaften oder Opposition der Städtesuperlativ Dubai. Schneller, höher, weiter, größer, gewagter, luxuriöser als alles bisher Dagewesene. Aus der ganzen Welt floss frisches Kapital an den Golf, und wie nach Iram, kamen auch nach Dubai »Baumeister und Künstler, Werkmeister und Arbeiter aus allen Landen und Gegenden«. Allen voran die Hunderttausenden von Billiglohnarbeitern aus Asien, gefolgt von Unternehmern, Handwerkern, Künstlern, Multimillionären und Touristen. Von 50 000 täglich gingen die Hotelplanungen aus.

Im Jahr 2009 hat der Traum Gestalt angenommen, auch wenn der Herrscher über das Emirat und seine künstlichen Inselwelten meint, erst zehn Prozent seiner Visionen verwirklicht zu haben. Noch höher fliegende Pläne sind bekannt, sodass man ruhig schon einmal einen Vergleich wagen kann zwischen Dubai und der paradiesischen Stadt Iram aus Tausendundeine Nacht:

Abi Kilaba erzählt (Li, 3, 108 f.). [»Nun stieg ich von meiner Kamelin ab und legte ihr die Fußfes-

sel an. Dann fasste ich mir ein Herz und ging in die Stadt hinein. Zuerst kam ich zu der Festung; in ihr entdeckte ich zwei gewaltige Tore, so breit und so hoch, wie sie in der ganzen Welt noch nicht gesehen worden sind, und beide waren mit allerlei Edelsteinen und Hyazinthen ausgelegt, weißen und roten, gelben und grünen ...«]

Dubai Magazin 3/08: »Das höchste Gebäude der Welt, der Burj Dubai, steht ja nun schon in Dubai bzw. wird dort gerade errichtet. Nicht unweit von diesem Turm entsteht jetzt in der Dubai Marina ein weiterer gigantischer Wolkenkratzer, der nach seiner Fertigstellung zwar nicht den Burj Dubai erreicht, aber zumindest mit 516 Metern wohl das höchste Wohn-Hochhaus der Welt sein wird. Sein Inhalt: Penthouse-Wohnungen der Luxusklasse, ausgestattet u.a. von Swarovski, Tiffany und weiteren Luxusmarken. Allerdings sollte man schon zwischen 3 und 5 Millionen Dollar einplanen. Luxus hat eben seinen Preis!«

[»Dann trat ich zagend und bangen Herzens in die Burg ein; da sah ich, daß sie lang und breit war und an Ausdehnung der Stadt Medina gleichkam.«]

Dubai Magazin: »Am kilometerlangen Jumeirah Beach, in der Nähe der Zufahrt zur Jumeirah Palm, liegt der Mina Seyahi Komplex – vom Hotel reicht der Blick vom Strand über die emporstrebende Skyline von Dubai Marina und die sich rasch entwickelnde Jumeirah Palm bis hin zum Wahrzeichen Dubais schlechthin – dem Burj Al Arab. Bei der Ankunft im Hotel beeindruckt die Größe des Komplexes. Das neue Fünfsterne-Luxusressort – ein weiteres Juwel in Dubais Hotelszene – setzt architektonisch allerdings nicht auf Höhe, sondern auf Breite.«

[»... In ihr standen hochragende Schlösser, deren jedes einen Söller hatte, und alle waren aus Gold und Silber erbaut ...«]

Dubai Magazin: »Die Dubai Sports City erhält ein neues Wahrzeichen in Form von zwei je 44 Stockwerke hohen Zwillingstürmen, genannt ›The Gateway‹. Die beiden Hochhaus-Zwillinge sollen geschäftlich genutzt werden. Einer der Türme wird in eine silberne, der andere in eine schwarze Fassade gehüllt.«

[»... und ihre Fußböden waren übersät mit großen Perlen und Kugeln aus Moschus, Ambra und Safran ...«]

Dubai Magazin: »Man setzt auf die entspannende Wirkung von Düften, Musik, Pflanzen oder Licht. Westin Hotels bieten sich gezielt als Wohlfühloasen an. Nur das Beste für die Gäste: ein Aufenthalt im Westin soll alle Sinne ansprechen und so angenehm wie möglich ausfallen.«

[»... Ich schaute von den hohen Söllern der Schlösser hinab ...«]

Dubai Magazin: »Die Jumeirah Emirates Towers bestehen aus dem 350 Meter hohen Business Tower und dem kleineren Bruderturm, dem 305 Meter hohen Tower, der 400 Zimmer und Suiten umfasst. Architektonisch bezieht sich das Bauensemble auf die muslimische Kosmologie, genauer gesagt auf die Trias der Gestirne Sonne, Mond und Erde. Dieses Thema spiegelt sich in zahlreichen Formen und Elementen in der gesamten Anlage wider: runde und eckige Formen ergänzen sich, greifen ineinander und scheinen wie auf einer Umlaufbahn zu rotieren. Doch lassen die mit kühl schimmerndem Naturstein verkleideten Türme der Fantasie des Betrachters Raum für eigene Sichtweisen.«

[»... und da sah ich die Bäche, die da drunten im Laufe sich wanden, und die Straßen, in denen die fruchtbeladenen Bäume und die hochragenden Palmen standen. Alles war so gebaut, daß immer ein goldener Ziegel mit einem silbernen abwechselte. Da sprach ich bei mir selber: Dies ist sicherlich das Paradies, das uns im Jenseits verheißen ist!«]

Die Palmeninsel »The Palm Jumeirah« ist fertig gestellt und die kleinste von drei geplanten künstlichen Wohninseln, mit denen Dubai seine Küstenlinie um mehrere Hundert Kilometer verlängern will.

Dubai Magazin: »Die Mohammed bin Rashid Gardens tragen nicht nur den Namen des Landesvaters von Dubai, die Planung folgt auch direkt seinen Visionen von einer Kommune, in der die künftigen Bewohner in Einklang mit der sie umgebenden Natur leben, in einer grünen Insel inmitten der Mega-City Dubai. In dieser Form sind die ›Gardens‹ bisher einzigartig unter all den städtebaulichen Mega-Projekten im Emirat. Die Mohammed bin Rashid Gardens entstehen auf einer Gesamtfläche von 88 Quadratkilometern als ein von vielen Grün- und Wasserflächen durchzogenes Areal, in dem nach Fertigstellung bis zu 200 000 Menschen ihre Arbeitsplätze und Wohnraum finden sollen. Selbst eine Wasserstraße wird es in den Mohammed bin Rashid Gardens geben: ein 42 Kilometer langer und schiffbarer Kanal wird durch das Areal geführt. Er soll eine Verbindung zwischen dem Meer im Bereich von Jumeirah Beach und dem Dubai Creek schaffen. Auch ein Anschluss an den bereits im Bau befindlichen ›Arabian Canal‹ ist vorgesehen. Die Kosten für das gesamte Projekt hat man schon einmal veranschlagt. Sie werden wohl bei rund 40 Milliarden US-Dollar liegen.«

Diese beispielhaften Parallelen genügen um festzustellen, dass die Säulenstadt Iram und das hoch hinaus wollende Dubai Zwillingsstädte sind. Die erste gebaut nach dem Vorbild des Paradieses, die zweite nach der Vision des Machthabers.

Was geschah mit und in Iram? Es wurde niemals zu einer bewohnten Stadt, Gott vernichtete den Tross des Herrschers und verwischte die Spuren der Straße. Dass Abdallah Ibn Abi Kilaba sie gesehen hat, glaubt man ihm erst, als er es beweist: [»Nun zeigte ich ihm etwas von jenen Perlen und Kugeln aus Ambra, Moschus und Safran; in ihnen war noch etwas Wohlgeruch, aber die Perlen waren verblichen und hatten ihren Glanz verloren.«] (Li, 3, 109) Und Dubai? »Es fließt kein Kapital mehr und die Touristen bleiben weg. Der Bau am Nakheel-Tower, einem 1000 Meter hohen Prestigeobjekt mit 150 Aufzügen und Parkdecks für 10 000 Autos wurde gestoppt. Die Hotels gewähren Preisnachlässe von 50 Prozent. Am Flughafen lassen derweil europäische Ingenieure ihre Autos samt Schüs-

Bis zu 50 Grad Temperaturunterschied zwischen innen und außen, auch das gehört zu Dubai, der Stadt der Superlative. Von der Mall of Emirates, einem der größten Einkaufszentren des Mittleren Ostens, geht es direkt ins »Ski Dubai« zum Wedeln in der Wüste.

sel stehen. Auch ihr Aufenthaltsrecht ist erloschen.« (*Der Tagesspiegel*, 15.9.09)

Am Ende sind sie verwaist, die Stadt Iram und vielleicht bald auch Dubai. Die Stadt, die ein Traum aus Tausendundeine Nacht werden wollte, ist über ihr Ziel hinausgeschossen und wirkt wie eine Illustration zu der Geschichte, mit der dieses Kapitel begann: *Die tausendundzweite Erzählung der Schahrazad* von Edgar Allan Poe. Diese Geschichte handelt davon, dass Schahrazad sterben muss, weil sie von technischen und naturwissenschaftlichen »Wundern« erzählt, die keinen Bezug zum Leben haben. Voll von solchen Wundern ist Dubai, zugeschnitten auf den Arbeits- und Konsummenschen. Die Stadt kann mit Höchstwerten an Maß und Zahl aufwarten, aber sie kann dem Menschen nichts über sich erzählen. Dubai hat keine Geschichte und aus Tausendundeine Nacht wissen wir, dass der Tod eintritt, sobald Geschichten ausbleiben. Umgekehrt gilt: Solange erzählt wird, hat der Herrscher über Leben und Tod keine andere Wahl, als zu sich selber zu sprechen: »Bei Gott, ich will sie nicht töten lassen, bis ich den Schluß ihrer Geschichte höre.«

Literatur

Bezugsquellen

Als Grundtexte dieses Buches wurden die folgenden Ausgaben verwendet:

Tausendundeine Nacht. Nach der ältesten arabischen Handschrift in der Ausgabe von Muhsin Mahdi erstmals ins Deutsche übertragen von Claudia Ott, 10., durchgesehene Auflage 2009, Verlag C. H. Beck oHG, München 2004.

Enno Littmann (Hrsg.), Die Erzählungen aus den Tausendundein Nächten, vollständige deutsche Ausgabe in sechs Bänden, zum ersten Mal nach dem arabischen Urtext der Calcuttaer Ausgabe aus dem Jahre 1830. Insel Verlag Frankfurt am Main und Leipzig 2004. © Insel-Verlag Wiesbaden 1953.

Die Schreibung der Namen folgt der von Claudia Ott vorgegebenen und wird auch da beibehalten, wo andere Schreibweisen gewählt wurden.

Al-Mas'udi: zitiert nach Clot, André

At-Tabari: zitiert nach Clot, André

Textauszug aus: Ernst Bloch, Das Prinzip Hoffnung, In drei Bänden. © Suhrkamp Verlag Frankfurt am Main 1967.

Textauszug aus: Antonia S. Byatt, Der verliebte Dschinn. Copyright © 1994 A.S. Byatt. © der deutschen Ausgabe. Insel Verlag Frankfurt am Main und Leipzig 1995.

Weiterführende Literatur

Auf der Suche nach dem Orient. Paul Klee – Teppich der Erinnerung, Ausstellungskatalog Zentrum Paul Klee, Bern 2009.

Baykal, Hakan, Ein langer Weg, In: epoc 5/2008, Morgenrot im Morgenland. Die Türken: 2000 Jahre zwischen Ost und West, S. 12–22.

Beck, Rainer (Hg.), Streifzüge durch das Mittelalter. Ein historisches Lesebuch, München 1995.

Benoît, Paul und Micheau, Francoise, Die Araber als Vermittler?, in: Serres, Michel (Hg.), Elemente einer Geschichte der Wissenschaften. Frankfurt 1994, S. 269–314.

Borges, Jorge Luis, Das Eine und die Vielen, Essays zur Literatur, München 1966.

Busch, Peter, Das Testament Salomos, Die älteste christliche Dämonologie, kommentiert und in deutscher Erstübersetzung, Berlin / New York 2006.

Business-Mekka Dubai. Das moderne Gesicht des Islam, in: WirtschaftsWoche 36/2006, S. 30–40.

Cherry, John (Hg.), Fabeltiere. Von Drachen, Einhörnern und anderen mythischen Wesen, Stuttgart 1997.

Clot, André, Harun al-Raschid. Kalif von Bagdad, München / Zürich 1988.

Deeken, Annette und Bösel, Monika, »An den süßen Wassern Asiens«. Frauenreisen in den Orient, Frankfurt / New York 1996.

Der Orient als Konstruktion – Europa und die arabische Welt. Ein Gespräch über den Islam, arabische Intellektuelle und Europas Rolle im Irak, in: www.bpb.de/veranstaltungen/ST4TIJ.html

»Der Traum vom Orient«, in: Geschichte 12/08, S. 12–51.

Dreihundert Jahre 1001 Nacht in Europa. Ein Begleitheft zur Ausstellung in Münster, Tübingen und Gotha, Anke Osigius (Hg.) in Zusammenarbeit mit Heinz Grotzfeld, Münster 2005 (Veröffentlichungen des Centrums für Religiöse Studien Münster, Bd. 4).

Du. Kulturmagazin Du 793. Auf der Suche nach dem Orient. Das Gesicht von 1001 Nacht bei Tageslicht, Februar 2009.

Dubai Magazin 3/09, Reisen. Wirtschaft. Immobilien. Lifestyle.

Enzyklopädie des Märchens. Handwörterbuch zur historischen und vergleichenden Erzählforschung, hrsg. v. Kurt Ranke u. a., Berlin, New York 1977.

Europa und der Orient 800–1900, Katalog zur Ausstellung im Martin-Gropius-Bau, Berlin 1989.

Faszination Morgenland. Europa und der Orient – Traum und Albtraum, in: Geschichte 12/2008.

Fernhandel in Antike und Mittelalter, hrsg. in Zusammenarbeit mit »Damals«, Stuttgart 2008.

Geo Special »Sahara« 6/1992.

Goer, Charis und Hofmann, Michael (Hg), Der Deutschen Morgenland. Bilder des Orients in der deutschen Literatur und Kultur von 1770 bis 1850, München 2008.

Grotzfeld, Heinz und Sophia, Die Erzählungen aus »Tausendundeiner Nacht«, Darmstadt 1984 (Erträge der Forschung Bd. 207).

Hackensbecker, Alfred, Geheime Kräfte können überall lauern, www.heise.de, 2006.

Hamel, Jürgen, Revolution am Himmel. Wie sich im Jahr 1609 das Bild des Menschen vom Kosmos für immer veränderte, in: Die Zeit Nr. 52, 17.12.2008, S. 37.

Hahn-Hahn, Ida, Orientalische Briefe, Teil 1–3, Berlin 1851. (Zitiert nach Deeken, S. 89)

Hattstein, Markus und Peter Delius, Islam. Kunst und Architektur, o.O., o.J.

Hodgson, Barbara, Die Wüste atmet Freiheit. Reisende Frauen im Orient 171–1930, Hildesheim 2006.

Hunke, Sigrid, Allahs Sonne über dem Abendland, Stuttgart 1984.

Irwin, Robert, Die Welt von Tausendundeiner Nacht, Frankfurt 2004.

Islam und Psychoanalyse. Von Dschinnen besessen, Interview mit Fethi Benslama, Quantara.de., Dialog mit der islamischen Welt.

Jankrift, Kay P., Europa und der Orient im Mittelalter, Stuttgart 2007.

Jünger, Friedrich Georg, Geschichten aus Tausendundeiner Nacht, in: »Irrgarten der Lust« 1001 Nacht, Insel Almanach auf das Jahr 1969, S. 43–65, Frankfurt 1968.

Karlsruher Türkenbeute. www.tuerkenbeute.de/kun/

Kermani, Navid, Sprache als Wunder. Der Koran als Grundtext der arabischen Kultur, Schriftenreihe der Vontobel-Stiftung, Zürich 2009.

Kermani, Navid, Gott gegen Gott in Teheran, in: Die Zeit Nr. 27, 25.6.2009, S. 2–3.

Kerr, P.B., Die Kinder des Dschinn. 5 Bde., Hamburg 2004–2007.

Köster, Cornelia, Flauberts Reise in den Orient (1849–1850), in: Wolfgang Schwanitz (Hg.), Jenseits der Legenden. Araber, Juden, Deutsche, Berlin 1994, S. 14–26.

Kohl, Karl-Heinz, Sir Richard Francis Burton (1821–1890) – eine biographische Skizze, in: »Exotische Welten. Europäische Phantasien«. Ausstellung des Instituts für Auslandsbeziehungen und des Württembergischen Kunstvereins im Kunstgebäude am Schlossplatz, 2. September bis 29. November 1987.

Kramer, Thomas, Der Orient-Komplex. Das Nahost-Bild in Geschichte und Gegenwart, Ostfildern 2009.

Lewis, Bernard (Hg.), Der Islam von den Anfängen bis zur Eroberung von Konstantinopel Bd. 2, Zürich, München 1982.

Lichterbeck, Philipp, Dubai – Sand im Getriebe, www.tagesspiegel.de, 22.3.2009.

Littmann, Enno, Tausendundeine Nacht, in: »Irrgarten der Lust« 1001 Nacht, Insel Almanach auf das Jahr 1969, S. 15–41.

manager magazin 7/2009, »Die Retter aus dem Morgenland«.

McCarten, Anthony, Englischer Harem, Zürich 2008.

Mingels, Guido und Greenfeld, Laureen, Goodbye, Dubai, in: Zeit Magazin Nr. 27, 25.6.2009, S. 10–17.

Müller, Andrea und Roder, Hartmut (Hg.), 1001 Nacht. Wege ins Paradies, Katalog zur Ausstellung im Überseemuseum Bremen, Mainz 2006.

Müller, Kathrin, »Da war ihm, als müsse er fliegen vor Freuden«. »Tausendundeine Nacht« als Fundus für arabische Phraseologie, München 2001 (Beiträge zur Lexikographie des klassischen Arabisch Nr. 15).

Ott, Claudia (Hg), Gold auf Lapislazuli. Die 100 schönsten Liebesgedichte des Orients, München 2008.

Pflitsch, Andreas, Mythos Orient. Eine Entdeckungsreise, Freiburg 2003.

Poe, Edgar Allan, Die tausendundzweite Erzählung der Schehrezâd, in: Edgar Allan Poe. Das gesamte Werk in zehn Bänden, Band 1, S. 426–454, hg. v. Kuno Schumann und Hans Dieter Müller, Olten 1966.

Polaschegg, Andrea, Von chinesischen Teehäusern zu hebräischen Melodien. Parameter zu einer Gebrauchsgeschichte des deutschen Orientalismus, in: Klaus-Michael Bogdal (Hg.), Orientdiskurse in der deutschen Literatur, Bielefeld 2007, S. 49–80 (Zitate: S. 49 f.; 57).

Rohe, Mathias, Das islamische Recht. Geschichte und Gegenwart, München 2009.

Rowling, Joanne K., Harry Potter und der Feuerkelch, Hamburg 2000.

Said, Edward, Orientalismus, Berlin 1986.

Schimmel, Annemarie, Den Orient verstehen lernen, www.uni-jena.de/schlaglicht/essay.htm

Scholz, Piotr O., Die Sehnsucht nach Tausendundeiner Nacht, Stuttgart o. J.

Marzolph, Ulrich und van Leeuwen, Richard, The Arabian Nights Encyclopedia, Santa Barbara, Denver, Oxford 2004.

Theye, Thomas (Hg.), Der geraubte Schatten. Die Photographie als ethnographisches Dokument, München 1989.

Todorov, Tzvetan, Die Erzähl-Menschen, in: »Irrgarten der Lust« 1001 Nacht, Insel Almanach auf das Jahr 1969, S. 65–83, Frankfurt 1968.

Volkmann, Helga, Mit goldenen Lettern. Leben und lieben in »1001 Nacht«, Göttingen 2004.

Walther, Wiebke, Das Bild der Frau in »Tausendundeiner Nacht«, in: Hallesche Beiträge zur Orientwissenschaft 4, S. 69–91, Halle 1982.

Walther, Wiebke, Drei Geschichten aus Tausendundeiner Nacht, in: Oriens. Zeitschrift der internationalen Gesellschaft für Orientforschung, Nr. 32, S. 139–177, Leiden 1990.

Walther, Wiebke, Tausendundeine Nacht, München/Zürich 1987 (Artemis Einführungen Bd. 31).

Wood, Frances, Entlang der Seidenstraße. Mythos und Geschichte, Stuttgart 2007.

Bildnachweis